问道“双一流”

中国一流大学建设回顾与反思

储召生　著

中国科学技术大学出版社

内容简介

本书是《中国教育报》资深记者据其2000～2017年所记录的中国高校推进一流大学和一流学科建设的、已经公开发表过的相关新闻报道整理而成的。全书对"双一流"建设过程中涉及的办学特色、学科建设、本科教学、原创研究、学术规范、人事改革、协同创新等方面都有较为深刻、翔实的论述，对社会公众关心的热点话题作了个性化解读和引导，深刻剖析了北京大学、清华大学、中国科学技术大学、中国人民大学、苏州大学、汕头大学等高校一系列改革举措，并与闵维方、杨卫、朱清时、李培根等著名高校党政负责人就有关话题进行了对话。

本书论述中所选取的话题有较强的普遍性，选取的高校有较强的代表性，选取的对话有较强的权威性。本书写作绝大部分采用第一手材料，对于正在进行中的"双一流"建设及普通高校的教育教学管理改革，都有较强的借鉴意义。

图书在版编目(CIP)数据

问道"双一流"：中国一流大学建设回顾与反思/储召生著. —合肥：中国科学技术大学出版社，2017.10(2017.11重印)

ISBN 978-7-312-04329-1

Ⅰ.问… Ⅱ.储… Ⅲ.高等学校—教育建设—研究—中国 Ⅳ.G649.2

中国版本图书馆CIP数据核字(2017)第234418号

出版 中国科学技术大学出版社
安徽省合肥市金寨路96号，230026
http://press.ustc.edu.cn
https://zgkxjsdxcbs.tmall.com

印刷 安徽国文彩印有限公司

发行 中国科学技术大学出版社

经销 全国新华书店

开本 710 mm×1000 mm 1/16

印张 16.25

字数 301千

版次 2017年10月第1版

印次 2017年11月第2次印刷

定价 45.00元

序

摆在我们面前的这本新著，是《中国教育报》的资深记者储召生同志近年来奔波和思考的结晶。他长期从事高等教育新闻报道和研究工作，对高等教育的诸多热点问题多有采访和报道，以新闻人的敏锐，捕捉新事、发现典型、引导舆论，以媒体人的担当，抓住热点、推动共识、助力发展。这本书就是他抓住世界一流大学和一流学科建设这个热门话题，进行全方位、多视角采访的结果。通过对客观事实的报道、对当事人思考的传递，帮助我们加深理解“双一流”建设中的诸多问题：目的是什么，基础是什么，目标是什么，路径是什么，抓手是什么，可能性如何，等等，而这些对我们正在进行的世界一流大学和一流学科建设，以及由此而带动的高等教育现代化建设，都会很有裨益。

2015 年 8 月 18 日，中央全面深化改革领导小组第十五次会议审议通过了《统筹推进世界一流大学和一流学科建设总体方案》。一石激起千层浪。“双一流”建设对于提升我国高等教育发展水平、增强国家核心竞争力，具有特别重要的意义，国人关切；并且，由于与高校自身发展具有特别直接的利益关系，各高校倍加关切；各地方政府认识到高等教育对区域发展的重要性，也十分关切。两年多来，“双一流”建设成为国内外广泛关注、高等教育界共同关注的热词。大家关心支持“双一流”建设，当然是好事，但是，把好事办好，还需要正确的思想、正确的方法。因此，要全面理解、落实中央关于“双一流”建设的指导思想和具体要求，其中应特别注意处理好以下几种关系：

一是“双一流”与“211 工程”“985 工程”的关系。毫无疑问，当前进行的一流大学和一流学科建设，是在“211 工程”“985 工程”取得丰硕成果的基础上进行的。1995 年开始实施的“211 工程”和其后实施的“985 工程”，重点建设高校 112 所（含“985 工程”高校 39 所），累计投入资金 1 100 亿元。20 年的持续重点建设，使“211 工程”“985 工程”高校的整体水平和学科水平显著提升，大大缩小了我国高水平大学与世界一流大学的差距，并且以探索办学道路和育人模式的经验与示范作用带动了我国高等教育整体水平的迅速攀升。“两大工程”也产生了重要的国际影响，在其后，日本、韩国、新加坡及欧洲多国政府也相继推出了类似的重点建设计划。“两大工程”的实施，成绩巨大，功不可没。那些否定“两大工程”成绩的观点是轻率且不合实际的。

但“双一流”建设并不是“211 工程”“985 工程”的简单延续，而是“换挡提速”。在“211 工程”“985 工程”的实施过程中，存在身份固化、机制不活、结构不尽合理等缺陷，在“双一流”建设中理应努力克服。事实上，在“双一流”建设中，42 所“一流大学建设高校”分为 A、B 两类，不仅把新增高校放在 B 类，也将若干原来的“985 工程”高校列入 B 类，而且将实行 5 年一周期的检查评估，滚动发展。“双一流”建设还将更加注重结构的合理性，与“211 工程”“985 工程”相比，数量略有增加（一流大学建设高校比“985 工程”高校多 3 所，一流学科建设高校比“211 工程”高校多 25 所）。新增部分除了考量学校和学科水平外，更多地向中西部地区、向重点发展学科等倾斜，从而使重点建设的学校和学科机构更趋合理。改革是为了高校更好地发展。“双一流”建设新机制的建立，希望能起到更强的激励作用，使这些学校和学科提速发展。

二是一流大学和一流学科的关系。在一所大学里，存在多个学科，综合性大学如此，即使在单科性大学里事实上也存在多个学科，只是数量相对较少而已。在大学里，学科是局部，学校是整体，局部不能代替整体。学校里有大量并不归属于某个学科的公共设施、基础条件和服务平台，更有每个学校的精神、风尚和文化，它们不能简单地用学科来代替。学科犹如树木，生长在学校的土壤里，不能只想摘学科的果实而不给土壤浇水、施肥和改良，只孤立地抓学科而不管学校，学科则很难成长，更建不成一流。

学校也不是几个学科的简单累加。一个学校的学科往往具有很大的关联性，它们相互支持，形成学科群乃至学科生态。割裂学科的内在联系，往往会妨碍学科发展；孤立地发展某个学科，往往会欲速则不达；没有重点，搞“大而全”“小而全”则没有特色，形不成优势。可以说，在一个学校内如何进行学科建设，也是一门学问。

2009 年 5 月，习近平同志在考察北京大学、中国人民大学等高校后，与首都部分高校党委书记开展座谈，强调要把科学发展观的要求转化为高校科学发展的正确思路和自觉行动。其间，我汇报了中国农业大学“建一流学科、创和谐校园”的工作情况，习近平同志当即肯定了建设世界一流大学就要抓好一流学科建设的工作思路。今天，我们要全面理解一流大学和一流学科的辩证关系，以正确的思路统筹推进“双一流”建设。

三是学科建设和专业建设的关系。按照《中国大百科全书》的解释，学科是相对独立的知识体系。学科用于学术分类时，是指一定科学领域或一门科学的研究分支；学科用于教学科目时，是指依据一定教学理论组织起来的知识体系；学科还用于特指高校教学、科研等功能单位，是对教师教学、科研业务隶属范围的相对界定。随着知识的增长和认识的深化，学科分类也会相应调整，但任何一个学科都有其相对稳定的研究领域。

与学科是相对于知识体系而言不同，专业则是就社会分工而言的。广义的专业是指特定的社会职业。大学里的专业，是指大学根据经济社会发展状况以及科技进步对人才的要求而划分的、能够满足一定社会分工体系中不同领域和岗位职业要求的学业门类。不同专业具有各自不同的培养目标和规格，以及各自不同的教学计划和课程体系。专业建设的着眼点是人才培养。

可见，在一所大学里，学科和专业两者并存，相伴相生。一个专业的建设、一个专业的人才培养，几乎毫无例外地需要多个学科的支撑，而一个学科又可以在多个专业中发挥作用。专业是学科人才培养的基地，学科是专业持续发展的基础。专业更加侧重人才培养，学科更加侧重知识创新，由于两者的主体功能、利益取向的差异，在日常工作中常表现为教学和科研的矛盾，“重科研轻教学”现象屡见不鲜就是这一矛盾的表现。

在学校管理工作中，几乎所有的高校都存在着“抓学科建设约等于抓科研”“抓专业建设约等于抓教学”的现象，而且一般都由两个副校长分管，如果协调不好，教学和科研的矛盾更加突出。这个矛盾的最终牺牲品一定是人才培养。而人才培养是学校存在的逻辑起点、核心功能、本质所在。高校的学科建设不仅要突出知识创新功能，而且要大力彰显人才培养功能，这也是高校学科建设的一个特点和优点。为此，需要科学的管理、合理的政策、得力的措施来调节其中的利益关系，使现代大学全面承担起以人才培养为核心点的多方面的职能。

四是“双一流”建设高校与其他高校的关系。2015 年 10 月，国务院印发了《统筹推进世界一流大学和一流学科建设总体方案》，这是一个含金量极高的文件。当下，大家关注如何推进一流大学和一流学科建设，关注资金有多少、范围有多大、用什么办法争取、用什么机制管理，等等。这也是自然的、合乎情理的事。但是，我们更要关注中央关于加快教育现代化、建设高等教育强国的国家目标和实现这一目标的“三步走”战略的首次正式表达。

要建成高等教育强国，仅靠137所大学冲击世界一流是远远不够的，更需要全国近2 600所大学的共同提高和进步。国务院的方案提出了建设高等教育强国的“三步走”战略：第一步，到2020年，若干所大学和一批学科进入世界一流行列，若干学科进入世界一流学科前列；第二步，到2030年，更多的大学和学科进入世界一流行列，若干所大学进入世界一流前列，一批学科进入世界一流学科前列；第三步，到本世纪中叶，一流大学和一流学科的数量和实力进入世界前列，基本建成高等教育强国。也就是说，“双一流”大学建设的国家目标是建设“高等教育强国”。

因此，“双一流”大学建设是推动中国高等教育从“平原”变成“高原”，让“旗杆”变成“高峰”的一个战略，推动中国高等教育整体进步提高，最终把我国变成高等教育强国。高等教育强国是一个体系，其层次、类型将更加多样，功能将更加丰富。每个高校都应当准确定位、办出特色，每个高校都可以为建设高等教育强国作出自己的贡献。高等学校不可以一窝蜂地挤到“双一流”的“单行道”上，走“趋同化”的道路。国家那么大，高校须多样。“一花独放不是春，百花齐放才是春。”

本书中的报道和评论，也可以说是用一个个具体、生动的案例，诠释了处理好上述四对关系的重要性。相信本书的出版，会帮助大家认识和总结一段时间以来高等教育改革发展的成功经验；对于“双一流”高校继续推进一流大学和一流学科建设，对于其他高校的改革发展、争创一流，也会有所启发。

瞿振元

2017年9月

瞿振元，国家教育咨询委员会委员，中国高等教育学会第六届理事会会长

“双一流”不是从天而降
（代前言）

“双一流”成为一个热词，源于2015年的国务院文件。但我一直固执地认为，中国大学的“双一流”建设，至少应该向前追溯到1998年。那一年，中国最高领导人在北京大学百年校庆上发表了重要讲话，“985工程”也应运而生。

幸运的是，1999年我到《中国教育报》当记者，此后大部分时间都是从事高校新闻报道，可以说见证了中国高等教育快速发展的全过程。在近20年的记者生涯中，我对发展中的中国高校改革始终心怀敬意，无意中也创造了多个“第一”：

第一个报道了北京大学“元培计划”。2001年“元培计划”开始实行时，并没有得到北大学生的追捧，连预期的100个名额都没有招满。但其“宽口径、厚基础”的本科教育培养理念，开中国大学教学改革的先河。从最初的两个班到后来的试点学院，“元培计划”在拔尖人才培养方面的探索，一直影响至今。

第一个报道了中国人民大学校园置换。人民大学以团购商品房的形式把教师从校园迁走，在改善教师住房条件的同时，也改善了校园的教学环境。人民大学的校园置换模式，被很多处于城市中心、面积不大的高校效仿，位于京西世纪城的人民大学宿舍楼，至今仍为人津津乐道。但在当时，却遭到了不少名教授的反对，并且告状信满天飞。

第一个报道了中国科学技术大学教授治学。2009年社会上对高校“去行政化”呼声强烈，副部级高校的行政级别成为众矢之的，一些人认为这是中国建设一流大学的最大障碍。我不否认高校“行政化”的坏处，但我也想让社会知道，至少在中国科大等高校，副部级并不是高校民主办校、教授治学的天敌。

第一个报道了浙江大学人事分类管理改革。把教师分为教学、科研等四种岗位，实行严格的考核，让不适合上讲台和搞研究的人从事其他服务工作，浙大是第一个吃螃蟹的。2009年改革推行时，一些人认为浙大是在做

“政治秀”，社会媒体对“教授下课”表示同情。今天，类似的改革已在全国高校铺开。

第一个报道了武汉纺织大学重启行业校名。在校名“去行业化”的大潮中，武汉纺织大学重拾行业校名，有其必然性，也有其偶然因素。我之所以报道重启行业校名，并不是鼓励行业背景高校都改回原来的校名，而是希望行业高校重新建构与行业企业的天然联系，产教结合，协同创新。

…………

这些“第一次”共同的改革背景，就是中国高校推进世界一流大学或高水平大学建设。这都是所谓的正面报道，即使用今天的眼光来看，也算不上是典型的宣传；我只是客观地记录我的所见所闻，并非去刻意包装。我不敢说这些发表在《中国教育报》上的报道，在多大程度上促进了中国高校的改革，但对所报道高校改革的正面影响，却是实实在在存在的。

这种影响更多源于社会各界对《中国教育报》的信任。得益于这种信任，我们往往能得到独家的新闻线索，我的许多“第一次”大都来源于此。一些被热炒、被误读的热点高校和人物，往往也选择通过我们的平台来发声，比如被丘成桐批评的北大，被媒体称为“行为艺术家”的“根叔”。许多时候我从内心觉得，写不好报道对不起这张报纸，更对不起社会对这张报纸的信任。

经济和社会发展的不平衡，导致了许多教育改革举措，在甲地已经是过去时，在乙地却是进行时，到了丙地可能还是将来时。并且，对于某一所高校而言，许多改革也不可能一蹴而就，需要反反复复几个来回。这也是一篇好的改革报道的价值所在。

在“双一流”建设如火如荼的当下，回顾与反思近 20 年来我们推进一流大学建设的来路，不无裨益，也正当其时。

目　录

第一章　观　察

回过头来看这十余年来中国一流大学建设历程，我们越发感觉到，无论是大学师生，还是社会公众，对于一流大学建设都缺乏足够的耐心。

这些年国家在“211 工程”“985 工程”上投入了大量的资金，在土地供给、设备购置、人才引进等方面也提供了诸多优惠，但“什么时候能建成世界一流大学”的追问，也像一道紧箍咒，时时敲打着高校的神经。毋庸讳言，在此环境下大学所采取的某些行为有对一流大学认识上的误区，也有急功近利之嫌。比如大学合并和更名，一些原本在行业领域有影响的名校从此“消失”了。

国家对大学大规模的建设，也使大学从象牙塔走向社会舆论的中心。一些原本是大学的内部事务，比如人事聘任中某个博导的下岗、科学研究中某个教授的课题，往往也会被外界过分关注。社会舆论在对大学“行政化”大加讨伐的同时，不自觉地也在干涉学校的办学自主权。这些事情被舆论所裹挟，往往会导致大学在改革面前瞻前顾后、缩手缩脚。

远离浮躁、回归常识，是本章的主题。这些文章都是针对“双一流”建设某一现象或社会话题有感而发，切口不大，但意味深长。

大学都要综合性研究型吗？*

尽管台下坐着的全是国内一流大学的校长，并且这些大学的目标大多数是建设综合性研究型大学，但香港科技大学荣誉校长吴家玮 2002 年 7 月 31 日在中外大学校长论坛上还是认为，世界一流大学许多都是在精心打造某些“卓越点”，所谓的综合性研究型大学也并非面面俱到，像美国伯克利加州大学就没有医学院和法学院，哈佛商学院很有名，但只搞案例不搞研究，大而全的“巨无霸”更是少见。

此次来北京参加中外大学校长论坛的，还有像法国巴黎高等师范学校这样专业性特强的精英学院。巴黎高师本身并不是真正意义上的综合性研究型大学，但却让学生们得到了综合性研究型的教育。既不给毕业生发毕业证书，也没有国家学历证书的授予权，“逼迫”学生同时要到其他综合性大学注册各种学位的学习，被认为是这所著名大学的“高招”之一。吴家玮认为，近年来在英国、澳洲等地纷纷掀起了办综合性大学的浪潮，许多专业性很强的大学也希望成为综合性研究型大学，其实通过这种方式建设一流大学的想法是片面的，法国这些精英学院的例子可以作为参考。

在美国高等教育机构中，和综合性研究型大学相对应的，还有许多是注重通识教育的本科教学型学院。这类学校主要向学生提供优雅舒适的学习环境和广阔的基础知识教育，以教学为主，较少从事科学研究工作。学生们在这类学校完成本科学业后，可以再到其他研究型大学读硕士、博士。从国内的情况看，目前不仅缺少这类以本科教学为主的非研究型大学，而且许多原来的大专层次的学校也纷纷以硕士点、博士点作为学校的建设目标。

“中国有很多优秀的高中毕业生，他们不可能都进入北大、复旦等高水平的研究型大学学习，应该有一些非研究型的大学来吸引他们去读本科，然后再到有名的研究型大学读硕士、博士。”曾任美国纽约州立大学总校校长，长期从事高等教育与比较教育研究的布鲁斯·约翰斯通教授认为，如果大量建设像北大、复旦这样高水平的研究型大学，不仅对资金和资源的要求非常大，而且面对的社会压力也会非常大。如何吸引学术上同样很优秀的高中毕业生进入非研究型大学学习，将是中国高等教育发展面临的一个严峻问题。

* 本文发表于 2002 年 8 月 2 日。

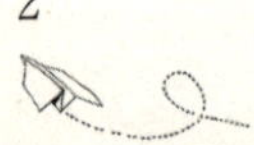

建设一流大学难在哪儿？*

自1998年5月江泽民总书记在北京大学建校100周年庆祝大会上提出要创建世界一流大学以来，国内大学何时步入世界一流大学行列，一直是人们关注的热点。有研究说，我国北京大学和清华大学在世界大学体系中的排名在200～300名之间，预计到2050年才可能进入前100名，步入世界一流大学行列。尽管大家对此看法见仁见智，但普遍认为"建设世界一流大学，我们要走很长的路"，那么，建设世界一流大学难在哪儿？近日在北京怀柔召开的中外大学校长论坛上，就这一话题，中外大学校长们各自"倾吐衷肠"。

资金：难得到稳定投入

国家实施"985工程"后，北京大学和清华大学分别得到了国家18亿元的资助，有人据此认为，有了这笔资金后，北大和清华应该离世界一流大学不远了。但事实并不这么简单。北京大学校长许智宏认为，创建世界一流大学需要一个很长的过程，国家对北大的投入，对北大来说仅仅是"脱贫"而已，但对于建设世界一流大学来说是远远不够的。牛津大学校长卢卡斯也认为，政府对大学的投资应该是持续的，不能有太多的功利色彩，不要认为有了大量的投资就会很快得到大量的收益。

无论是哈佛大学荣誉校长陆登庭，还是牛津大学校长卢卡斯，都把筹集资金作为大学校长的首要任务。斯坦福大学荣誉校长卡斯帕尔开玩笑地说，他当校长后很大一部分时间都是在与别人握手，因为作为美国大学的校长，你必须和每一个可能的投资对象搞好关系，以争取他们的资金援助。但对中国的大学校长而言，自筹经费一是没有像西方那样得到国家或地方税收优惠政策的支持，二是可能会面对捐资者送孩子上学等附加条件。

有人认为大学可以通过兴办校企来获得收入。但这一观点遭到与会外国著名大学校长们的一致反对。哈佛荣誉校长陆登庭说，美国大学一般不直接兴办企业，一是不善于办企业，二是如果学校过多地介入商业运作，利益驱动会使学校只重视争取利润，进而会影响到学校的教学研究活动的质量。国外大学的

* 本文发表于2002年8月9日。

经费来源主要是学费、研究的资助和募捐。即使是像有“硅谷心脏”之称的斯坦福大学，卡斯帕尔说，其经费收入其实也只有5%～8%来自硅谷。在我国，尽管北大方正、北大青鸟等校办企业很有名气，但北大校长许智宏说，学校从中获得的收益其实很少。

师资：难建立流动机制

一流大学必须有一流的师资，这是中外大学校长们的共识。清华大学老校长梅贻琦就曾说过，大学者，非有大楼之谓也，大师之谓也。香港科技大学1988年建校，经过短短13年时间就在MBA教育等方面进入世界一流行列，其中一个重要的原因就是在世界范围内广聘优秀人才来校任教。而对内地高校来说，除了资金之外，目前还缺少吸引和留住优秀人才的人事管理机制。对许多中国高校而言，教师的“近亲繁殖”是较为普遍的现象。而美国许多大学都规定本校毕业生不能直接留校任教，这就迫使一些想回校任教的教师，必须先在其他大学或研究机构工作一段时间。美国纽约州立大学前校长约翰斯通认为，中国大学总是抓住最好的教授和学生不放，学校教师主要从本校选留优秀毕业生来补充，这不利于教授和学生的流动，应该更多地从其他学校选聘优秀教师。

香港科技大学荣誉校长吴家玮也认为，学校不要怕教授之间的流动，其实学校教授即使被其他一流大学挖走，本身也说明你有了一流大学的水平。其实国内大学更多面对的是如何把最优秀的人才吸引到大学里来，如何鼓励年轻人才留在国内为高等教育服务的问题。北京化工大学校长王子镐认为，目前的人事制度很难优化教师队伍，“好的留不住，差的赶不走”。有的学校完全有能力集中一些资源给教师中的优秀分子提供好的生活和科研条件，但是不敢这样做，怕差距太大会引起不稳定。如果学校想辞退一名差教师，就会带来无穷的麻烦。

浙江大学校长潘云鹤说，浙大有10%的教师只承担了0.2%的教学和科研任务，如何处理这10%的人，学校也没有什么好办法。

管理：难制定战略规划

建设世界一流大学一个很重要的方面是学校管理，特别是学校的战略规划。据美国卡内基-梅隆大学校长柯亨介绍，成立于1900年的卡内基-梅隆大学之所以在计算机和信息技术等方面成为美国数一数二的大学，主要取决于学校发展史上两次战略规划的调整：一次是20世纪70～80年代，学校把重点放

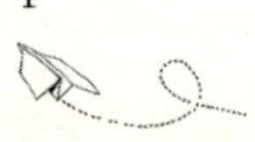

在发展计算机科学上，这使得该学校由二流大学变成了一流大学；另一次是20世纪90年代，学校把战略重点放在改善本科生教育上，这使得报考该学校的学生人数提高了一倍，学生的毕业率也大大提高，卡内基-梅隆大学也成为1988～1998年间大学教育质量提高最明显的四所大学之一。而这主要归功于战略规划大师、该校老校长塞尔特。

美国哥伦比亚大学师范学院教授莱文认为，一流大学不一定拥有所有的学科，必须学会放弃一些东西。斯坦福大学过去曾有过建筑系，后来取消了，因为他们觉得要建立一个杰出的建筑学院，必须同时发展建筑学、土木工程等4个专业，这需要很大的投入，所需要的成本与所产生的效益不相称。而且，当时美国建筑行业的就业情况并不太好，而该校附近的伯克利大学已经有了一个相当好的建筑学院。因此，对于建设一流大学来说，最重要的是制定学校的战略规划，不仅要把学校的目标列出来，还要制定优先发展的领域。

不止一位外国著名大学校长慨叹，中国大学校长的权力其实比他们要大得多。但他们同时也认为，中国大学校长更像一个"大学城"的市长，要操办很多非学术的事情，如办超级市场、娱乐场所、基础教育等。从世界范围来看，一流大学都是那些校长能够适当放权的、相信并发挥教师和学生才能的学校。中国科学技术大学校长朱清时也认为，任何一所大学都不可能在所有学科上达到一流，一所一流大学一定有某些学科达到一流，中国大学校长更多地应该有战略眼光，只要选准突破口，集中人力和财力，就有可能让某些学科达到世界一流。

西南联大是一面镜子*

一所抗战时期由平津三所大学组建而成的临时大学，却能步入当时的世界一流大学行列，成为中国高等教育发展史上的一个高峰，西南联大的确创造了一个奇迹。2007年11月1日是西南联大建校70周年纪念日，弘扬西南联大精神也成为当时报章坊间热议的话题。

“一世之盛事，百世而难遇”，是西南联大9年办学成就的真实写照。据南开大学教授、中国科学院院士申泮文统计，仅西南联大理工科120名教授、1 500名毕业生中，获各级各类院士就有137人，也就是说每12位理工科师生中就成长出一位院士。在那样艰苦的办学条件下，取得如此高的人才成材率，西南联大的办学经验值得我们深思。

管理者应该想到“兼容并蓄”。国立北京大学、国立清华大学、私立南开大学三校“不同之历史、各异之学风”，走到一起办学自然困难重重。甚至三校的办学理念迥异(倡导自由教育的北大就曾指责南开是以办职业学校的方法办大学的)，然而，办学9年，“同无妨异，异不害同”；陈寅恪、吴宓、闻一多、钱钟书等一大批富有个性的学者“五色交辉，相得益彰”。

回看今天，一些高校合并多年，办学成绩固然明显，但与西南联大比起来显然还需更多“合力”；近年发生的陈丹青请辞、张鸣被撤职等个别事件，事因多缘于评价制度，多少也反映出高校“兼容并蓄”精神的不足。

教授们应该想到“学术操守”。西南联大时期的大学教授，生活条件自然和战前无法相比。美食家金岳霖只能偶尔弄块西点解馋，国学大师汤用彤一度只能喝粥度日，一代宗师陈寅恪终因营养不良目疾难愈，但讲课、学术研究却一切照常进行，恪守着“威武不能屈，富贵不能淫，贫贱不能移”的古训。从今天“西南联大制造”的各界“人杰”中，从冯友兰教授的《新理学》、华罗庚教授的《堆垒素数论》、吴大猷教授的《多元分子振动光谱与结构》等一部部煌煌大作里，我们不难想见西南联大教授们的职业道德和学术操守。如今，大学教授们的物质生活条件、科研条件已今非昔比，有的甚至已达到世界一流水准，可我们能拿得出多少称得上是世界一流的创新性成果呢？

学生们应该想到“爱国精神”。林语堂曾说，西南联大师生“在物质上不得

* 本文发表于2007年11月14日。

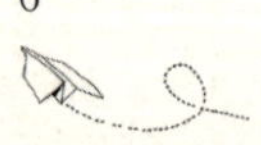

了，在精神上了不得”，这种精神是民主精神、科学精神，更是爱国精神。大后方的昆明原本是个不谙国事、讲究吃穿的地方，西南联大学生身上的朴素的、忧国忧民的爱国热情，唤醒了整个云南民众的觉醒。这种热情，并不是空有一腔热血，而是内化到刻苦学习中：看书和听课都要“抢”；拿学分，考分数，仍旧是学生的天职。在社会转型期各种思潮日益侵蚀大学校园的今天，想想70年前的西南联大，那些至今还沉迷于网络游戏，热衷于吃穿攀比，迷信于传销暴富的大学生们，难道不值得警醒吗？

西南联大是一面镜子，可以让我们“正衣冠，明得失，知兴替”，照亮未来。

改革止步于体制都是“找借口”*

临近年关，大学教师们大都要忙于填写各种申报表格。关于教学和科研孰轻孰重的话题，也铺天盖地，持续在各类媒体发酵。中国教育报刊社离北京师范大学很近，笔者脑子里忽然蹦出两个问号：

如果文学也设立院士，诺奖得主莫言能评上院士吗？

年终考核，大学教师莫言会在表格里填些什么呢？

这些当然都是伪问题。一则拿了自然科学类诺贝尔奖的华人，估计不用考评就成了中国科学院院士；二则北师大对于莫言这样的名人，估计也不会有什么考评。换句话说，表格对现实中的莫言来说是不存在的。

如果我们魔幻一把，让莫言也去申报院士，也要年终考核，他会如何面对呢？他会像四川大学教师周鼎发表个“老子不玩了”的自白，还是像《教授的“围城”》里说的那样陷入各种纠结？

笔者2014年底参加中国美术学院举办的首届全国艺术院校哲学社会科学发展论坛，就碰上一堆纠结的问题和一群纠结的人。有美术家抱怨，自己的作品在5年一次的全国美术作品展览上都获了奖，却不能算作科研论文；也有教师失望，即使王澍那样获得普利兹克奖的建筑大师，也因为课题和论文分量不够，评不上长江学者。

不拿“一把尺子”评价所有的人，这些年已成社会共识。教育部社科司司长也提出，不能以形式评价内容，不能以载体评价内容。但到了学校的操作层面，老师们面对的还是课题和论文的表格。问其原因，回答往往是：这就是我们的“体制”。

真的如电影《肖申克的救赎》里所说，“体制”就是一堵不可逾越的高墙吗？笔者以为，至少在当下的中国，并非如此。

2014年是治理贪腐力度很大的一年。在旁观“打老虎、拍苍蝇”过程中，我们也能发现其与高校的某些联系。比如，大庆市委原书记韩学键之子，不仅保送上了名校，本科时多门专业课不及格竟然还被保研；云南省原副省长沈培平，专科时学的是中文，却照样能拿到名校的理学博士学位；某名校的原校长秘书，论文数量和质量均不过关，却照样评上了教授、当上了院长。

* 本文发表于2015年1月5日。

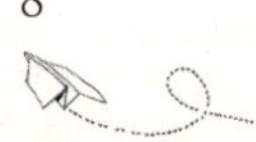

很明显，在上述事件中，那些让人敬畏的“体制”早已形同虚设。并且，这些明显有违规之嫌的举措，当初并非没有人提出异议，但最后都被有关部门以各种理由破格处理之。“防君子不防小人”，这样的“体制”还能算一个好的制度吗？

笔者并非全盘否定现行的教师业绩考评制度。以课题和论文为导向的考评机制，也被国外研究型大学普遍采用。笔者也无意鼓励大家都去违规乱来，把一个好端端的制度弄得乌烟瘴气。笔者想强调的是，“体制”并非不可逾越，类似教学与科研孰轻孰重的难题，如果学校领导想解决，总能找到解决的办法。

回到前面说的艺术院校的学术评价，不光艺术作品在学术成果上不好体现，搞创作为主的和搞研究为主的，也不好去比较其水平高低。但在中国美术学院的论坛上，笔者也听到有不少高校解决得比较好。这些好的做法能否被其他高校效仿，进而形成新的评价制度呢？

其实从小岗村包产到户开始，中国社会的每一次改革进步，都是对当时体制的突破。清华、北大两校综合改革方案 2014 年相继获批，预示着我国高校 2015 年后将全面进入综合改革阶段。我们期待着新的突破。

博导“能上能下”应成社会常态*

近日，武汉大学500余名博导“下课”成为网络热议的话题。其实，限制博导招生数量甚至停招，武大不是第一家，这也是近年来国内大学通行的做法。并且，此事早在2012年9月武大实施新的博导管理办法时就已板上钉钉。网上此番热炒旧闻，原因估计有二：一是临近博士生招生季节，加上500名不是一个小数目，已超过绝大多数地方高校博导总数；二是规定“无经费、无课题、无成果”的博导不得招生，触动了部分人的面子和利益。

笔者认为，在博士帽满天飞的当下，博导“下课”不仅不值得大惊小怪，还应该大声叫好。但究竟谁上谁下，确实要费一番思量。

从1980年我国恢复并建立学位制度时起，“博导”一词开始进入国人视野。由于当时主要从各校的资深教授中遴选，且由国家统一考察和任命，博导事实上也成为“教授之上的教授”，享受着介于教授和院士（学部委员）之间的工资及福利待遇。此后虽然进行了一些改革，比如博导资格由高校自行认定、允许优秀的副教授甚至讲师担任博导等，但都属于做“加法”，导致博导的数量越来越多，并且享受着终身制的待遇。

随着我国高等教育的发展，这种特有的博导制度弊端日显：一是博士生培养数量大幅增加，中国已成为博士产量第一大国，整体质量却不尽如人意。二是学校内部“大锅饭”，没有形成有效的竞争机制，客观上也影响到博士生的培养质量。因此，在博士生培养上做“减法”，已是大势所趋。从武大的情况看，2011年底博导数量已超过1 300人，国家每年批准其博士生招生数只有1 550人左右，武大校方限制部分博导招生人数甚至停招，也在情理之中。

此次武大博导岗位管理改革有不少可圈可点之处，其中最大的突破，在于“评聘分离，动态上岗”，打破了博导的终身制，实现了从身份管理到岗位管理的转变。招博士生时是博导，不招就暂时不是，这与国外的博士生导师制更为接近，也体现了博导的工作实质。在确定上岗导师以及招生数时，武大重点考察科研成果、科研项目、培养质量、学科实力与师资力量、生源状况等五个方面因素，也基本符合当前的实情。至于引起网络热议的学校让“三无”（无经费、无课题、无成果）博导“下课”，这基本上也是欧美大学的通行做法，国内许多名牌高

* 本文发表于2013年1月16日。

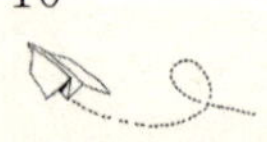

校也都在实行。如此司空见惯的做法，引起网络热议乃至担忧，其吊诡之处，恐怕就不在武大改革方案本身了。

1 300 个博导里只选 800 人，谁上谁下确实需要一番琢磨。具体到以科研经费、项目课题、学术成果等来评判博导学术水平高低，也可能带来不够科学、不够公正的问题。

在不同学科之间，受国家的发展阶段所限，客观上存在工程类学科获得的科研经费和项目课题的数量，远比文史哲及理科多的现象。在同一学科内，由于中国目前仍处于人情社会，许多科研项目和课题的评审，以及科研经费的分配，受人为因素的影响仍然较大。在这种情况下，套用国外高校的一些做法，极有可能形成新的近亲繁殖——越是科研经费多的学科或个人，越有资格招博士生；博士生多的学科或个人，人脉也广，就会有更多的经费支持。这才是当前博士生培养制度改革中必须引起重视的大问题。

相比较而言，武大 500 余位博导“下课”，没必要惊诧，也不必可惜。博导的全称是博士生指导教师，说到底还是一名大学教师。这些年有不少博导一门心思要经费、争项目，不屑于给本科生上课，这就与教师的本色越离越远。或许这一做法，正是武大推动“名师上讲台”的一大契机。

大学结盟的要义在于协作*

伴随着 APEC(亚太经合组织)、东盟、G20(二十国集团)等国际组织召开年会的脚步,近日有多个大学联盟相继成立:2014 年 11 月 12 日,长三角地区应用型大学联盟在合肥学院成立;一天之后,中国女子高等院校联盟在山东女子学院成立。如果加上成立多年的 C9(九校联盟)、高水平行业特色大学联盟、全国地方高水平大学联盟、中西部高校协作联盟等,跨省份的同类型高校结为联盟,似乎已成高校抱团发展的一种潮流。

从国内外的历史看,每一个联盟的成立都有一个“假想敌”。结盟的原因,要么是共同对付自然环境的威胁,要么是联合抵御非我族类的入侵。大学联盟也是如此,C9 面对的是国外一流大学和港台一流大学的竞争,地方高水平大学受到了“985 工程”和行业类“211 工程”大学的双重夹击,新建本科院校则是“前有强敌、后有追兵”,近些年还遭遇高职的竞争。特别是在办学资金相对不足的新常态下,若干所大学结成联盟,以集体的力量争取国家和社会的支持,无疑会增加成功率。

但据笔者观察,目前我国大学联盟尚处于起步阶段,并且多以争取国家和社会的政策扶持及资金支持为目的,缺少联盟内部的真正协作。即使是成立联盟本身,也存在诸多可以探讨之处。

其一是“门槛问题”。什么样的学校可以进来,是每一个大学联盟必须首先面对的问题。目前我国大学联盟的章程里有相关的内容,但属于理念层面的多,缺少盟校在办学条件、管理方式、教育水平等基础条件上的硬性规定。“门槛”太高或者太低,都会导致联盟失去活力。守得过死,长期没有新鲜的力量进来,难以形成“鲇鱼效应”;放得过宽,盟校办学水平参差不齐,势必会影响学校间的实质性合作。其实,大学间的合作有一个现实性的前提,就是双方都要有值得对方学习的地方。否则,久而久之,其中一方就会失去合作的动力。

其二是“边界问题”。联盟里有多少学校合适?这不仅是一个技术性的问题。从管理学的角度看,组织成员过于庞杂,必然会影响整个组织的运行。从目前的大学联盟看,由于缺少相应的进入和退出机制,联盟内高校的合作兴致不一,最终甚至会影响联盟的存在价值。并且,由于学科专业不同、路途相距较

* 本文发表于 2014 年 11 月 24 日。

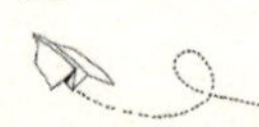

远等客观原因，许多联盟的合作还仅限于理念的共享、经验的交流上，缺少在教学科研上的实质性合作。一些联盟提出的教师交流、学生互访、学分互认等，也大都停留在纸面上，缺少可以操作的技术细节。

其三是"共生问题"。同盟内的高校，本质上还是竞争关系。特别是在师资和生源的争夺上，这些学校过去往往会在招生招聘季节短兵相接。因此，联盟必须建立起一种机制，减少内部的竞争成分，加强盟校间合作的分量。在处理好进入门槛的前提下，办学资源对联盟内高校无条件开放，是大学联盟成功合作的关键。试想，如果大家都不愿意拿出最好的东西来交换，这样的合作又能在多大程度上实现共同提高呢？

上述问题的产生，究其原因还在于我们习惯于粗放式管理，习惯于"先结婚、后恋爱"，太过于相信"人多力量大"。其实我们更应该认识到，大学联盟的目的是对付共同的"敌人"，所谓"攘外必先安内也"。

大学结盟并非自中国始，其中最著名的莫过于美国的常春藤联盟。常春藤盟校从最初的四校发展为八校，再到现在的新常春藤，其成功发展的路径，值得我们去好好琢磨。

中学办得像大学，大学怎么办？*

材料物理实验室、数学建模实验室、植物化学实验室、生物与环境实验室、化学分析实验室、创新实验室……你没看错，这是上海一所高中开设的实验室。宽敞气派的建筑，现代化的实验装备，高大上的实验课题，不能不让每一位来此参观的人肃然起敬。站在高一学生的名为“汽车尾气净化催化剂快速起效技术”的成果展板前，华东师范大学宣传部长解超向前来采访的媒体记者直言：惊呆了！

这并非个例。在许多发达地区的重点(热点)中小学，硬件设施超过了普通大学，早已不是什么新鲜事。并且，随着国家和各地对教育的重视，许多边远地区中小学的硬件条件也有了较大程度提高，甚至有后来居上之势。

而更实质、更具变革意义的改变，还在硬件之外。

一是体现在教学管理上。北大附中、十一学校等探索多年的走班制和导师制，2015 年 9 月开始在北京市中学新高一年级大面积推开。有的学校走班制集中在实验班，涉及课程也限于数学、物理、化学、英语等。走班制打破了传统的班级管理制度，班级的概念在一些学校和学生里逐渐淡化，取而代之的是各种灵活机动的、松散型的组织。

二是体现在学习内容上。从上文所述的上海某中学实验室就可以看出，现在一些中学的学习内容，已经大大超出了国家规定课本的范围。在不少城市中学里，拥有大量的博士、硕士教师，能开出几百门选修课程，甚至参与国家重点课题的研究也早已不在话下。全英文授课、国内外名校访学，这些年也常常见诸报端。

对此，社会上也不乏质疑之声。笔者无意加入论争，想说的是另一个话题：中学教学改革力度如此之大，三年之后这些学生到了大学，大学该怎么办?

实际上，一些名牌大学已经遭遇了此类挑战。据北京大学的一项统计称，近年录取的理科学生中，25%通过竞赛保送，45%通过自主招生，27%通过普通高考，3%通过艺术体育特长等。前两类占 70%的学生中，很多人在中学时代就已经学过了大学部分课程，并且学得还非常好，在各种层次的学科竞赛中得了奖。面对这样的学生结构，传统的大学教学形式显然已不适合。

* 本文发表于 2015 年 9 月 28 日。

大幅度降低传统必修课的学分和学时，增加学科交叉、创新实践等方面的课程内容，是当前高校教学改革的一个方向。但在实施过程中困难重重。在2015年9月23日举行的高等学校国家级实验教学示范中心十年建设成果展示交流会上，北京大学生物基础实验教学示范中心主任许崇任说，目前北大本科人才培养体系中，涉及生物的有生命科学学院的生物科学、生物技术专业，有生命科学学院、医学部立足拔尖人才培养的强化挑战班，有元培学院的整合科学方向，有物理学院、化学与工程学院、工学院的交叉学科方向，如合成生物学、化学生物学、生物医学工程，环境、心理、古生物等相关专业也开设了生物方面的必修和选修课程。

按许崇任的理解，生物正在变成一个基础科学，学生来源的多层次化，修课要求的多样化，学科整合的大趋势，让大学面临师资水平、实验设施、办学经费等多方面的压力。北大尚且如此，其他高校可想而知。

中学教学正在倒逼大学改革。这一次，狼从内部来。

请尊重“赛先生”的专业*

还记得浙江大学、浙江工商大学等高校科研人员的“石头剪刀布”研究吗?没错,就是那个此前被某些人讥为“吃饱了撑的”的研究,2015 年 1 月 5 日被《麻省理工科技评论》(MIT Technology Review)评为 2014 年度最佳成果。

让我们简单回忆一下那个研究。研究者共招募了 360 名学生,两两随机配对,玩 300 轮“石头剪刀布”游戏。结果发现,赢者会更多选择保留刚刚获胜的策略,输者更多按照“石头剪刀布”的名称顺序变动,而平的则按反方向顺序变动。假如你刚刚出的是“石头”,赢了你多半会接着出“石头”,输了会出“剪刀”,平了则会出“布”。

这项研究历时近 4 年才完成,论文正式发表在《自然》旗下的跨学科期刊《科学报道》上。2014 年 5 月浙大方面发布此项科研新闻后,国内近百家媒体做了跟进报道,令发布者没想到的是,绝大多数人持负面的态度。如新浪网的 1 万余条评论中,只有 2%是好评。

回过头来看,98%的“差评”主要有两类:一是“没用”,说即使大家掌握了制胜策略,也不会去玩这种小孩的游戏;二是“无聊”,说高校教师搞这种无厘头的研究,纯粹是浪费钱。如今得了《麻省理工科技评论》的年度最佳,这种批评的声音可能会弱下去,但争论估计还不会结束。

笔者无意纠缠于此,只想借这个话题来探讨其背后的两个问题:一是科学评价,二是科学传播。

谁有资格来评价,用什么来评价,是对科学研究进行价值评判的两个立足点。在我国当前的科研体制下,一个科研课题能够立项,肯定会有一个专业的审查,也会有一套严格的标准。对社会大众来说,可以抱怨很难申报到项目和课题,但对于那些审核专家和那一套标准,我们还应该有一个起码的尊重,毕竟他们代表着专业。

退一万步讲,即便真如 98%的网友说的那样“没用”“无聊”,在当前这个浮躁的社会环境下,对于“石头剪刀布”这样的研究,我们也应有足够的包容之心。只要学者们的研究态度是认真的,只要所需的经费不太离谱,我们都不应粗暴地指责科学研究的天真幼稚。科学发展史上的诸多例证表明,那些看似无厘头

* 本文发表于 2015 年 1 月 12 日。

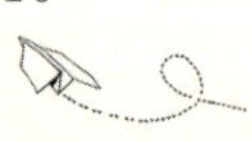

的研究,比如非欧几何,恰恰带来了学科发展的柳暗花明。

好在事情还没有想象中那么不堪。《麻省理工科技评论》创刊于 1899 年,是美国第一本科技评论杂志,也是目前世界上最权威的科技评论杂志之一。这或许足以证明“石头剪刀布”研究的价值。或许还会有人反问:为什么学者不重视科学传播,事先向公众说明白其研究价值呢?

这就涉及另一个问题,即科研成果如何被大众认可。依笔者的观察,从爱因斯坦的《相对论》到霍金的《时间简史》,越深奥的研究似乎越不需要解释,社会公众往往都能平静接受;而对那些公众熟悉领域的研究,比如崔永元关心的转基因食品,再比如这次的“石头剪刀布”,似乎每个人都有发表意见甚至反对科研结果的底气。这种反差,从根子上说,就是我们一直以来对科学本身的不够尊重。

2015 年恰逢新文化运动 100 周年。新文化运动百年后的今天,我们似乎仍要大声呼唤“德先生”“赛先生”。最近微信朋友圈流传着多个版本“请尊重我的专业”的段子,笔者也想借高教周刊一角大声呼吁:严肃点,请尊重“赛先生”的专业!

中国精英教育的困境*

近日,一则《中国顶尖大学"使命错位"?》的网帖受到社会热议。该文章认为,过于强调就业前景偏离了高等教育的重心,也给包括清华、北大在内的中国顶尖大学造成巨大压力。笔者不想就事论事,联系到清华大学"姚班"10 年来的精英教育探索,想重点讨论一下新常态下中国精英教育的问题。

其实上述网帖中强调的顶尖大学应以"培养未来社会的领袖"为目标,说的就是精英教育。这和我们常说的顶尖大学应定位于"培养拔尖创新人才",本质上是一致的。因此,笔者认为中国顶尖大学的使命就是搞好精英教育,"错位"之说言重了,比较恰当的是"不到位"。

在强调"教育公平"的语境下,讨论精英教育是一个比较敏感的话题。一般认为,高等教育毛入学率在 15%以下时属于精英教育阶段,15%～50%为大众化阶段。但社会的精英教育阶段与大学的精英教育,实际上是两回事。也就是说,过去我们处于精英教育阶段时,大学的教育并非精英教育。比如清华,曾有一段时间的定位就是"工程师的摇篮"。由于历史的原因,中国顶尖大学缺乏精英教育的成熟经验,应该是个不争的事实。

为什么我们还要搞精英教育呢?其实这是一个国家发展到一定阶段的必要要求。随着中国逐步走向世界舞台的中心,让更多的中国人成为未来社会的领袖,不仅是中国自身的需要,也是世界对我们的要求。"211 工程""985 工程"的意义,或许正在于此。

无论中外,精英教育都是一个"烧钱"的差事,需要持续不断的资源支持。缺钱,也是世界上所有一流大学的常态。国外一流大学校长有一项重要任务,就是向政府、企业和社会公众争取资源。斯坦福大学前校长卡斯帕尔曾开玩笑说,他一年有很大一部分时间都在和别人握手。在中国,如果名校校长和官员、企业家靠得太近,就会招来很多非议。这便是中外文化的差异。从这个角度看,即使中国的大学校长也整天和人握手,也未必能筹来那么多钱。

笔者理解网帖作者的本意,是希望国家更加重视精英教育。特别是要继续加大支持力度,给予高校更多的办学自主权,剥离与其宗旨不符的附属功能。这当然是十分正确的。但在实际办学过程中,中国顶尖大学也会碰到现实的无

* 本文发表于 2015 年 3 月 9 日。

奈。中南地区一所大学校长就曾坦言，学校一年网络成人教育的收入，已远远超过了国家的“985 工程”专项经费。如果中国顶尖大学也和国外一样，从全球遴选大师，保持很小的规模，不涉足相关经营活动，所缺的经费从何而来呢？

事实上近 10 年来，中国顶尖大学都在进行精英教育的相关探索，国家和大学也给予这些试点项目相应的政策支持。社会关心的经费问题、行政化问题等，在这些试点项目里都得到了较好的解决。相比较而言，笔者更为关心的是其培养模式。

“宽口径、厚基础、重交叉”的培养模式及“小班化讨论”的教学形式，是美国一流大学精英教育较为成熟的经验。在清华“姚班”和其他一些试点学院里，我们也能发现它的影子。从目前的试点效果看，确实也很不错。培养学生对于研究的真正兴趣、独立判断能力和批判性思维，是精英教育的重点。如果这样培养出来的人同样会受到就业影响，会轻易放弃自己的兴趣爱好，就有点让人百思不得其解了。这或许意味着，要么是我们的培养目标没有落实，要么是培养模式不接地气。笔者最为担心的是后者。

围绕中国精英教育的模式问题，其实民国时期就有过激烈的争论。有兴趣不妨研究一下“土货校长”张伯苓的教育思想，那时候的南开大学，毕业生适销对路，也出过不少大师。

认清“双一流”建设的杪和根*

2016年5月6日，中国科学院大学和日本科学技术振兴机构(JST)共同主办的“中日大学论坛”在京举行。

2016年5月7日，厦门大学、中国高等教育学会在厦门大学联合主办“一流大学本科教学高峰论坛”。

2016年5月8日，“高等教育创新发展与世界一流大学建设”高峰论坛在绍兴文理学院举行。

接连3天，《中国教育报》受邀采访了几场重量级的会议。主办单位里，既有专业学术团体，也有高校和大众媒体，但聚焦的话题基本一致，都是围绕如何统筹推进世界一流大学和一流学科建设展开。“双一流”在高校和社会上的热度，由此可见一斑。

笔者有幸参加了厦门大学的论坛，深受启发。如果把“双一流”建设比作一棵树的话，笔者以为其杪(生长点)应是一流学科建设，其根(支撑点)应是一流本科教育。

何为世界一流大学，至今仍未有一个被广为接受的定义。但无论如何定义，教授的科研实力和水平要达到一流，无疑都会排在评价要素的首位。这也是那些被世人公认的世界一流大学，清一色都是研究型大学的原因。因此，要推进“双一流”建设，最重要的也应该是一流学科建设。

自“211工程”和“985工程”实施以来，我国高校在一流大学和一流学科建设方面得到了较快发展，在国际上也产生了积极的影响。但也应该看到，随着一些“非211工程”“非985工程”高校的快速发展，社会上对高校“身份固化”的意见也越来越大。强调在推进“双一流”建设中突出一流学科建设，就是要避免重复过去的政策偏差。世界一流大学并非所有的学科都是世界一流，已是社会共识；非一流大学的某些学科达到世界一流，也并非不可能。但在实际生活中，人们往往会对一流大学高看一眼，这就导致如潘懋元先生所说的“搭顺风车现象”：学科无论强弱，生在一流大学里，就会得到更多的支持、更好的评价。

强调在推进“双一流”建设中突出一流学科建设，还有利于让优秀学者找到归属感。越是优秀的学者，越会看重自己在学科领域的贡献，对其所在大学在

* 本文发表于2016年5月9日。

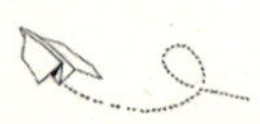

排行榜上的位置反而不太在乎。潘懋元先生拿自己举例说，当厦门大学副校长时他兼任高教所所长，不当副校长时还当着所长，快八十岁都不想放手，因为学科是学者最为依赖的身份。这同时也在提醒高校，在推进一流学科建设的过程中，要特别注意学科发展的可持续性。砸重金从别的高校“买”一个学科来，过分依赖老院士、名教授而不加强后备队伍建设，都不是建设世界一流学科的好路子。

在推进“双一流”建设的过程中，我们还应避免重蹈发达国家所走过的弯路。在世界一流大学最多的美国，“重建本科教育”近年来越来越得到重视。尽管大多数美国一流大学都声称重视本科教育，但教授热衷于科研项目、学生本科四年见不到名教授的面等现象，在美国很多学校都不同程度存在。美国高校“重建本科教育”另一现实原因是，其经费来源很大部分来自校友的捐赠，本科生对母校的忠诚程度又远高于研究生，忽视本科教育无疑会让这些大学自断世界一流的后路。遗憾的是，我国不少高校尚未建成世界一流大学时就已患上“美国病”，而且病得不轻。

大学区别于其他科研机构最根本的特征，在于本科生教育。在衡量世界一流大学的各项指标里，一流的本科教育无疑是基础性的、根本性的指标。这些年在加强本科教学方面，国家和高校出台了种种规定，如教学与科研一视同仁、名教授要上本科讲台等，但在具体实施过程中，往往会流于形式。一位大学教务处长说得好：省市领导来校考察第一句话就是问科研贡献，学校党委常委会很少专题讨论教学问题，大学教授们怎么会重视本科教学呢？没有教授们的重视，怎么会有一流本科教育呢？

在认清杪和根的同时，我们还应注意到另一种现象：从部属大学到地方本科高校，大家都在热情拥抱“双一流”。似乎不和“双一流”建设挂上钩，这所大学就会被时代所抛弃，这所大学的校长就没有理想抱负和责任担当。这就有点过了吧。

一流大学建设迎来“关键时刻”*

国务院日前公布统筹推进世界一流大学和一流学科建设方案，明确了时间表和路线图，国内外舆论都给予了高度评价。但是，也有人提出教育是慢工出细活，不可操之过急；还有人担心会造成一哄而上的现象，影响“双一流”建设的成效。

说实话，笔者也曾有过同样的担心。但仔细品味了近日两则有关“顺序”的新闻，却有了新的认识。

其一是斯坦福大学日裔教授弗朗西斯·福山于2015年11月4日在清华大学的主题讲演。福山曾在1989年称西方民主制度是“历史终结”，近年却对其理论做了大幅度调整，不再高捧民主与市场。福山认为，在现代政治秩序的三个基本要素——强政府、法治和民主问责制中，顺序至关重要，民主并不是第一位的，强政府才是。

其二是北京大学教授饶毅于2015年11月5日提出的“饶毅假设”。饶毅认为，美国当下的道路是有问题的，为此他提出“饶毅假设”——如果中国把美国当前的金融和科技的顺序颠倒过来，让科技原创为主导、金融为辅，也许可以走出新的道路，甚至是可以超过美国的一条道路。

在笔者看来，这两则新闻都反映了一个事实：当代中国的发展已经走在了理论的前头。中国大学近年来的发展，也印证了这样的事实。

近20年来中国大学的进步是神速的。20世纪末期中国政府决定建设世界一流大学，相继实施了“211工程”和“985工程”，中国研究型大学与国外研究型大学的差距迅速缩小。据有关统计，“211工程”实施前10年，中美研究型大学的科研总经费、纵向科研经费之比，已由1995年的1∶23.4和1∶34分别缩小到2005年的1∶3.6和1∶6.2，SCI论文发表和被引频次之比，由1995年的1∶15.1和1∶51.7分别缩小到2005年的1∶3.6和1∶6.2。

甚至可以毫不夸张地说，中国少数大学和学科经过这些年的发展，已经步入或者接近世界一流大学和一流学科行列。在2015年“泰晤士高等教育(THE)世界大学排名”中，北大、清华都进入了全球50强，分别位列42和47名；在英国QS教育集团2015年最新“QS世界大学学科排名”中，中国大陆有

* 本文发表于2015年11月16日。

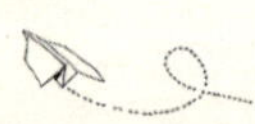

58 所大学入选全球顶尖学科前 400 名，排名第二，仅次于美国 157 所大学入选。其中有 7 所大学的 50 个学科进入全球前 50 名。

中国建设“双一流”的一大法宝，是近 20 年来积累的成功经验，其背后无疑就是福山所说的“强政府”。因为有了“211 工程”和“985 工程”，中国高水平大学获得了持续的资金支持和政策扶持，集拢了一批世界一流的人才和设备，从而能够在某些学科领域做出世界一流的成果。这些成功的经验，也是 2016 年开始实施的“双一流”建设的根本保证。

中国这种“集中力量办大事”的建设世界一流大学的模式，不仅在现实中取得了成功，也得到了国际范围内的认同和效仿。如韩国 1999 年开始实施的“BK21 工程”，日本 2002 年实施的“21 世纪 COE 计划”，德国 2005 年实施的“卓越计划”，俄罗斯 2006 年实施的“联邦创新型大学计划”等。就在 2015 年夏天，日本也提出了建设一流大学的目标，力争有 10 所大学进入世界大学百强榜。

“双一流”建设的另一大法宝，是经济、社会飞速发展的中国，为大学师生提供了施展才华的大舞台。这在“双一流”建设方案里也有明确的阐述。杨振宁先生日前在总结西南联大的成功经验时，就特别提到西南联大恰巧是在一个“关键时刻”：西南联大的毕业生恰好碰到了新中国开始建设和台湾地区经济起飞的时代。

如此看来，“双一流”于中国似乎已是囊中取物了。现实当然不会这么简单，特别是以往中国大学在建设一流大学过程中，所借鉴的主要是美国模式，一方面有水土不服的情况，另一方面也会传染上“美国病”。在贯彻落实“双一流”建设方案的过程中，我们能否走出一条新的道路？“饶毅假设”给了我们无限的遐想。

无论如何，笔者相信对今天的中国大学来说，或许正处在杨振宁先生所说的“关键时刻”。

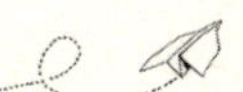

第二章　聚　焦

推进“双一流”建设，关键是聚焦问题，找到“突破口”。

一流大学也好，一流学科也罢，都是在一定范围内比较出来的。缺少特色，千校一面，也就难以分出个子丑寅卯。但这种特色的产生，不是靠文人们挖空心思想出来的，而是需要一个自然积累的过程。特色就是核心竞争力，别人是很难复制的。即使今天，在总结特色、弘扬特色方面，高校还有很长的路要走。

大量、持续的资金投入，是世界一流大学赖以生存的血液，因此也有人说一流大学是靠钱堆出来的。我们过惯了吃国家财政饭的日子，如何吸引企业的投资，如何从校友中募集资金，值得中国高校慢慢探索。特别是企业和校友的钱，毕竟不同于财政投入，其对学校的要求也会大不相同。

高水平的教师从哪里来？除了从欧美华人顶尖学者中遴选特聘教授，我们还可以怎么做？

高水平的学生如何培养？“早出人才、快出人才”的培养思路还行得通吗？

高水平的科研如何实现？如何避免“萝卜快了不洗泥”和科学研究“低水平重复”？

在本章中，我们将直面类似问题，并一个一个地寻找突破口。

特色办学：中国大学的必然选择*

作为2002年教育部首届中外大学校长论坛的后续工作之一,《中国高等教育发展的目标定位、大学特色的形成和发展战略》课题研究报告,日前已由北京大学校长许智宏和南开大学校长侯自新整理完成。这项由北京大学、南开大学、哈尔滨工业大学、中南大学等15所知名大学校长共同参与、历时近一年的调查研究,对中国大学如何形成办学特色进行了有益的探讨。

何为大学的办学特色

对于这个问题,人们有多种不同的理解和表述。报告认为,大学的办学特色是指一所大学在发展历程中形成的比较持久稳定的发展方式和被社会公认的、独特的、优良的办学特征。其必须具备以下特质:

大学办学特色必须是一所大学明显有别于其他大学的办学风格或优良特点。与其他院校没有区别,就不能构成特色,但区别本身并不等于特色。只有这种区别成为被广泛认同的优势,且这种优势达到其他大学短时期内难以企及的程度时,才构成一所大学的特色。

大学办学特色必须是在长期办学过程中积累形成,并具有与时俱进的时代性和相对稳定性。换言之,所谓大学办学特色,绝非一朝一夕"自贴"或"被贴"的标签,也绝不是一时广告宣传和媒体炒作的产物。

大学办学特色集中体现在学科的建设上,在某些领域形成自己独有的优势,并具有以此确立学校的地位和影响,带动学校整体的可持续发展的特性。

大学办学特色必须在与社会的互动中形成,大学办学特色的价值必须取决于其对科学发展、最终为社会发展作出的被社会广泛承认的实际贡献的大小。离开这一衡量指标谈大学办学特色,是没有价值的。

大学办学特色的灵魂是具有适应国家、社会发展的大学教育思想与办学理念。其表现为一所大学与众不同的校风、学风、师资水平、学科专业、制度规范、教学与研究方式;其目标是以服务社会发展为宗旨,创造领先的科研成果,培养出与众不同的有丰富创新能力的高素质人才。

* 本文发表于2003年7月28日,原标题为《办学特色:大学的必然选择》。

澄清几个错误认识

报告认为,目前社会上对于大学形成办学特色,在思想观念上存在着某些误区。这些错误认识可能会妨碍我国大学办学特色的形成,有必要加以澄清。

形成办学特色不同于创办"世界一流大学"或"世界知名国内一流大学"。"一流大学"必须是在相同的某一比较范围内的所有大学(至少是同类型大学)中综合指标名列前茅的大学,一些大学并不一定是综合指标名列前茅,却同样可以办出自己的特色。如美国的社区学院、英国的开放大学,都说不上是一流大学,但都办得很有特色。换句话说,凡是世界一流大学或世界知名国内一流大学,都具有一定办学特色;但不是所有具有一定办学特色的大学,都是世界一流或世界知名国内一流大学。

办学特色在特定范围内不具完全可比性。和大学的"一流"具有一元性特征不同,大学的"特色"具有多元性特征。一流大学是在特定比较范围内,在同一评价指标体系中呈现为具有一流办学理念、一流科研成果、一流师资队伍、一流管理水平、一流教学质量、一流学校形象、一流办学设施、一流的学生(包括在校生和毕业生)的大学;而办学特色可以因校而异,不具备完全可比性。如以校风为例,北大提倡"兼容并包",有"民主""自由"之风;清华提倡"厚德载物",有"严谨""认真"之风;南开提倡"允公允能",有"开拓""活泼"之风。可以说三校是各有特色,不能用某种评估指标测定谁是"一流"、谁不是"一流"。

办学特色与大学办学规模无关。也就是说,不是学校规模越大,该学校的办学特色就越明显;当然也不是学校规模越小办学特色就越明显。世界一流大学中没有哪一所是因为规模大、学生及教师多而著名的,而质量高才是这些大学闻名于世的根本原因。美国大学排名在前二十名的一流大学多为规模较小的私立大学,这些院校规模不大,却办得很有特色。如美国的麻省理工学院就是人所共知的例子:它已有140年校史,发展到现在教师也只有900多名;在国家科学研究委员会对全美大学的41个研究领域的排名中,该校在34个领域名列前三名,总体领先领域数位居第一名;其学生总数不足万人,但每年的新生中有93%是来自高中毕业班排名的前10%。相反,一些学校规模很大,招收学生数量很多,却不一定具有鲜明的办学特色。如日本的日本大学,学生数量近十万之众,堪称日本最大的大学,但人们并不知道它有什么明显的办学特色。

学科齐全与否与办学特色不直接正相关。有些学校学科比较齐全,但如果都办得平平庸庸,在科研成果和人才培养等方面没有特别出色的表现,不但难称"一流",也很难称为有特色。所以一味追求学校的大而全,无助于学校办学

特色的形成。相反，一些大学不追求学科齐全，却办得特色鲜明。仍以美国的麻省理工学院为例，它至今仍不改名为大学，并一直以自己的理工科特色为自豪，它所设学科专业也并不齐全，却堪称世界一流，而且特色鲜明。

办学特色不仅仅是大学的生存战略。目前我国多数关注大学办学特色形成的大学领导及学者，大多将大学办学特色作为在竞争中求生存空间的手段和工具。国外一些大学关于办学特色形成问题的研究，也有很多是作为生存战略提出的。如韩国近年关于这一问题的提出，就多集中在该国的二三流大学。中外学者们也往往认为，“特色是学校继续生存的前提，没有特色的学校常常处于‘破产’的危险之中。”所有这些，显然是把大学办学特色的形成作为价值理性和生存战略对待的。在竞争中首先是要求生存，这是正常的和无可厚非的；但大学的生存只是前提，不是目的。报告认为，大学要形成自己的办学特色，是不可以靠短期行为一蹴而就的，它不是学校面临生存危机时可以呼之即来的“救命稻草”。大学形成办学特色虽可作为学校求生存和规避生存危机的手段，但首先应将它作为价值理性和发展战略来对待。

靠什么形成办学特色

报告认为，纵观国外著名大学办学特色的成功经验，可以发现他们有一个共同点，那就是服务社会，抓住机遇，与时俱进，发挥优势，在长期的办学过程中形成自己的特色。这些世界著名大学在办学特色形成过程中，有几个至关重要的因素。

一是鲜明的时代性和社会性。大学的办学宗旨是为社会培养所需要的人才，传播和创造科学与文化。美国最古老的大学——哈佛大学(1636 年建校)，最初是英国殖民主义者为了让他们的后代受到英国式的教育，为培养神职人员，满足教民们的需要而建立的。但哈佛顺应历史潮流，积极参加了美国的“独立战争”，并适应社会需要改革课程设置，坚持独立、自由、合作的办学三原则，才使该校在 18 世纪后期至 19 世纪前半叶得以突飞猛进的发展，并逐步形成自己的办学特色。哈佛办学特色的形成最为宝贵的经验，就是紧跟时代变化的步伐和社会发展的需要，锐意改革，以领导教育改革的潮流。其他如耶鲁大学、麻省理工学院、牛津大学、剑桥大学等办学极有特色的大学，其特色无一不充分体现出鲜明的时代性和社会性。

二是以凝练的办学理念为基础。所有特色鲜明、办学成绩显著的世界著名大学，都具有鲜明的办学理念。牛津大学在八百多年的发展中，以 19 世纪以前的“牛津学究”为载体，形成了献身上帝、献身学术的精神，并形成了求实、辩证和以人为本的教育理念，这些便构成牛津大学办学特色的基础，并成为其办学特色的有机组成部分。耶鲁大学的“教育不是为了求职，而是为了生活”的教育理念，是该校实施教育目的多重性和坚持人文主义精神及“自由教育”原则的理论基础。麻省理工学院“理工与人文相通，博学与专精兼取，教学与实践并重”的办学理念，是该校形成办学特色的依据。斯坦福大学的“实用教育”理念从一开始就影响着这个学校的成长，斯坦福研究园区的成功与这种办学理念有着直接的关系。芝加哥大学的“研究工作是学校的主要工作”的办学方针和以“哈珀计划”为代表的服务社会的办学理念，对“芝加哥学派”的形成及该校师生有69人获得诺贝尔奖有着必然的联系。

三是靠优势学科来体现。国外著名大学的办学特色集中体现在学科建设上。如英国的牛津大学、剑桥大学，美国的哈佛大学、耶鲁大学、麻省理工学院、伯克利大学等莫不如此。但这些堪称世界一流的大学也并不是在任何学科都能居于世界一流。他们都往往是在某些学科领域处于世界的最前沿，形成特色，在优势学科领域为社会发展作出卓越贡献，产生广泛的社会影响，从而提升和确立了学校的国际地位和知名度。在此基础上更便于它们在一个较高起点上建设新的优势学科，不断扩大优势学科群和优势学科覆盖面。所以从一定意义上说，一所大学的优势学科所在，也就是这所大学的特色所在，大学根据自己的独特优势发展某些重点学科，使之成为优势学科，并率先在自己的优势学科领域为社会发展作出显著成绩，是大学形成办学特色的重要切入点。

四是靠其教师和毕业生来支撑。世界上所有著名的具有鲜明办学特色的大学，他们的办学特色都主要是由教师和毕业生对科学事业和社会发展所作出的卓越成就和贡献支撑的。牛津大学之所以被人们所称道，最主要的不是因为它的悠久历史，而主要是因为它的教师队伍是世界一流的，培养出来的学生也是一流的，如《英国名人录》中有四分之一即5 000多人是牛津毕业的，近百年中的英国首相就有4位毕业于牛津，现有教师队伍中大部分都是位于学术前沿的世界一流学者。巴黎高等师范学校的办学特色所以引人注目，主要是由于这所学校培养出像阿尔都塞、德里达、萨特、福科、迪比等一批享誉世界的作家、哲学家、社会学家、历史学家和众多诺贝尔奖得主，还有一大批包括法国总统、总理在内的政界要人。哈佛办学特色成功的主要标志，是它曾培养出6位美国总统和为数众多的国会议员等政治家，还有数不胜数的各大公司总裁和司法界领导人物，在学术上有35名教师获得诺贝尔奖。

五是大学校长的作用至关重要。世界所有著名大学鲜明的办学特色的形成，都与这所大学在办学历史中的那些杰出校长的作用密不可分。分析哈佛办学特色的形成，就不能忘记昆西校长在19世纪前叶对哈佛办学方向的改革，也

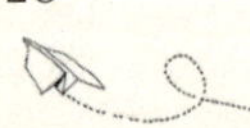

不能抹杀艾略特、埃利奥特、劳威尔、康南特等几位杰出校长的卓越贡献。耶鲁大学办学特色的形成，则与蒂莫西·戴和杰里迈克·戴等几位杰出校长对学校办学方向的正确把握有着密切关系。麻省理工学院办学特色的形成离不开创办人罗杰斯和斯特拉顿、康普顿等几位杰出院长的办学理念及成功的办学实践。斯坦福大学的校长斯德林和特曼创造性地发展了该校创办人斯坦福的办学理念，成功地创立了斯坦福研究园区，并使之逐步成为世界著名的"硅谷"，为师生学习和创业提供了重要基地，成为世界大学产、学、研结合的典范，从而使该校进入了世界一流大学的行列。

大学面临的问题与对策

随着改革开放的不断深化和市场经济体制的不断完善，高等院校也进入了市场竞争的行列之中，并呈现出从社会边缘走向社会中心的趋势。计划与高度集中体制下形成的"千校一面"的状况，随着市场体制的充分发育必将被打破。面对社会对高等教育的需求与期待，我国大学形成各自的办学特色，是大学在竞争中扩展生存和发展空间的必然选择。

报告提出了我国大学形成办学特色过程中的6个方面的问题与对策。

第一，必须继承和发展各校优秀的传统办学理念。

对于一所大学来说，办学理念是大学精神的结晶，是大学的灵魂，是一所大学办学特色形成的基石。它是一所大学中相对最稳定的因素之一，支配着大学的发展方向。国外著名的具有鲜明办学特色的大学无不如此，我国著名大学也不例外。就当代中国的大学而言，能说已形成自己的鲜明办学特色的大学还不多，那么其主要原因可能是我们对人才培养的目标过于统一，从而导致缺乏各具特色的办学理念。我们已有很多愿意投身高等教育改革的实践家，但是还缺少卓越的教育家和教育思想家。现在我国很多大学对办学特色的思考与实践，多集中在具体的操作化的布置工作性质的层次，很少在教育理念的特色方面下工夫。这说明人们对于大学办学特色的理解还不深刻，还没有抓住办学特色形成的要害。

第二，必须提倡"敢为天下先"的创新精神。

世界上办学成功、特色鲜明的大学无一不是这样做的。20世纪40年代，斯坦福大学的特曼在这所大学对名牌教授还没有吸引力的时候提出的"学术尖端"战略，即以特殊待遇招揽尖端人才，把有条件的系科率先办成学术尖顶的战略，以及这所大学率先实行产、学、研结合，发展大学研究园区——硅谷的战略，是斯坦福从一所"乡村大学"发展为全美大学三甲之一的重要因素。哈佛大学的成功归根结底就在于它不断地主动迎接时代的挑战,敢于推陈出新,具有领导教育潮流的创新精神。北京大学在“五四”时期之所以成为新思想新文化的摇篮,也是得益于“兼容并包”、敢为天下先的教育创新精神。只有敢为天下先,不断进行教育创新,才能使一所大学逐步形成自己的鲜明办学特色。

第三,必须增强系统内部的分工协作。

在市场体制没有充分发育,民众和社会对市场经济的规律尚缺乏认识的情况下,也难于形成各具特色的大学。不同的人才需求导致不同的发展目标,不同的发展目标形成不同的任务,不同的任务形成不同的特色,而不同的发展目标又出自社会分工。所以大学的办学特色要从大学的分工开始。教育学家伯顿·克拉克就曾指出:“对各高等院校进行分工已经变得越来越必要,因为这有利于不同单位全力投入不同的工作,不同层次的专业培训,不同类型的、适合于不同学生的一般教育,复杂程度不等的研究(从最基础的理论研究到最侧重应用的研究),所有这一切都可以因院校分工后产生了各类相应的组织结构得到承担。”在扩大办学自主权的情况下,国家和地方应制定宏观人才需求规划和高校分工协作战略,各大学应根据本身实际及优势进行自我定位,并在完成各自任务和高校之间的有机协作过程中,逐步形成各自的办学特色。

目前我国高等院校出现了一股向综合大学发展的“时髦”潮流,高校中还没有解决好计划体制时代以“学校办社会”为特征的追求大而全、小而全的后遗症,新一轮的以“学校办综合”为特征追求大而全、小而全又成为一种高校的“时尚”了。一些人错误地认为只有办成综合性大学才能提高学校的“层次”,如果以首先追求“人无我有,人有我大,人大我全”为特色的发展,而不是首先追求发展高、精、尖的优势学科,将造成大量人力资源和物力资源的浪费,是与中外大学办学特色形成的经验和成功的发展战略背道而驰的。当前我国大学必须加强在自主、自愿基础上的合理分工协作意识,国家教育主管部门应制定有关政策,鼓励各院校根据自己所处的人文社会环境、地理环境,以及内部条件和环境,找准自己的位置,扬长弃短,办出自己的特色,才能有效地降低高等教育发展成本,最大限度地利用现有教育资源,使我国高等教育整体水平尽快地进入或接近世界先进行列。

第四,要构建公平竞争的制度环境。

从一定意义上说,大学办学特色的形成就是大学在相互竞争中依凭它所拥有的自主权所做出的自我发展、自我约束、自我调控的行为过程和结果。如果没有大学之间公平竞争机制,就会失去发展的压力和动力。世界上所有办学成功、特色鲜明的大学,都是在激烈的竞争中求生存、求发展的产物。我国计划体制时代给大学发展造成的最大危害,莫过于办学自主权的丧失和竞争机制的破

坏。改革开放二十多年来,我国高校的竞争机制不断得到发展,利于高校在公平竞争中发展的制度环境正在形成,这就使大学办学特色的形成具有了一定的社会环境和制度环境基础。但现在的问题是,大学之间公平竞争的机制还不够充分,对大学的各种资源配置依据还应更多地来自在同样制度环境下大学间的公平竞争,所以,利于我国大学办学特色形成的、以激励高校之间公平竞争为目的的制度环境还有待进一步完善。与此同时,还须建构防止发生不正当竞争的机制和鼓励大学之间优势互补、自愿紧密合作的制度环境,以利于充分有效利用现有的教育资源,发展中国大学的综合实力,提高中国大学的国际竞争能力。

第五,关键是扩大办学自主权。

在市场经济大环境日趋完善的情况下,办学自主权是大学办学特色形成的必要前提条件。世界上所有著名的一流大学之办学特色的形成,无一不是以学校拥有较充分的办学自主权的制度环境为前提的。旧中国的一些知名大学,也是在学校拥有较充分的办学自主权的时期初步形成办学特色的。计划经济体制下中国大学出现的千校一面现象,是国家高度控制高校办学模式和发展方向的产物。当前仍须在贯彻落实《高等教育法》上下工夫,政府教育主管部门要进一步依法给予高等院校更多办学自主权,高校也要进一步增强依法自主办学意识,充分利用法定自由发展空间,促进办学特色的形成。

第六,必须建立科学的评价体系。

无论是中国还是外国,各大学都十分关注自己在大学排名中的位置,而大学排名又是依据一定的评价体系进行的,所以教育评价体系对大学的发展具有某种导向作用。我国目前还没有形成科学的、有利于促进大学办学特色形成的教育评价系统。在这种情况下所进行的各种大学排名,往往缺乏严密性和科学性。如只注重大学所得的科研经费总量,而忽视大学教学科研人员的人均科研经费数量;或只注意人均科研经费数,而忽视人文社会科学人员与自然科学人员在其学校中所占比重所进行的排名就是不可取的;以大学的物质条件而忽视大学"无形资产"的排名也是不可取的;只注重定量层面而忽视定性层面的排名也同样是不可取的。所以为促进我国大学办学特色的形成,有必要借鉴国外成功的大学评价指标体系,结合我国实际情况,研制出符合中国国情、有助于激励大学办学特色形成的大学评价系统。同时,应注意不可能建立一个统一的大学评估指标体系,政府应关注针对不同类型的学校建立多层次的评估体系。

报告指出,21 世纪将是中国高等教育大发展,并走入世界高等教育前列的时期。当前我国高等教育及高等院校发展中面临的所有问题,都是发展中遇到的问题,所以要以发展的眼光和思路去解决。中国大学办学特色的形成与发展,要立足于高校"面向现代化、面向世界、面向未来"的要求。中国高等教育的发展战略必须放在国际大环境中，结合中国的实际情况确立和审视。要立足国情，在知己知彼的基础上充分发挥比较优势，建设具有中国特色的现代大学。

（本研究课题由北京大学、南开大学、哈尔滨工业大学、中南大学负责，参加的大学有北京科技大学、大连理工大学、武汉大学、东北大学、电子科技大学、北京外国语大学、西安电子科技大学、东华大学、东北师范大学、北京化工大学、北京广播学院。）

本科教学：清华离世界一流有多远*

这是一个国际上普遍使用的高等教育测量工具。迄今为止，“全美大学生学习性投入调查”（NSSE）已在美国、加拿大、澳大利亚、新西兰等地逾千所高校使用。

这也是清华大学第一次使用严格的完全随机抽样方式对全体本科生所进行的学习过程调查。

近日，由清华大学教育研究院罗燕、史静寰、涂冬波执笔完成的《清华大学本科教育学情调查报告 2009——与美国顶尖研究型大学相比较》甫一发布，便引起了学界的广泛关注。特别是清华即将迎来百年校庆，目前正谋划新百年的人才培养使命与战略，此次本科教育学情调查的意义也不言自明。

首次引入“美式调查”

事情还得从 20 世纪 80 年代说起。当时，美国高等教育出现了与当前中国较为相近的问题：一方面，高校大量生产大学毕业生；另一方面，社会用人单位对所聘用的大学毕业生并不满意，甚至一些新兴产业很难雇佣到自己所需要的人才。美国一些专家据此认为，这是当时的大学质量监控系统出了问题：无论是大学自治组织，还是政府所强调的专业审核和资格认证，或是媒体提供的各类大学排行榜，都没有击中大学质量评价问题的核心，即大学的资源和投入是否转化给了学生，使学生受益。以学习者为主体、注重教育过程、强调教育增值的评价理念的 NSSE 由此诞生。

2007 年，美国印第安纳大学东亚研究中心主任海迪 · 罗斯开始启动 NSSE 的汉化工作，清华大学教育研究院派出副教授罗燕前往美国印第安纳大学直接参与该项工作。这在客观上为清华引进 NSSE 埋下了伏笔。

事实上，将 NSSE 引入清华，还有一个更重要的原因。那就是清华建设“世界一流大学”的进程已经进入攻坚的第二阶段，清华的本科教育状况究竟如何，尤其是与世界高等教育的高地——美国的大学相比差距究竟在哪里，这需要准确的描述和确切的诊断。而这正是我国现行教育评价的薄弱之处：缺乏科学的

* 本文发表于 2009 年 11 月 24 日，原标题为《清华本科课堂离世界一流有多远》。

测量,尤其是缺乏从学习者的角度对教育过程的动态测量。在完成 NSSE 的汉化工作后,将清华的本科教育与美国同类院校进行跨文化比较便有了坚实的理论和科学基础。2009 年秋,清华大学教育研究院采用汉化的“全美大学生学习性投入”调查工具,开展了以全体本科生为范围的调查。

调查采用完全随机抽样,在清华本科生总体数据库中抽取 1 200 名被试者,发放 1 200 份问卷,回收 1 111 份,回收率为 92.6%。为了检测被试填写问卷的真实性和认真程度,问卷中包含了一对测谎题,剔除掉测谎题中异常作答的 34 人,再删除缺失数据超过 10%的 5 位被试问卷,因此实际参与数据分析的被试数为 1 072 人。

五大指标上的比较

五大可比指标是美国 NSSE 课题组构建的跨院校可比指标。本次调查发现,清华低年级学生的表现好于美国同类大学。二者在学业挑战度和主动合作学习的水平上并无差异,在教育经验的丰富度以及校园环境的支持度上均好于对方,尤其是教育经验的丰富度优于对方的表现相当突出,唯一不如对方的指标是师生互动。

相比较而言,清华高年级学生的表现与美国同类大学的学生相比存在差距。清华高年级学生在主动合作学习水平、师生互动的水平和教育经验的丰富度这三个指标上都逊色于美国同类院校和总体水平,尤其是在主动合作学习和师生互动的水平上差异更为显著。学业挑战度双方无明显差别,校园环境的支持度上清华的水平显著高于美国(见图 1)。

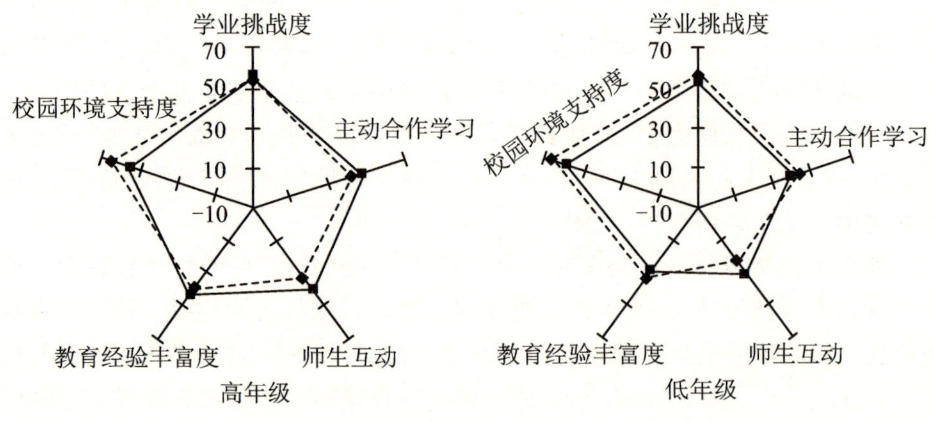

图 1

中美大学各具优势

为了对具体的教学环节进行诊断，为改进教育提供坚实的基础，清华课题组对问卷的题目进行了重新组合，形成了5个子量表：课程目标的达成、学习的严格要求程度、课堂上的学习行为、课堂下的学习行为和课程外拓展的学习行为。

课程目标的达成。调查采用的是美国教育心理学家布鲁姆的教育认知目标分类：记忆、分析、综合、判断和运用。一般认为，一门好的课程应该覆盖到所有这些认知能力层级的目标，并对其发展起到促进作用。此次调查发现，清华的课程与美国同类大学的课程相比，在以上5个等级目标的达成方面均存在水平差异，其中高年级课程与美国课程的差异度最大(见图2)。

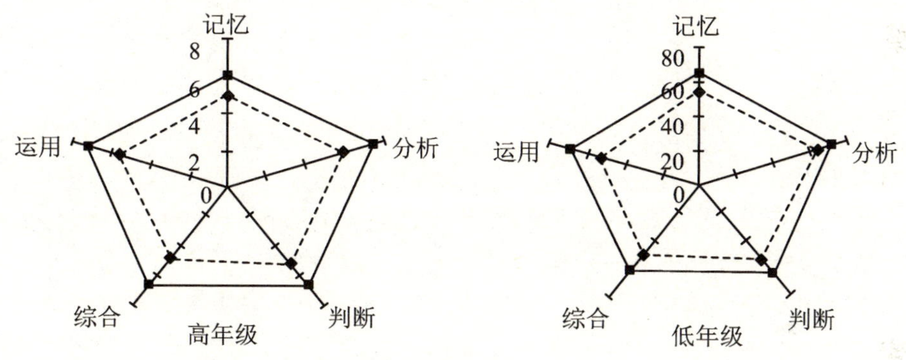

图2

学习严格要求程度。学习严格要求程度是指任课教师要求学生为完成本门课程或达到本门课程的教育目标，所需要进行的学术阅读、学术写作以及考试环节的要求。调查发现，清华课程所要求的学术阅读量明显高于美国同类院校，大作业(论文和研究报告)数目比美国同类院校多，中、短篇的作业(论文和研究报告)和美国相比没有差异。在"考试是否促进学生学习"这个指标上，清华和美国的差距非常显著(见图3)。

课堂上的学习行为。调查发现，清华学生和美国同类院校学生在课堂上的学习行为表现差异非常大，尤以课堂提问或参与讨论的行为为最。清华学生自我报告从未在课堂上发言或参与讨论的学生比例为33.6%，而在美国同类院校该比例仅为5%。相反，接近60%的美国学生自我报告说自己在课堂上"经常"甚至"非常经常"提问并参与讨论，而该比例在清华仅占12.3%。这种差异在高年级学生中表现得更为突出。另一个值得关注的学生课堂学习行为是"做口头

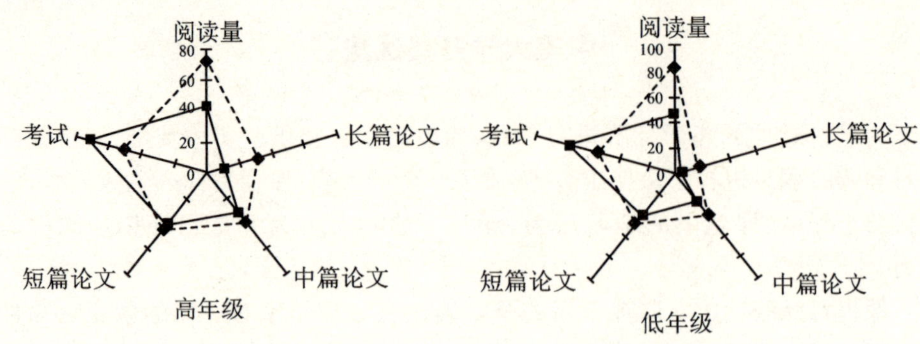

图 3

报告”。调查发现，在低年级阶段清华与美国同类院校之间并不存在差异，得分均不高。但在高年级阶段，清华与美国同类院校的差距骤然拉开(见图 4)。

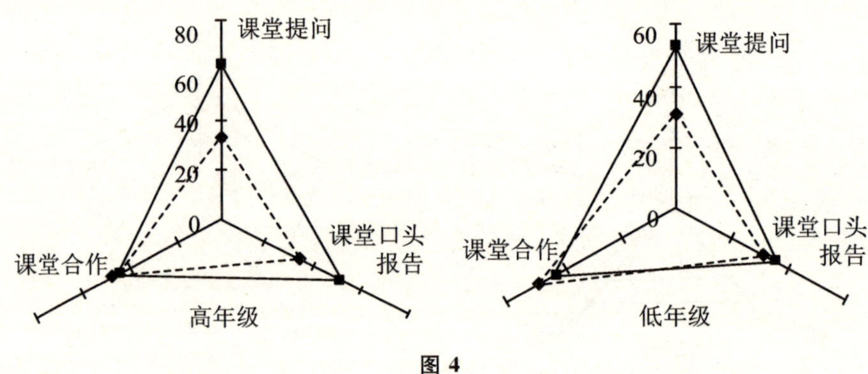

图 4

课堂下的课程学习行为。清华学生与美国同类院校学生不存在根本差异，唯一也是最重要的差异是清华学生课下花在学习上的时间比美国学生多一倍以上。清华学生自我报告每周平均学习时间超过 30 个小时的比例达到 30.7%，也就是说，每 3 个清华学生中就有一个学生每周 7 天(没有假日)都在学习，在这 7 天里，每天除了上课之外还要自己学习超过 4 小时。而这样学习的学生在美国顶尖研究型大学中只占 6%左右。

课程之外拓展的学习行为。调查发现，清华学生在课程之外拓展性的学习行为表现好于美国大学生。比如，清华本科生参加老师的项目或课题的经验多于美国大学本科生，高年级尤胜；参加实习和社会实践方面的经验也比美国大学生多，尤其是低年级阶段。此外，清华学生自己组织或参与学习团体的经验也多于美国学生(见图 5)。

从上述 5 个具体的教育环节来看，清华的课程目标达成和课堂教学与美国大学存在差距，但清华所提供的课程外拓展的学习机会和经验却好于美国大

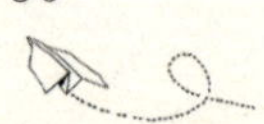

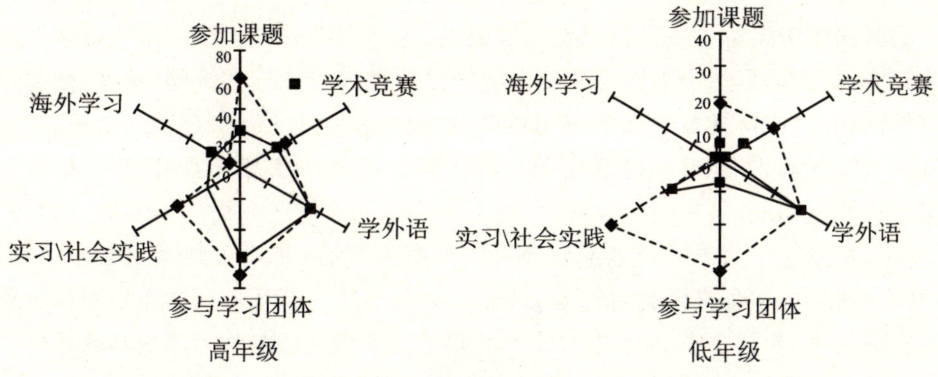

图 5

学。比较有意思的发现是，只要是以学生为主体的环节，比如课下学习、课程外的拓展性学习，清华的得分都高于美国的大学。因此，研究者认为，清华的本科教育从总体上来说，和美国同类大学伯仲相当，各有优势——清华的优势是非课程的，很多可以归因于学生的特质，比如刻苦学习、对自我的高期待、学习班集体等组织特质。而美国的强项是课程的，可以归因于学科的优势。

两大根本性问题

具体分析中美两国顶尖研究型大学本科生在课程学习行为上的表现，清华大学教育研究院罗燕认为，从中可以发现我国研究型大学课程教学中存在两大根本性的问题。

一是课程设计和课堂教学质量有待进一步提高。调查发现，作为大学生课堂学习行为之一的“做口头报告”，在低年级阶段清华与美国同类院校之间并不存在差异，得分均不高。但在高年级阶段，清华与美国同类院校的差距骤然拉开。罗燕认为，学生在课堂上做口头报告的行为往往隐含着该课程设计的学习模式中包含“项目性学习”的因素，而这种学习模式不仅要求学生在知识的分析、综合、判断、运用等高级思维技能上达到较高发展水平，还会涉及诸如合作、组织、妥协等其他情感、价值观方面教育目标的达成。因此美国同类院校在该指标上存在的低、高年级之间的区别，实际上体现的是课程教育目标等级在不同年级设置上的差异——低年级课程主要为基础知识和能力的获得，相对容易；高年级课程更多是训练高级思维技能，相对较难。清华在这一指标上低、高年级基本无区分度的状况，说明我们的课程设计在目标上呈扁平状，没有体现认知目标的梯度差异。

此外，调查发现清华学生课堂提问或参与讨论的相对较少，课下花在学习上的时间比美国学生多一倍以上。罗燕说，这一方面表现出清华学生在学习上的勤奋与投入，但另一方面也反映出清华课堂教学可能存在沉闷、单调、效率不高的问题，这使得具备积极学习动机的清华学生在课堂上少有用武之地，在课堂下又花大量时间用于提高学习，这种学习方式和状态不能不引起我们的深思。

二是学生学习志趣及意义感不强。调查发现，清华学生的学习动机很强，但学习的目标和意义感相对较差，只有27%的学生表示了解所学东西对自己所具有的意义，超过72%的学生对此不甚明了。学生何以有学习动机却缺乏学习意义感？罗燕认为，这反映了大学生的"GPA导向的学业成就观"。

在研究者与学生的访谈中，GPA(Grade Point Average，指平均成绩)是经常出现的词语。不少学生提到，GPA是清华学生选拔机制的基础：所有评优、评奖都要看GPA。有学生说："一入学辅导员就会告诉你以后推荐面试研究生什么的，都看你的GPA。我说这不合理，成绩说明不了一切。然而，高年级的师兄就会告诫你，不要试图挑战规则，你要做的就是遵守游戏规则，只要游戏是公平的。"还有的学生说："选课当然会受到影响，有时怕拉低GPA，所以不敢选自己真正感兴趣的课。"罗燕认为，GPA导向的学业成就观，虽然可以在一定时间内驱动和促使学生学习，但却损害着大学教育的内在价值，也扭曲了学生的学习目标与学习行为。

对研究型大学的三大建议

清华大学此次采用美国的量表、用对比的方式大规模调查本科生学情，在我国高教发展史上是不多见的。这反映出清华大学在建设世界一流大学的过程中，坚持以人才培养为根本、以人才质量为核心的教育观。清华大学采用国际通用的调查工具，以美国顶尖研究型大学为参照，自查学情，表现出一种开放的心态和开阔的视野。对清华大学来说，与国外同类大学进行比较是为了更清楚地发现自身问题，更科学地改进学校工作。

在《清华大学本科教育学情调查报告2009——与美国顶尖研究型大学相比较》中，清华大学教育研究院常务副院长史静寰等向清华大学校方提出了三项改进建议。其实，清华此次调查发现的问题，在我国其他同类高校也不同程度地存在。史静寰等向清华所提的建议，实际上也是向我国顶尖研究型大学提出来的。

建议之一：在学科建设的整体框架下，全面推进课程体系建设。史静寰说，

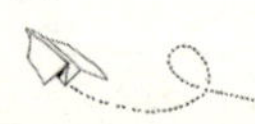

我国顶尖研究型大学一向都很重视学科建设，但主要是从科研的角度，对体现大学学科制度精髓的课程体系建设反而重视不足。而目前我国高校的课程建设，又都只是就课程而开设课程，如针对某一门课的精品课建设，针对某一类课的基础课、新生研讨课建设等，缺乏学科视野下的对课程整体的“体系建设”。

史静寰等建议，大学课程的建设必须在学科建设的整体框架下进行，在某些领域甚至可以置于学科国际认证的框架下完成。学科带头人和整个学术团队要像重视科研一样地重视课程体系建设，要在全面系统的课程体系建设中，具体设计不同年级、不同阶段、不同类型课程的教学目标、教学过程、教学方法和手段等，使课程体系建设成为学科建设与发展的重要组成部分。

建议之二：在拔尖创新人才培养的总目标下，改进学生的选拔与评价机制。史静寰等认为，作为目标直指世界一流大学的我国顶尖研究型大学，拥有从全国挑选出来的最优秀学生，不应讳言其精英教育的本质。精英教育的特点就是更能“激发学生的雄心大志”。

如此特质的精英教育显然不能仅仅用考试分数来衡量，不能刚性地用GPA来驱动。为此，史静寰等建议，我国顶尖研究型大学要努力构建综合考查和评估学生学习志趣和特点的评价体系，形成更好的刺激并挖掘学生内在发展潜力的激励机制，使学生的学习志趣和学习行为得到有益的引导。据此研究者建议，增加学生评价奖项的种类，使一些发展不那么全面，但具有偏才、怪才潜质的学生，在新的评价体制下，也能得到承认和激励。

建议之三：在现代教育理念下，改进生师关系，醇化大学氛围。本次调查发现，在社会转型期传统的“有教无类”“传道授业解惑”的师生观，越来越被“资源化”的师生观所冲击——学生看重的是教师手中的学术资本，老师看重的是学生的劳动力资源。而这又在并不完善的“学生评教”制度以及一些短视的改革的催化下，导致师生关系的紧张与压力。史静寰认为，这种紧张与压力对师生而言都是存在的，双方都是受害者。

大学究其根本是师生共同追求真理、探究学问的场所。史静寰告诉记者，唯有剥离掉某些不合理的教学、科研管理制度，辅之以共同的学术信念、学术理想和学术道德价值观，才能醇化大学氛围，提升大学的精神内涵。

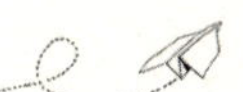

科学研究：文科搞原创有那么难吗？*

东北某大学文学院中国古代文学专业2006届一位硕士研究生论文，与2005届的高度相似，并且两人为同一导师。

安徽某大学历史系历史文献专业2007届两名硕士研究生论文涉嫌大面积抄袭，并且两人毕业时还是同事关系。

这是最近媒体报道的两则学术不端事件。尽管近几年媒体对学术不端行为多有揭露，上述事件的戏剧性，还是让许多人觉得离谱。

在上述明显的抄袭之外，当下还存在很多不良的学术行为，整体而言，可称之为"低水平重复研究"。不太为社会公众所知的是，2011年华东师范大学面向全国设立思勉原创奖，意在高举原创大旗，澄清学术环境。

或许很多人会表示怀疑：天下文章一大抄，文科研究真有原创吗？原创有那么难吗？

"拿自己的钱，评人家的奖"

思勉原创奖主要奖励文、史、哲方面的原创精品。每两年评选一次，不超过5篇作品获奖，奖金10万元。思勉原创奖的奖金，主要来自华东师大，包括校友捐赠。

华东师大的优势学科教育学并不包括在内。并且，2011年三届以来共有13篇作品获奖，来自华东师大的获奖者只有杨国荣、茅海建两人。因此，校内有不少人颇有微词，认为这是在"拿自己的钱，评人家的奖"。

这个奖原本就是一个校内奖。2002年国家出台繁荣哲学社会科学计划，华东师大文科发展赶上了较好的机遇。为了鼓励大家的积极性，学校便想到了设立奖项。华东师大校长助理许红珍告诉记者："当时叫'创新奖'的太滥了，我们便想到了'原创奖'"。

然而过程并不顺利。

文科研究似乎很难说清楚什么是原创。和自然科学奖项所不同的是，它缺少具体的量化指标。

---

* 本文发表于2016年4月18日，原标题为《文科研究搞原创有那么难吗》。

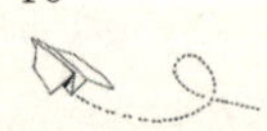

文科研究的成果，也很难一目了然地说对社会产生了什么重大影响。并且在评审时，这种社会影响也很难说清是客观评价，还是评委的主观判断。

为了改进评奖方式，校方将申报制改为专家推荐制。然而，很多人是自己写好了推荐评语，然后让专家签个名。

争议还有很多。就这样一直拖了 6 年。

2008 年，华东师大人文社科原创奖才有了正式下文。“实名推荐，问卷调查，公开评审”，评着评着，评奖制度也就设计出来了。

当年，包括《中国教育报》在内的诸多媒体，对华东师大人文社科原创奖都给予了高度肯定。教育部社科司出了简报，国务院领导也做了批示。

在有关方面支持下，2011 年这个校内奖更名为面向全国的思勉原创奖。华东师大首届人文社会科学原创奖，也成了最后一届。

许红珍告诉记者，为了保证原创奖的公平公正，从校内评奖时他们就定下了两条原则：一是要有套评奖制度，换了任何人都能把这个事做成；二是校领导的成果，以及和她本人有关的，都不参与评奖。

把教育学等优势学科排除在思勉原创奖之外，或许也体现了华东师大的某种决心。

“一看我也操纵不了，越想越高兴”

吕思勉是“现代史学四大家”之一。与陈垣、陈寅恪、钱穆三位相比，吕思勉的学术贡献并不小，但不研究历史的人却知之不多。

这或许与吕思勉潜心做学问有关。学者的名气是件很奇怪的事，比如许多人知道陈寅恪是位敢于犯上的学者，却并不清楚其历史研究贡献在哪里。

用吕思勉来为原创奖冠名，华东师大似乎是一心冲着“冷板凳”来的。

华东师大原党委书记张济顺认为，设立原创奖主要是要纠正文科评奖的两个偏差：一是重数量轻质量，缺乏科学性；二是存在暗箱操作，缺乏公正性。“只要你潜心研究，就可能得奖。”

在推选阶段，思勉原创奖实行实名推荐制，之前还增加了同行评议的海选。在票选阶段，思勉原创奖最后的评审是公开的，并且现场还有与观众的互动。因此有人评价这个奖是“诺贝尔＋奥斯卡”模式。

这种防止文科评奖偏差的做法，其“威力”可能连设计者都没有想到。

2011 年，李泽厚的《美学四讲》参评，其实是华东师大校领导“请”来的。在同行测评中，有 85％认为这是“最杰出的成果”。来自文学、史学的一些专家也认为，《美学四讲》的学术影响已在哲学之外，20 世纪 80 年代形成的阅读记忆，

至今无法抹去。

但一位通讯评审专家认为，此书不是首次出版，而是旧作的剪贴与修订。哲学组也有专家认为，尽管李泽厚在特定时代的影响力无人能比，但二十多年后再看，其学术观点已落后于当今时代，具有一定的历史局限性。

最后投票结果，《美学四讲》名列第7。没有进入前5名，李泽厚也就无缘首届思勉原创奖。这让华东师大校方觉得很难堪，没办法向李泽厚"交代"了。

"一看我也操纵不了，心里越想越高兴。"许红珍说。

"给钱""评奖"就能支持原创吗？

华东师大设立原创奖后，才发现社会上、大学里对文科研究的认识有多片面：

一是认为"发展文科不需要钱"。华东师大社科处处长顾红亮告诉记者，过去大家认为理科才需要花钱，学校一个文科项目的经费只有2 000元。即使在当年，2 000元能做什么？买几本书？

二是认为"文科不可能有原创"。这就看你对原创的理解了。目前有共识的是，文科研究不可能平地起高楼，但是否利用了新材料、解决了新问题、创立了新学问，是判断一项研究有无原创的基点。

从2002年起，国家加大了对人文社科研究的支持力度，仅从华东师大看，每年学校投入就达200万元。与2 000元相比，这是一个天文数字。

社会上对文科研究的奖励力度也在加大。与思勉原创奖同为省部级奖项的也有不少，比如孙冶方奖、吴玉章奖等。

给了钱、设了奖，能改变文科研究低水平重复的现状吗？从本文开头所举的事例看，这还远远不够。

华东师范大学党委书记童世骏认为，原创研究可以在不同层次进行：最低层次是不抄袭、不剽窃；第二层次，用另一种语言讲同样的事情（如翻译），也是在一定基础上的原创；第三层次，问题是别人提出的，得出不一样的观点或结论；第四层次是提出新问题，并经过研究得出新成果；第五层次是方法创新，比如以跨学科的视角确立新的研究方法；第六层次是提出新的研究范式，并逐步得到同行认同。

在三届思勉原创奖的颁奖环节，许多专家学者就文科研究如何坚持原创展开了讨论。

文科学者对学术要有敬畏之心，更要慎言创新。北京大学教授阎步克认为，一个人能做多大学术贡献，跟他在学术史上处于什么阶段有很大关系。和

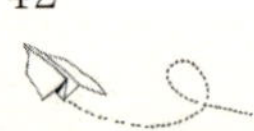

梁启超、顾颉刚、郭沫若所处的时代相比，当代历史学者要创新太难了。

中央党史研究室研究员章百家回忆，20 世纪 80 年代末，他刚进入学术领域不久，就发现许多当时被认为是新成果的东西，其实早在 20 世纪 30 年代就有许多老先生提出来了。章百家认为，后来的研究并不比人家好多少，甚至不如人家。到今天，这个问题在某种程度上越来越严重了。

对人文社科而言，经费并不是研究的充要条件。华东师大教授李国秋认为，很多研究需要的是给予研究者充裕的时间资助、学术自由与精神独立的自由。李国秋建议取消对研究者年度计量考核，因为这忽视了学术创新的基本规律——长期积累与时间验证。

复旦大学教授葛剑雄特别强调文科研究要有宽容的氛围。葛剑雄的老师谭其骧先生以毕生精力主持编制了《中国历史地图集》。当时有一幅关于吐蕃的图，涉及西藏的历史问题，许多人让他不要画那么大，但谭先生坚持要那么画。最后得到了胡耀邦同志的批示，才形成今天大家看到的吐蕃地图。

“原创可能是胡说八道、胡思乱想，但如果一开始就不允许这一点，那么真正的优秀思想怎么会出来呢？”葛剑雄问。

学科建设：寻找地方高校的发力点*

国务院学位办日前公布国家第十一次学位评审结果，苏州大学此次共获批13个一级学科博士点、12个一级学科硕士点，成为本次学位评审的大赢家。一级学科博士点是衡量一所高校学科建设和办学层次的重要指标，苏州大学一级学科博士点由原来的6个猛增至19个，跃居全国地方高校之首，成为近来社会和媒体关注的焦点。

"加强重点学科建设"是温家宝总理在2011年政府工作报告中强调的一个重要内容。梳理苏州大学学科建设实现跨越式发展的背后故事，或许能给其他高校以启示。

资源整合必须"动真格"

2011年4月6日，苏州大学举行学科建设推进会，交流学科建设经验。医学部的临床医学、公共卫生与预防医学、药学在此次学位评审中均获一级学科博士点，成为该校获评最多的学院(部)，尤为引人瞩目。

苏州大学是由原苏州大学与苏州蚕桑专科学校、苏州丝绸工学院、苏州医学院等合并组建而成，医学也是苏州大学的传统优势学科。以临床医学为例，苏州大学拥有全国知名的血液病学、骨外科学研究，拥有省内外知名的苏州大学附属第一医院、附属第二医院、附属儿童医院等。为什么上一次没能获得一级学科博士点呢？"附属医院最关心的是把病人治好就行了，过去对学科建设不太重视，也不太配合。"一位知情者说。

附属医院的"不配合"或许还有体制上的原因。作为苏州大学直属的3所附属医院，附属第一医院的前身是苏州市第一人民医院，1994年成为江苏省首批"三级甲等"医院，隶属于省卫生厅；附属第二医院又名核工业总医院，1988年由原核工业部(现核工业集团公司)投资兴建；附属儿童医院，又称苏州市儿童医院，隶属于省卫生厅。隶属关系的不同，决定了附属医院的财权、事权并不取决于大学。理顺大学和附属医院的关系，对于临床医学学科建设来说至关重要。

* 本文发表于2011年4月14日，原标题为《寻找地方高校学科建设的"发力点"》。

2008 年年初，苏大开始探索学部制改革，将原有的医学院各系与生命科学学院、放射医学与公共卫生学院及药学院组建成立医学部。医学部的组建，重点在于打破院系壁垒，实现资源的有效整合。同时，使附属医院与大学之间的联系更为密切，也成为学部制改革的重点。

“大学与附属医院的关系应该是互利共生、互为促进的。”苏州大学校长朱秀林强调。苏州大学决定把医学作为事业重要增长点之一，大力支持附属医院的教学和科研工作，加强前期与后期的紧密结合；促成各附属医院建立医学教育发展基金，统筹协调资源、加强教学；将进一步把临床医学院做实，结合相关管理政策，提高临床实习水平。与此相对应，3 个直属附院也要紧密依托大学的品牌优势，结合建设“国内一流高水平大学”目标，发挥科学研究的支撑作用，争取在医疗、教学等方面实现新突破。

正是在附属第一医院院长耿院士、杨惠林教授，附属儿童医院汪健教授，附属第二医院刘春风教授、田野教授等学术带头人的带领下，短短几年时间，苏州大学临床医学在内科、外科、儿科、神经病学、肿瘤疾病等学科方向得到了较快的发展，唐仲英血液学研究中心、神经科学研究所、骨科研究所等一批高水平科研平台得以建成，此次顺利获得一级学科博士点也就不足为奇了。

对于办学经费并不十分充裕的地方大学来说，要集中发展某些学科，客观上要求学校必须进行资源的重组整合。“专业是学科的基础。我们在做大做强某些专业的同时，也要缩小甚至停办一些专业。”苏州大学教务处副处长晏世雷说。

传统学科要找“新方向”

对于一个学科本身来说，除了最基础的，一般都有一个“形成—发展—消解”的过程。对于一所大学来说，有新兴学科的兴起，自然也会有传统学科的衰亡。如何促进传统优势学科的持续发展？在苏州大学，我们看到了许多传统学科拓展新的学科方向的例子。

苏州大学的前身之一是苏州丝绸工学院，丝绸纺织是其传统优势学科。但随着合成纤维的产生发展，丝绸有昂贵、易皱、长时间会发黄、染色性差等缺点，客观上导致丝绸研究和应用的逐渐衰落。国家“千人计划”入选者、苏州大学纺织与服装工程学院教授张克勤告诉记者，目前他们对丝绸的研究方向已向两个方面拓展：一是利用现代科技手段，对蚕丝蛋白进行功能化改造，赋予丝绸以抗皱、易染色等特性并创新性地发展蚕丝在光电转换、超强复合材料等领域的新应用；二是利用天然蚕丝蛋白极好的生物相容性，从源头上进行创新，开发有别于传统丝绸的丝蛋白支架材料，用于骨折等组织修复，可以避免现有金属、陶瓷等材料与人体组织的排斥反应。

传统学科要发展，还要大胆吸收其他学科的内容，在学科交叉中获得生机。苏州大学研究生部主任王家宏告诉记者，利用学科交叉优势促进学科发展的例子，在苏州大学比比皆是。如艺术学，吸收了文学、非物质文化遗产、建筑设计等方面的内容；体育学，融入了医学（骨科）、生物学（运动免疫）、材料学（运动服装）等方面内容。王家宏说："苏大拥有 11 个大学科门类，综合性高校学科门类齐全的优势正逐渐显现，学科之间的交叉融合往往能够产生更多新的'科研火花'。"

一般来说，还有两个外因会促使学科发展方向的调整：一是整个学术前沿的拓宽，二是适应社会的重大需求。记者在苏州大学采访期间，日本地震海啸所引发的核电站事故正牵动着所有中国人的心。苏州大学医学部副主任童建向记者透露，学校正考虑利用核工业总医院的优势，组织医学、物理、化学、材料等方面的研究力量，进行核安全方面的课题攻关。"正如 2003 年'萨斯'促进了公共卫生学科发展一样，日本的核电站事故对我国的预防医学来说，也会是一个发展机遇。"童建说。

学科发展需要"接地气"

苏州大学的政治学，是由新中国政治学科创始人之一的丘晓先生一手创办的。就是这样一个老牌的学科点，2005 年在参加国务院学位办第十次一级学科博士点评审时，竟然"不及格"，这无疑给了苏州大学政治学科建设一针清醒剂。

苏州大学政治与公共管理学院院长金太军告诉记者，当时在师资水平上苏州大学其实并不弱，但在科研方面，如承担课题、论文专著、获奖情况、科研贡献度等，与一些名牌院校还有较大的差距。问题是，作为一所地方大学，如何才能获得那些课题、论文、奖励呢？

政治学教授们敏锐地从江苏特别是苏南地区的快速发展中，找到了学科的发展方向。随后，一系列重大的科研课题，都是围绕"苏南经济模式"背后的地方政府职能及制度创新展开的。针对 2008 年的太湖蓝藻事件，他们开展了"应对重大突发公共事件的政府协调研究"；针对苏南经济发达地区刻不容缓的生态文明建设，他们开展了"生态型区域（苏南）经济与社会治理研究"等研究；针对苏南地区的城市化，他们开展了"中国农村城镇化过程中的土地政策与农民的'非农化'政策研究"等研究……特别值得一提的是，这些与地方经济社会发展密切相关的课题研究，得到了包括国家社科基金重大项目、教育部重大项目在内的高层次基金项目的支持，也是此次获得一级学科博士点的重要学术支撑。“政府研究也是苏大政治学的一个传统，关键是政府研究必须与地方经济社会发展相结合，从而能够找到学科可持续发展的正确路径。”金太军说。

地处长三角的核心地带，苏州大学近年来紧跟江苏省经济转型升级步伐，积极拓展新材料、新能源、纳米技术、生物医药等新兴产业相关领域的学科专业建设，不断优化学科结构。以中国工程院院士李述汤领衔组建的功能纳米与软物质（材料）研究院为例，这个成立不到3年的研究院，已经顺利形成从本科生到研究生、博士生的完整人才培养链，将为以纳米产业为龙头的苏州市新兴产业提供人才和技术支撑。

“高校不再是过去的象牙塔，积极融入区域经济社会发展，才能为学科发展谋得更多的资源，从而全方位提升自身的科研实力与服务水平。”苏州大学党委书记王卓君说。

【采访后记】

一流学科建设还须“有所不为”

阳春三月，在“人间天堂”苏州采访，有意无意间你都会感觉到万物竞发的生机。苏州大学此次一级学科博士点跃居地方高校首位，似乎也得此“天时、地利、人和”之便。

然而，对一所以建设“国内一流高水平大学”为己任的高校来说，我们似乎还应要求更多。

苏州大学的前身是创建于1900年的东吴大学。经历1995年、1997年、2000年三次大的调整，纺织工业部所属的苏州丝绸工学院和核工业部所属的苏州医学院先后并入苏州大学，学科和专业得到了较快发展。从新中国成立之初的几个本科专业，发展到现在的有19个一级学科博士点、111个本科专业的综合性大学。发展速度如此之快，是好事还是坏事？

苏州大学今年新增的纳米材料与技术、新能源材料与器件和物联网工程3个本科专业，将面向全国招生。就物联网专业而言，今年全国有30所高校获准开设，其中部委所属院校26个；江苏省域内，就有河海大学、江南大学、苏州大学和江苏大学4所高校。教育部、财政部日前批准的第七批78个高校特色专业建设点中，物联网专业占9个，“近邻”河海大学和江南大学均在列。抢上了物联网专业的头班车，也面临着强邻的竞争，是好事还是坏事？

对于正处上升阶段的苏州大学来说，上述担心或许是多余的，但在国内许

多著名大学，学科过多、重复建设的负面影响已经显现。加强重点学科建设，国外一流大学的一些经验尤其值得我们反思：

20 世纪 60 年代，建法学院和商学院在美国大学中盛行，普林斯顿大学却进行了顽强抵制。今天，普林斯顿大学依然是美国最好的大学之一。

1969 年，斯坦福大学撤销了建筑学院，当时其在全美建筑学院排名前 10 至 12 位。他们的理由很简单：一是建筑学院投入很大，要进前 5 位所付出的代价有些不值；二是“近邻”加州伯克利大学已有一所美国顶尖的建筑学院。

著名教育理论家怀特海甚至认为，大学不要设置过多的学科，尤其不能设立过多的“空壳”学科。

这些年，我们见惯了高校学科建设的蓬勃发展。但是，在“有所为”之后，“有所不为”似乎更应引起足够重视。

学术规范：需要什么样的防火墙*

2009年7月6日，郑州大学严肃处理贾士秋教授聘任论文做假行为，决定免去其新闻与传播学院副院长职务，并解除教授聘任；2009年7月8日，中国人民大学清史所原所长成崇德被同事举报，并被称为“学术巨骗”；2009年7月15日，西南交通大学认定该校副校长黄庆论文抄袭事实成立，取消其博士学位；2009年7月24日，西安交通大学6位教授联合举报该校长江学者造假……最近一段时间以来，高校学术不端的报道频繁见诸报端，人们不禁要问：大学教授们到底怎么了？

也正在此时，一本由教育部社会科学委员会学风建设委员会组织编写的《高校人文社会科学学术规范指南》(以下简称《学术规范指南》)出版。记者就有关问题采访了该书主编、北京师范大学教授王宁。

知识产权自古不受重视

事实上，对学术不端行为的认定远比媒体报道的复杂。西南交大决定取消黄庆的博士学位后不久，黄庆本人就发布网文对此“持保留意见”，并认为自己的论文是运用杨小凯《经济学原理》中相关理论来研究企业集团的产权效率等问题，《经济学原理》在很多学校被当作教材，并不构成抄袭。那么，如何认定学术不端行为呢？

王宁的另一个身份是教育部社会科学委员会学风建设委员会副主任委员。王宁告诉记者，对于学术不端行为的整治，教育部一直非常重视，2002年前后学风建设委员会就着手起草学术不端惩戒条例和学术规范指南。究其原因，一方面，当时学术论文不规范现象在我国高校比较普遍，必须告诉大家如何避免学术失范；另一方面，对学术不端行为必须惩治，否则会影响到我国学术研究的健康发展。

即使目前学术不端行为不时见诸报端，王宁仍认为这并不代表主流。并且，有很多的学术失范是由于“不懂”造成的，并不是大家都成心去“弄”别人的东西。王宁说，我国是一个农业古国，科学技术不发达，大家都不太重视知识产

* 本文发表于2009年7月30日，原标题为《学术不端需要什么样的“防火墙”》。

权。古代知识是传承式的，像《二十四史》这样的经典名著，你很难知道它的作者是谁，往往是落到哪个名人的头上，就是谁写的了。古代也不讲究发明权，那么多的工农业技术，知识产权也不清晰。比如，现在说毕昇发明了印刷术，说不定在毕昇之前早就有人"鼓捣"出来了。目前存在的许多学术失范问题，很重要的原因是由于大家缺乏学术规范方面的知识。

另外，大学生也缺乏这方面的训练。中国政法大学教授杨玉圣曾举过一个例子：他开设"美国历史与文化"选修课时，要求学生每人写一篇读书笔记，结果发现有20%的学生是原封不动从网上复制下来的。王宁分析说，现在有不少学生对知识产权的理解并不全面。如有的学生认为："引用了别人的观点是因为我觉得它好，学习了不就成为我自己的了吗？为什么还要作注释呢？"学生抄的往往是好文章，教师难以发现，被抄者也不会发现，这样一来，抄袭的学生会得高分，踏踏实实做学问的学生反而得分不高。

其实，目前市场上有很多关于学术规范的书，也不乏指南类读本。即使是刚出版的这本带有"教育部"字样的《学术规范指南》，王宁认为这也只是一个行业规范，并不是教育部的规定。

学术规范要有可操作性

对于学术界种种学术不端现象，杨玉圣总结为低水平重复、粗制滥造、泡沫学术、假冒伪劣、抄袭剽窃、沽名钓誉、学位注水、评审腐败等八类行为。以高校教材的低水平重复为例，据《中华读书报》报道，20世纪80年代以来，冠以"概论""新编""教程"等名目的马克思主义哲学教材已出版不下300种，不仅编写内容、体系设计大同小异，并且其中至少有2/3是抄袭了同一本教材。

人文社科领域学术不端现象比较复杂，其中社会科学领域尤甚。王宁说，他们起草规范指南时前后写了七八稿，也没有找到感觉，总是有"详也不是、略也不是"之虑。最后，形成了这样一个近3万字的简明指南。《学术规范指南》强调可操作性，不能只讲大道理，大家不知道什么就讲什么，特别是要讲清楚不这样做会带来什么后果。

《学术规范指南》着重从选题与资料规范、引用与注释规范、成果呈现规范、学术批评规范、学术评价规范等方面作了简要说明。王宁说，在编写指南时他们是字斟句酌，几乎每一句话都有现实针对性。如在引用与注释规范方面，有些人明明采用了他人的观点或资料，为了冒充首创，故意把最应列入参考资料的文献删除，对应当作直接引文或间接引文的文献有意回避，不出现注释，只列在参考文献目录中，这属于有意遗漏。如果故意回避的资料数量较大，或者涉及论文的主要观点、方法、证据，实际上已经形成抄袭，构成侵权。

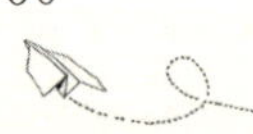

另一个值得关注的，是学术批判的不正常现象。这些年有不少站出来揭露学术不端行为的人被告上法庭，打官司最后还输了；还有不少人因此得罪了同行，受到排挤甚至是打击报复。王宁的同事、北师大伍铁平教授就曾因用文学性的语言称一位造假者为“学术骗子”，被对方告上法庭。《学术规范指南》强调，学术批评文章反驳别人时不可诬蔑、攻击，更不允许讽刺、谩骂，同时肯定别人时也不可夸大其词、肆意吹捧，坚决杜绝广告式的伪书评。

王宁坦言，《学术规范指南》并不是给故意抄袭者看的，并且，这些年来，学术不端现象已经大为减少。“好人做好了，坏人自然就露出尾巴来了。”王宁说。

严肃处理是荣不是辱

中国科协日前发布的 2008 年全国科技工作者状况调查报告显示，我国近半数科技工作者认为当前学术不端行为普遍，超过 50％的科技工作者对学术不端行为持宽容态度。另外，清华同方做了一个人文社科学术资源库，结果发现有 2 万多篇文章存在主体部分雷同的问题。

造假之风这些年在商业领域屡禁不止，三鹿奶粉事件等更是挑战了社会伦理的底线。受此影响，高校存在学风不正、学术浮躁的问题，也常被一些学者认为是小小不言的事。目前的一些评价方式，如学科评估、核心期刊论文数等，似乎也在逼着学者们造假。王宁特别强调，学术评价要注重质量和合理量化，评价论文不以刊物的等级作为成果的绝对标准与唯一标准，评价学术研究者应当坚持“代表作”的评价方式。

对不同性质的学术不端行为的认定，长期以来是个难题。曾有人因此请求法院裁决，最后不了了之。记者注意到，《学术规范指南》特别对学术失范、学术不端、学术腐败三种行为进行了区分。如数据核实不足、文献引用出处注释不全等属于学术失范，抄袭剽窃、篡改他人学术成果、在他人学术成果上署名等属于学术不端，当权者利用学术权力获取名利则属于学术腐败。

让人颇感忧虑的是这些年高校某些领导的学术不端甚至是学术腐败行为。学校和院系领导多占实验室、垄断学术资源等，在高校中并不鲜见。挂空名主持研究课题、在别人的学术成果上署名，等等，更在教师中产生了极坏的影响。“真正做学问的教授们实际上是很苦的，在学术方面还受到不公正待遇，大学都成了这样，还能到哪儿说理去。”王宁有些不平。

王宁特别欣赏教育部对学术不端行为“零容忍”的态度，也特别欣赏早些时候浙江大学对贺海波事件的处理，尽管那是自然科学学术领域的事。“有些学校领导不敢正视学术腐败行为，其实严肃处理了是荣，不是辱。”王宁说，别看对当权者的处理只是少数，至少公开造假的已经有所顾忌。

协同创新：中德大学校长都关注什么？*

2011 年 10 月中旬，中德两国 19 所顶尖大学的校领导时隔两年又坐在了一起。这一次会议地点在武汉，举办方是华中科技大学和慕尼黑工业大学。与过去不同的是，参加第五届中德大学校长会议的代表，大多是主管科研业务的副校长，会议的主题“协力同心，共赴使命——大学的社会责任”也更加务实，与时下中国倡导的“协同创新”正合节拍。

中德两国高校的交流源远流长，参加会议的同济大学和华中科大同济医学院，即由德国人一百多年前在上海创建。相近的学校体制，相同的办学使命，也让中德两国高校的合作交流更加广泛和深入。

如何深度融入区域发展

深度融入地方经济社会发展，是高校推进产学研融合的重要方向，更是协同创新的重要方面，也是高校深化改革，推动学科发展、队伍建设、人才培养、科学研究工作的重要方略。

南京大学常务副校长张荣认为，全球即将进入创新驱动时代，当今人类社会正面临着新的转型发展时期。这一时期的一个显著特点是科技创新周期的大幅度缩短。有统计表明，从新原理的提出，到形成技术，再到实现产品的供给，其所需要的时间已经从 20 世纪初的超过 20 年，降低到 21 世纪初的大约 3 年。

与此同时，创新竞争和创新成本却大幅增加。随着大型企业集团的兴起，大生产平台的不断完善，新技术的推广时间大大减少，从而为技术领先者创造了“赢者通吃”的条件。因此，科技创新的推进速度一定程度上将决定一项技术、一个产品，乃至一个企业的生死成败。

张荣认为当前高校科技创新存在的突出问题主要表现为“六多六少”：从科技项目的性质看，低层次项目多，国家目标项目少；从科技创新的主体看，散兵游勇多，团队作战少；从科技创新的成果看，雷同重复多，原始创新少；从科技创新的评价看，主观评价多，实践检验少；从科技管理的体制看，制约束缚多，积极

* 本文发表于 2011 年 11 月 7 日，原标题为《中德顶尖大学校长聚焦“协同创新”》。

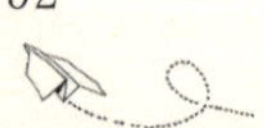

性调动少；从高校产学研合作看，注重形式多，重大贡献少。

自认为“没有悠久的历史、缺少国家高强度的支持”的华中科技大学，近30年的快速发展得益于融入区域发展。华中科大副校长骆清铭说，在服务国家、地方经济社会发展方面，学校秉承的理念是“服务乃宗旨，贡献即发展”，在区域创新中发挥领军作用。

以光电产业为例，筹建中的武汉光电国家实验室目前在4大领域、9个研究方向建立了10个科学研究平台，组建了37支研究团队，开展立足光电前沿的基础研究和满足国家战略需求的高技术研究。华中科大国家大学科技园，以光电子产业为主导，带动先进制造业和新材料、软件产业等同步发展，目前入驻企业89家（含3家上市公司），累计获得国家专利295项。目前光电产业在华中科大已产生集群效应：华工科技是中国最大的激光设备制造商之一，产品涵盖5大系列，近200种产品；学校周边集聚了楚天激光、团结激光等一批激光企业，使武汉成为国内领先的激光产业基地。

2011年，国家批准华中科大建设“国家脉冲强磁场科学中心（筹）”，这也为学校开展凝聚态物理、材料科学和生命科学等诸多领域开展前沿科学研究提供了良好的极端环境下的实验条件。骆清铭说：“社会服务也要讲质量，引领是更高层次的社会服务。做好了，学生有更多的机会，大学的教育会更生动，大学也更有活力和生命力。”

海德堡大学副校长托马斯·劳施认为，在产学研合作上大学有着相当的优势，既可以得到外界的支持，又拥有自己固定的科研队伍。作为合作者的产业来说，与大学合作既能减低科研风险和成本，又能从大学中获得专业的科研队伍以及人才支撑等。这对双方来说都是有利的。大学如何成为企业的孵化器，如何把大学内的东西转化为大学外的东西，首先从大学到企业都要提出自己的想法。以海德堡大学为例，他们有一些顶级的研究领域，根据合作项目，大学能确定自己要研究的东西是什么。从基础研究转换为以应用为目的的研究，从企业中得到反馈，大学就能知道研究产品是否能够适合社会的发展。

如何处理知识产权问题

无论是中外大学之间的合作，还是大学与企业之间的合作，都涉及技术转移和知识产权保护等问题。特别是学者更关心科研论文的发表，企业更关心科研成果的转化，处理不当，势必会影响协同创新的效果。

德国亥姆霍兹联合会拥有18个国家研究中心，科研人员3.2万人，预算达到33亿欧元，并以每年5%的速度增长。亥姆霍兹的科研设备向全世界开放，

每年都有近4000名科学家来做科研。亥姆霍兹联合会北京办事处首席代表何宏博士说，很多中国学者对亥姆霍兹有兴趣，他们可以通过亥姆霍兹与其他人进行合作与研究。在合作中，中德双方都非常重视知识产权保护。以产出或者产品为目标的合作如何进行？投入是多少，产出是多少？如何进行合作？这一系列问题都需要事先签署相关协议。这些问题要事先协调好，这样才不会产生分歧。

同时，何宏博士认为，对自己的目标以及合作伙伴的目标有所了解，对科研合作双方都有好处。要合作成功，就必须要了解双方的需求，努力帮助自己的合作伙伴，分析导致双方产生分歧的原因，并按照国际惯例来处理。有时候，中间桥梁的作用非常重要，需要有专业人士参与调解、合作。此外，彼此理解也非常重要。中方的资金压力可能比较大，需要寻找资金来源；而对德方来说，资金来自于纳税人，因而就必须考虑公众对该项研究的关注。双方必须从中找到平衡。

海德堡大学副校长托马斯·劳施认为，企业与大学之间合作面临的最棘手的问题就是知识产权与公开发表之间的矛盾。处理知识产权问题是非常耗时的，这时候他们会通过签订协议来解决。大学和企业对科研合作未来的想法和思路可能会有所不同，但是随着时间的推移，双方会进行一些妥协，并最终朝着一个方向共同努力，但这需要大量的沟通和时间。大多数情况下，他们会给出3个月的期限。在这段时间内，如果没申请专利的话，产品的成果就会转化成公开发表的文章。当然，这个期限的长短是变化的，而设定一个期限对解决争端很有帮助。

华中科技大学教授余翔以中美清洁煤合作项目为例，向记者介绍了合作协议中的知识产权保护条款的重要性。当时双方签署了一些相关项目的合作协议，其中包括技术管理计划和知识产权保护协议。如果在一个特定的研究项目里，双方不能就研究计划达成一致，那么该项目就不能启动。在保护知识产权和数据的分享方面，双方进行过一些沟通，如果没有相关的知识产权保护，就不能进行数据的分享。

余翔认为，在大学之间的科研合作项目中，也应该在项目开始前，在充分考虑各国知识产权制度差异的前提下，协商一致后签订知识产权协议(IP)，制定确实可行的技术管理计划(TMP)，以此作为协调和保护各方利益的工具。

如何实现对等和互惠

目前我国正不断深化改革开放，对外交流规模不断扩大，国家对人才的需

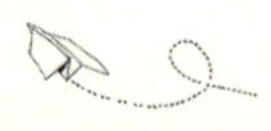

求和要求都相应提高，培养世界级人才是中国顶尖大学面临的重大课题。清华大学副校长袁驷认为，中国大学要更加重视增强学生的国际竞争力。以清华大学为例，学校培养的学生应该是来自中国，来自清华，但是为全世界培养的；应该是有中国特色、清华特色，但是面向全世界的。总而言之就是“清华制造，中国培养，世界级人才”。袁驷说，青年学子应该珍惜外出交流学习的机会，培养全球视野，投身全球竞争。

同济大学校长裴钢说，他们准备实行“3 个 600”计划，让工程学本科生都将有机会在海外学习研究。同时，他们将邀请德国知名专家来同济大学讲学，并推出“留学同济”和“中德校园”计划，吸引更多的德国学生到同济大学学习，攻读同济大学的学位。

对于越来越多的赴国外留学的中国学生，柏林自由大学副校长布里吉塔·舒特告诉记者，中国学生在赴德留学前往往忽视学前培训，或者认为学前培训就是掌握德语。舒特说，赴德留学生还应该了解德国文化，德国是一个多元文化的国家，只有在入学前接受不同语言、不同文化的教育，才能在入学后通过课程受到多元文化的熏陶。同时，一些中国留学生在德留学时，课堂上往往不能积极主动发言，从而变得很拘谨。通常是被老师提问时，才会站起来发言。她希望中国留学生可以自由发挥个性，更好地融入德国的课堂学习和科研团队中去。

目前中国已是德国最大的留学生来源国，每年留学德国的中国学生达两三万人之多，但今年在中国的德国留学生却只有 4 700 人。并且，中国学生到德国往往是去读一个完整的学位，德国学生到中国来往往只是短期的访问。

慕尼黑大学副校长莱因哈德·普茨认为，德国学生赴中国留学的情况并不乐观，这不是因为中国大学不够优秀，而是德国学生对于中国的教育和文化了解甚少。以至于中国很有名的大学，在德国的知名度都不高。虽然中德大学之间在学术研究上一直保持着紧密的联系，但在大的范围内，中国大学还需有一个全面的推广计划。此外，中国大学中的英语授课相对较少，这就增加了中德学生在一起学习的难度。普茨认为，可以从联合培养博士生开始，在中国大学建立相关机制，尝试改变授课方式，从而方便德国学生到中国学习。

特聘教授：教师队伍建设的新创举*

“这是一个非常了不起的创举。”1998年，当诺贝尔奖获得者杨振宁如此看好由教育部和李嘉诚基金会共同投资设立的“长江学者奖励计划”特聘教授岗位时，许多人都认为这不过是这位专家评审委员会委员的溢美之词。

今天，当我们回过头来看特聘教授岗位的设立对中国高等教育乃至整个教育事业发展的影响时，借用北京大学校长许智宏的话说，“怎么评价也不过分”。

带动了人事分配制度改革

20世纪90年代中期，我国经济得到飞速发展，“让一部分人先富起来”的目标得以实现，但同时“脑体倒挂”“重应用轻研究”等现象十分突出。“搞导弹的不如卖茶叶蛋的”，便是那个时期的真实写照。

反映到教育行业，便是高素质人才的大量流失。不仅高校中青年教师大量跳槽，在高校毕业生中还流传着这样一种说法：“一流学生出国，二流学生进外企，三流学生留校。”

1998年8月，“长江学者奖励计划”正式启动。1998年12月，首批获准设立特聘教授岗位的高校在《人民日报》《中国日报》等媒体大规模刊登招聘广告，“奖金10万元聘教授”引起社会广泛关注，因为当时仅10万元奖金就相当于一位教授好几年收入的总和。人们总算看到了一个优秀知识分子的价值，尽管这10万元远不能和一个特聘教授的贡献相等同。

更为重要的是，特聘教授岗位制度是参照国际通行做法，针对高校存在的人才单位所有制、职务终身制以及分配中的“大锅饭”等弊端而设计的，实行的是真正意义上的聘任制，按岗聘任，以岗定薪，优劳优酬，合同管理。这一制度的实行，直接带动了我国高校人事分配制度的改革。

1999年9月，北大率先实行“岗位聘用制”，教授年津贴最高达5万元，教师最高收入和最低收入差距达17倍。如此巨大的差距引起了社会的广泛关注。与此相对应的是，原先学校的那种“铁饭碗、大锅饭”被彻底打破，人才合理流动的机制开始形成。过去高校教师纷纷下海的现象开始发生逆转，许多优秀人才

* 本文发表于2002年10月17日。

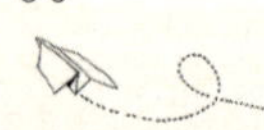

开始回流。如北大电子系从1996年到1998年每年都有8个进人指标，却一直无人应聘；到1999年，却一下子来了16位优秀应聘者。北大化学学院的竞争更激烈，学校只给了8个进人指标，却有100多人前来应聘。

几乎与此同时，清华、北师大、上海交大、南开、武大、西北工大、北航、中国科大等校，也开始推行岗位聘任和关键岗位津贴制度。由设立特聘教授岗位而引发的高校人事分配制度改革热潮，成为1999年我国高校管理制度改革的一个亮点。

促进了拔尖人才成长

“在创造和发明上，人才的互补共振效应所产生的威力，已为历史所反复证明。”在清华大学教授程京眼里，特聘教授制度所营造的，正是世界各国精英人才所钟爱的“群英汇聚、学术气氛浓厚、科研经费充足”的环境。也正是这种环境，促进了拔尖人才的成长。

在特聘教授岗位制度的奖励和支持下，特聘教授们在各自的岗位上都做出了突出贡献，得到了学术界的高度认可。据初步统计，目前已有华中农业大学张启发、北京大学田刚、北京师范大学李小文、厦门大学郑兰荪、第四军医大学樊代明等5位特聘教授，1998年后当选中国科学院或中国工程院院士；有20位特聘教授被科技部聘为“973”计划首席科学家；有12个以特聘教授为学术带头人的科研团队，得到国家自然科学基金项目资助；有5位特聘教授担任“十五”“863”计划领域专家委员会主任或委员，29位特聘教授担任“十五”“863”计划主题专家组组长或成员。

特聘教授们还在各自的研究领域取得了一系列原创性的重大突破性科研成果。西北大学舒德干教授上岗后连续在著名期刊《自然》上发表3篇论文，1999年和2001年分别因发现迄今最古老的脊椎动物化石和发现新的后口动物门，两次入选“中国十大科技进展新闻”。上海交通大学贺林教授、清华大学程京教授、北京大学彭练矛教授、第四军医大学杨安钢教授等也以各自的突出研究成果，分别入选“中国十大科技进展新闻”“中国基础研究十大新闻”和“中国高校十大科技进展”。除此之外，1999年至2001年间，特聘教授们共在《自然》《科学》等国际一流学术刊物上发表论文十余篇，在本学科领域高水平学术刊物上发表论文数百篇。

可以毫不夸张地说，特聘教授岗位设立以来，培养了一批跨世纪、高层次的创新型人才，他们中的许多人已成长为本学科领域的领军人物，在国际学术舞台上产生了较大的影响。

推动了高校学科建设

“特聘(讲座)教授对北京大学学科建设所起的重要作用,怎么评价也不过分。”北京大学校长许智宏院士说。目前,北京大学获准设置“长江学者”特聘(讲座)教授岗位的学科有49个,受聘的特聘(讲座)教授52人,正式报到上岗的51人中4人为“973”首席科学家。

北大特聘教授的学科分布,兼顾了基础学科与前沿学科、传统学科与新兴学科,涵盖了理学、医学等学科。比如,由于龚旗煌教授的到来,相对薄弱的光学学科以优异的成绩成为教育部重点学科;欧阳颀教授作为非线性科学家受聘特聘教授以来,在短期内建立了非线性实验室并开始实验研究,该实验室已经成为国际上知名的非线性动力学实验室之一;从事电子衍射和电子显微学研究的彭练矛教授,建设了至少属国内一流条件的纳米电子学研究实验室,该实验室包括了纳米材料模拟、纳米结构分析、纳米电子学器件制备这3个实验室,为纳米材料的合成、表征和测量工作打下了基础;邓兴旺教授建立了北京大学—耶鲁大学联合研究中心;阳振坤教授开发出基于PS3、PDF的光栅图像处理器与激光打印机;田刚教授在基础数学尤其是微分几何领域作出的突出贡献,被国际数学联盟推选为今年在京举行的国际数学家大会的20名报告人之一,并在2001年当选为中国科学院院士。

北大特聘教授在人才培养与教学科研方面也作出了突出贡献。仅以首批9名特聘教授为例,他们共指导了45名博士生、71名硕士生,指导效果显著。如龚旗煌教授指导的博士生,连续两年获得全国优秀博士论文。9名特聘教授共承担43项科研任务,争取到8198万元科研经费。其中,10项列入国家“973”“863”“攀登计划”,5项列入国家杰出青年基金,15项列入国家自然科学基金、教育部重点项目,13项成为学校学科建设项目。

按照特聘教授的聘任合同,所有特聘教授都必须讲授本学科核心课程,指导博士和硕士研究生。据统计,首批73位特聘教授上岗3年来,共讲授93门核心课程,指导博士生645名、硕士生710名。目前,部分特聘教授还承担了本科生的教学任务,所开设的许多新课程内容都是该领域的前沿知识,深受学生好评。

发挥了示范和辐射效应

作为教育部“长江学者奖励计划”的先头部队,特聘教授岗位制度的设立,

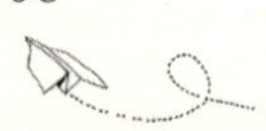

发挥了很好的示范作用和辐射作用。

1998年，教育部启动“长江学者奖励计划”后，许多地方和高校也相继启动了相应的人才计划或人才工程，如广东的“珠江学者计划”、福建的“闽江学者计划”、清华大学的“百名人才引进计划”、复旦大学的“世纪之星计划”等。北京、天津、黑龙江等省市还相继建立了省级的特聘教授制度。许多大学在人才引进和培养上不惜重金，如复旦大学自1999年以来，投入专项配套经费达8 500万元，上海交大为杰出人才配套100万元至200万元科研经费，清华大学在著名杂志《科学》上刊登广告延揽天下英才。这些行动的开展，大大促进了高校教师队伍建设。

特聘教授岗位制度甚至影响到基础教育改革。许多中小学校加大了对骨干教师的培养和支持力度，有的学校还设立了“首席教师”制，拉大工资差距，实行“优劳优酬”。近年来，在各地广泛开展的以促进教师队伍流动、改进中小学校长聘任和选拔办法、实行教师聘任制等为目的中小学人事制度改革，许多方面都借鉴了特聘教授“按岗聘任，以岗定薪，优劳优酬，合同管理”的聘任和管理方式。

特聘教授岗位制度，是在我国实施“科教兴国”战略的宏观背景下，配合“211工程”建设而设立的，其影响十分深远。在2001年“长江学者奖励计划”第四批特聘(讲座)教授受聘典礼上，杨振宁先生对此评价说：“我想，再过10年、20年回头看的话，会觉得这是20世纪末、21世纪初中国为实现科教兴国战略的一个非常重要的环节。”其实，即使从现在看，这一评价也十分中肯和贴切。

暑期学校：催热高校学期制度改革？*

这个暑期对中国人民大学和中国传媒大学的学生们来说格外特别：人大今年首次推出为期4周的暑期国际小学期，免费为本校学生提供学习机会，同时也面向全球招收国际学生同堂上课；传媒大学也首次增加一个为期两周的实践学期，为明年正式推出三学期做好铺垫。

与此同时，中山大学、广东外语外贸大学、大理学院等南方高校，也将从今年秋季开学起实行以增加小学期为主要形式的学期制度改革。如何看待新一轮的"小学期热"？学期制度改革真的如专家所说的"已成为高校教学制度改革一个自发的重要方向"吗？《中国教育报》记者近日对此进行了采访。

学期制度改革为何而来

早上七点半，人大新闻学院学生小高急急忙忙地从知行楼下电梯，直奔明德主楼教室"占座"。对小高来说，新开设的暑期国际小学期是那么新鲜，他选修的"20世纪国际史中的文化政治"由来自牛津大学的蒋迈(Matthew D Johnson)讲授，离上课时间还有半个小时就"人满为患"。

其实早在20世纪80年代，北京大学就试办过暑期学校，但因为当时办学目标不明确、机制没有理顺等原因而没有坚持下来。2004年，北大参照美国一些大学的学期制度，空出12周时间，进行暑期学校模式试点。与此同时，中科院研究生院也推出"夏季学期"，请两院院士等为研究生上课。随后，浙江大学、山东大学、厦门大学、南京大学等也相继根据自身情况调整安排，开设了形式不一的"小学期"。可以说，2005年前后，我国大学出现了第一次学期制改革热潮。

以北大、中科院研究生院为代表的暑期学校模式改革，更多的是解决传统两学期制难以实现优质教学资源共享的问题。北大教务部副部长卢晓东认为，两学期制是根据我国地理、气候条件和实际办学需要制定出来的，它经实践检验并沿袭多年，但在现代教学环境下，其弊端也日益明显，如课程节奏慢、教学科研效率低、辅修和双学位制难以有效推行，使得优质教育资源无法得到充分利用和实现共享。以北京大学为例，自2004年开办暑期学校以来，除了本校名

* 本文发表于2009年8月30日，署名为实习生杨晓纯、本报记者储召生。

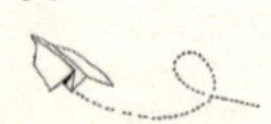

教授开设课程外，还邀请了央视百家讲坛名师、北京社科院研究员阎崇年，中科院院士、大连理工大学教授钟万勰等一批知名学者到校授课，让学生更快地了解各学科的前沿知识。

更多高校的小学期瞄准的是实践特色。尤其是在金融危机影响下更趋激烈的就业竞争面前，多数用人单位招聘时总以“有经验者优先”，加强在校大学生的实践训练显得十分必要，但在传统两学期制模式下，学生参加实习锻炼的时间是非常有限的。

“让实践教学系统化，这是我们开办小学期的目的。”北京城市学院教务长成运花说，一方面，原来学生的实习时间过短，有些企业单位不愿意接收短期的实习生，学生也很难在短时间里学到知识，实际效果很不理想；另一方面，注重实践特色的小学期可以弥补正常学期教学的缺漏和不足，如学习银行前台业务的学生需要练习点钞，平时在课堂上根本没法安排，但小学期则非常合适。

当然，授课和实践在小学期开办过程中也不是绝对分开的，更多的学校是二者兼具或略有侧重。2009 年 9 月，中山大学也全面推行“三学期制”，采取“18＋4＋18”的模式，即一学年由两个 18 周长的长学期和一个 4 周半的短学期构成，各专业的理论教学主要安排在长学期，而短学期除了组织学生进行实习、课程设计、综合实验等实践外，还跨校区开设了辅修课程、通识教育课程和公共选修课程等。

小学期的运行管理之道

“最初办小学期，学校压力特别大，该怎么安排一点经验都没有。而且因为缩短了假期，收取一定的实习费用，部分学生很不理解，还告到媒体去了。”成运花回忆 2005 年学校首次开办小学期时说。

每一所实行小学期的高校，都面临很现实的管理问题。黑龙江大学 2006 年就曾因三学期改革并没有达到预期效果而终止。当时校方的说法是，实际进行情况与“给学生自主学习的时间”的预想相去甚远。

“开放性、国际化、服务性，是北大暑期学校的三个关键词，现在也成了我们的特色。”卢晓东说，北大暑期学校是对校内外所有大学生开放的。自 2004 年试办以来，北大已经形成了一套相应的管理规范，如研制使用网上注册选课系统和费用支付体系，方便校外学生选课、交费。学校还利用暑期宿舍的修整和维护时间，尽可能地为校外学生提供廉价的学生宿舍，并逐步提供图书馆和网络服务等。开放小学期课程还建立在学分互认的基础上，2005 年，北大就此制定了相关的管理办法，学生通过申请经核实、转换，便可把成绩转入在校成绩单。在国际性方面，近年来北大除了把国外知名学者“请进来”，还出面联系并派学生参加国外知名学校的暑期学习。在学分互认制度的建立及学校的鼓励下，学生自行前往美、英、日、韩等国家的高校上暑期学校的人数逐年增多。

即使是众多只对校内学生开放的高校，小学期课程灵活开放的理念特性，决定了它“牵一发而动全身”。如学分制、教学计划、学期收费等，都需要作出相应调整；再如教室的使用、学生的暑期服务、教师的工资补贴等，都无疑会加大学校的管理压力。

安排学生到企业单位实习，是北京城市学院小学期里的主要工作。成运花介绍说，对于小学期里自行选择实习单位的学生，学校还安排老师进行跟进、监督，对学生的实习情况有比较严格的管理和考核标准，其成绩将作为必修学分纳入管理，如果成绩不及格，将直接影响毕业。“现在到单位盖个章太容易了，如果不进行严格管理的话，小学期就会流于形式。”成运花说。

学期改革没有现成模式

“实行三学期制，不仅有利于进一步推进学分制改革，一定程度上也能缓解大学生因为社会实践少而导致的就业难问题。”西南财经大学教师陈启章说。严峻的就业形势下，千方百计帮助学生实现就业成了很多学校的工作重点。在有限的本专科教学时间内，如何让学生开阔视野、丰富学识、积累经验，成了各学校提高学生竞争力的核心问题。

在目前实行“三学期制”或“四学期制”的高校中，不乏参照他校模式而开办小学期的，但也存在消化不良的问题。许昌职业技术学院一署名为“输在天涯”的学生，对在暑期被学校“赶进”流水线实习感到不理解，称其为“放羊式”的教学管理，自己很难有收获。另外，小学期开设的课程能否像大学期一样“货真价实”，也在部分高校存在一些问题。

应该说学期制度没有绝对好坏之分，改与不改，都应该从本校教学实际出发，不注重实际效果的改革形同虚设。华南农业大学校长陈晓阳接受媒体采访时表示，学校目前暂无实施三学期制的想法。三学期制应该根据各高校的实际情况来安排，它可以更好地满足学生的实践训练，但毕竟传统的两学期制优势比较大，特别是在广东这个地方，夏天时间长，两学期制的暑假假期比较长，可以让师生舒心过暑假。

对于已经实行小学期的高校，如何完善其正常运转不容忽视。对于实行开放性的暑期学校项目的高校，卢晓东认为，摆在高校管理者面前的是课程互认和学分转化制度的建立问题，这一制度的缺位已经成为学生自由流动和优质教育资源共享的障碍。随着越来越多的学校设置小学期课程，高校间资质和学术质量的对等确认、课程成绩的转换、学校认可学分数的限度等，都将成为管理者必须解决的问题。

而随着实践型小学期的开展，学生的安全问题也日益成为高校管理的难题。成运花说，学校在组织学生集体外出实习时总是提心吊胆，有些学生的安全意识并不强，企业一般也不为学生购买保险，学生的安全保障只能依靠学校，一旦出了事，学校就得承担相关责任。“政府应该出台相关的激励政策，鼓励更多的企业愿意接受学生实习，这样才有利于小学期的健康发展。”成运花说。

学期制度改革，不是教学时间的简单调整，也不只是出台某项规定或拿出某个方案就可以解决的事情。并且，不同高校的学期制改革也不可能整齐划一。对于目前国内高校又一次兴起的小学期热，卢晓东认为，这是值得期待的一种趋势，如果更多的暑期学校建立起来，那将在更大程度上实现教学资源的共享。

此外，成运花还表达了她的某种忧虑。成运花说，开办小学期切忌跟风，每所学校应该根据自身的办学理念和人才培养目标来确定小学期的模式，要明确自己的定位。她表示，教育教学改革最怕的是一哄而上，对于学校的学期制改革，行政部门和社会对此应该更加宽容。

英才教育：青春期已过，少年班转型*

“天雷滚滚。”2015年6月19日，电影《少年班》全国公映，中国科学技术大学少年班大四学生廖羽晨给出了如此评价。廖羽晨只是看过电影的预告片，但他从孙红雷、周冬雨等演员阵容里，本能地觉得会很不靠谱。不过，他对此并不十分反感，反而想看看电影里的少年班到底是啥模样。

对于今天50岁左右的人们来说，中科大少年班是一个奇迹。1985年前后，这个奇迹曾被国内众多名校效仿，但没过两年便又纷纷停办；此后多次被社会关注，却往往是一些负面的新闻。人们并不知道的是，经过37年的创新实践，中科大少年班已与外界的印象、电影里的描写大不相同。

“早出人才”已成往事

不许接受媒体采访，是中科大少年班与学生、家长共同定下的“铁律”。其实在中科大校园里，你很难分辨出少年班学生的身影；少年班所在的教学楼，也没有多少特别之处。倒是邻近的水上报告厅，曾出现过霍金、杨振宁、李政道、丁肇中等众多名人身影。

“早出人才、快出人才”，是建立少年班的初衷。1978年中科大少年班成立时，十年动乱刚刚结束，百废待兴的中国急切需要大量人才。当年，诺贝尔物理奖获得者李政道认为，理论物理学家大都在20岁左右出成绩，因此向中央领导建议像艺术、体育那样从小培养理论人才，终被采纳。于是，一群13岁上下的少年来到了中科大，特别是经过媒体广泛宣传，一时名动天下。

中科大少年班的成绩单也是优秀的。据统计，少年班至今已毕业2910名本科生，90%以上考取国内外研究生。他们当中，18.5%供职于科教界，至少有200人成为国内外名校和科研机构教授，其中2人当选美国科学院院士、7人当选美国物理学会会士、5人当选美国电子电气工程师学会会士；72%活跃在企业界、金融界，其中在世界500强企业任职的达到35%。“在全国乃至世界范围内，也很难找到一个单个学院有少年班这样好的人才培养成绩。”中科大少年班

* 本文发表于2015年6月22日，原标题为《转型：少年班迈过青春期》，署名本报记者储召生、通讯员蒋家平。

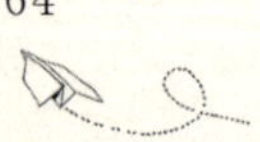

负责人陈旸说。

但少年班的培养模式一直受到社会的质疑。特别是首届少年班学生,曾被媒体追捧为“第一神童”的宁铂一度生活失意、继而遁入空门之后,一些媒体开始给少年班贴上“拔苗助长”的标签。

其实,和我国的经济社会发展轨迹相似,37 年来少年班本身也在转型,原先“早出人才、快出人才”的宗旨早已模糊,甚至连少年班的学生构成也在发生改变。少年班由当年的一个班,目前已成长为一个以“少年班”命名的学院,其中也体现了培养宗旨的改变。

目前少年班学院由三部分学生组成。其一是传统模式的少年班学生,他们是年龄 16 周岁以下的非应届高中毕业生,先参加全国统一高考,再通过集中复试、录取入学;其二是教改试点班(俗称“零零班”或“蛋蛋班”),从当年普通高考录取的学生中选拔产生;其三是创新试点班,对象是年龄 17 周岁以下的非应届高中毕业生,通过先进行综合面试,再参加全国高考的方式录取。通过这三种选材模式进入少年班学院的学生每年大约 300 人,其中少年班 50 人、教改试点班 100 人,创新试点班 150 人。

记者此次在中科大采访接触到的少年班学生中,有喜欢马拉松的大男孩,有酷爱弹琴和跳舞的小女生,他们和其他大学生并无特别之处。少年班学生大二之后要进入其他学院,和非少年班学生的关系也很融洽。廖羽晨半开玩笑地告诉记者:“和他们搞好关系,可以抄作业呀。”

“我们并不追求培养什么神童。少年班正在探索的,是给一些早慧少年提供量身定做的培养途径。”陈旸说。

探索荣誉教育模式

在中科大人眼里,少年班一直是学校王冠上最亮的那颗明珠。这颗明珠从诞生的那一刻起,就有一个明确的模仿对象,那就是美国高校的荣誉教育制度。

据介绍,美国高校的荣誉教育早在 20 世纪 20 年代就开始出现,二战后得到快速发展,半个多世纪以来,为美国科技发展和人才强国战略培养了大量具有创造性思维的优秀拔尖人才。“中科大少年班自 1978 年创办以来,也一直在借鉴美国荣誉教育经验,经过不断摸索,已经形成了以创新型学习、个性化培养为主要特征的较为成熟的拔尖人才培养模式。”陈旸说。

有数据表明,2013 年全国各类高等教育在学总规模达到 3 460 万人,高等教育毛入学率达到 34.5%,已接近由大众化向普及化转变的边缘。人们在得益于公民整体素质不断提升的同时,也在认真思考一个问题:如果忽视了高质量

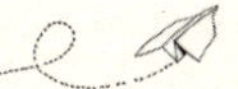

的精英教育，国家的创新发展也将失去动力。

“因此，在大众化的背景下进一步做好精英教育，是中国高水平大学义不容辞的责任。”陈旸说，荣誉学院就是这样一种为优秀高水平学生设计的个性化教育模式，也是在大众化教育时代以培养精英人才为目标的教育形式。

2015年5月，首届C9高校荣誉学院峰会在杭州召开，聚焦的正是在大众化背景下做好精英教育的问题。在这次峰会上，北大元培学院、清华新雅书院、中科大少年班学院等9所首批“985工程”大学荣誉学院负责人坐在一起，共同决定建立“中国C9高校荣誉教育联合会”，以期共同开创我国拔尖人才培养创新的新范式，提高我国精英教育的水平。

中科大少年班经过37年的创新实践，在拔尖人才培养方面取得了突出的成就和丰富的经验。可以说，中国大学目前普遍采取的“宽口径、厚基础”“大一不分专业，大二自由选择”“自由选课”等培养方式，最初都是从这里起步试行的。甚至朱清时校长最初在南方科技大学的教育实验，也能看到中科大少年班的影子。

具体到课程教学上，少年班会有什么不同吗？已是全国教学名师的向守平教授，1978年考入中科大研究生后留校，长期担任大一基础物理教学任务。向守平告诉记者，少年班的学生都很聪明，不能普通物理不好教了，就把理论物理塞进来；力学课上，不能中学做1 000道题，大学就做5 000道题，一味增加难度。“少年班学院是培养精英人才的殿堂，课堂上当然不能只是传授知识，而要帮助他们仔细梳理科学体系的源和流。一定要知道科学的源头在哪里，真正的创新一定是在源头上。”向守平说。

向守平现在最关心的，是如何纠正学生上大学前的“不好的影响”，尽管少年班学院的学生有不少并没有经过高三这一年的应试“折磨”。向守平觉得中学奥数也不可取，认为那是在培养精巧的工匠、解题的高手。在向守平看来，中国传统文化在逻辑体系上有缺陷，缺少类似欧几里得《几何原本》的思路，而这正是培养拔尖创新人才最需要的。

今年少年班学院毕业生共252名，目前继续深造比例达到80%，其中109人被录取为国外研究生，占43.6%。陈旸说：“在多年精英教育的基础上，我们有能力进一步完善少年班学院的荣誉教育，着力培养未来10年至20年社会各领域的领军人物，为我国拔尖科技人才的培养再立新功。”

自由、自主和自信

“一般说来，荣誉教育意味着大学需要为满足最优秀学生的学习需求而提

供更为优越的教育资源。”陈旸说，首先是选才，要将与同辈相比能力更为卓越、志向更为高远的荣誉学生选拔出来；其次是为这些荣誉学生提供自由发展、自主学习的空间，帮助他们在高起点上发挥最大的潜能，建立更大的学术自信。

记者在中科大采访时，正赶上该校一年一度的选平台、转专业。记者了解到，少年班学院学生入学后不分学院和专业，先进行一年的基础通识教育，打下宽厚扎实的数理基础；第二年在全校范围内自由选择学科平台，进入各学院学习；第三年在学院内自主选择专业方向，进入专业学习阶段。平时除基础课集中授课外，其他课程全校范围内选修，毕业时授予数学、物理、生物等不同专业学位。

“为了吸引少年班学院的优秀学生，各学院使出浑身解数，院长、院士、大牌教授争先恐后来为少年班学院学生做专业介绍，可谓是一次‘校内招生大战’。”少年班学院总支书记尹民教授说。

“我们不对学生设定统一的知识结构和学业课程要求，而是针对每个学生的不同特点和需求，设计个性化培养方案。”陈旸特别指出，少年班学院的学生，毕业时 100 个人应有 100 份不同的成绩单。

少年班学院的学生家长有个自己的 QQ 群，每年选平台、转专业时都有很多讨论，对孩子的选择干预很大。“每年开学生家长会，我都会要求家长们不要干涉学生的自主选择，不要将功利的意愿和未曾实现的梦想强加给孩子，要学会做孩子成长过程中的旁观者。”陈旸说，学校的责任在于给学生提供充足的教育资源和宽广的选择空间，帮助学生学会理性自主地做出选择。

“许多人问我，做科研那么辛苦，你为什么会感到有意思？我说关键是个人的兴趣。”1996 级少年班本科生、现任中国科大化学与材料科学学院教授的熊宇杰介绍说，当初父母希望他学计算机专业，将来好找工作，但大二选学科平台时经过慎重思考，他还是遵从了内心的渴望，选择了化学，后来又选择了纳米材料作为专业方向。

少年班学院重视给予学生“自由的空间”和“自主的选择”，同时也是借此实现学生“自信的重建”。曾和宁铂邻居多年，和宁铂的父亲也有交往的向守平告诉记者：“在媒体的吹捧下，宁铂后来是不敢出门、不敢考研，这个教训是深刻的。”

有“特殊”但无“特权”

荣誉教育是一种个性化的精英教育模式，这意味着要在确保教育公平的前提下，为少数高素质人才提供更为优越的教育资源和条件。比如最优秀的教

师、最先进的教材、最自由的专业选择、最好的实验室条件、最贴心的学业指导、最优越的生活交流环境、最丰富的海外学习交流机会,等等。

“这是拔尖人才培养所必需的‘特殊待遇’,但‘特殊’不是‘特权’。”陈旸表示,“学生进校第一天,我就会告诉他们,不要以为你享受比别人多的教学资源是理所当然的,而应该将其视为一种责任。要明白少年班学院不是培养精致利己主义的地方,最优秀的学生接受最优秀的教育,意味着未来你应该有更大的责任与担当。”

在少年班学院,优秀毕业班学生志愿担任低年级班级助理班主任的工作已经开展了 5 年。班主任助理的任务是帮助辅导低年级学弟学妹的学习。“完全自愿,没有一分钱报酬,”陈旸介绍说,一开始参与的学生并不多,还常有中途打退堂鼓的,现在每年的助理班主任已经有 60 多人,占毕业生总数 1/5。

“目的是培养少年班学院学生的社会责任感,让他们在义务帮助他人的同时获得境界上的提升。因为是朋辈教育,感染力更强,效果很好。”陈旸说,“当然,也有助理班主任跟我抱怨他们的学弟学妹,说‘小孩子们就是不听话’。”

即将毕业去美国康奈尔大学攻读统计学博士学位的 2011 级少年班学院学生朱力奥和记者讲述了他参加在安徽北方某中学开展“三下乡”服务时的经历。“令我感到震惊的不是当地条件的艰苦,而是不少同学因为没有自由选择的机会而自暴自弃,缺乏积极向上的斗志。”最终,朱力奥通过自己的努力帮助几名成绩落后的学生重新坚定了信念、树立了信心,考上了自己心仪的大学。“一个人改变世界是从改变身边的人开始的。虽然我们目前的任务是完成自己的学业,但是不能不去了解社会,更不能去做一个冷漠的人。”

采访中,令记者感到意外的是,少年班学院的学生虽然年龄偏小,但却是各种校园活动中的积极参与者,学校现有的 70 多个社团中有十多个社团负责人是少年班学院的学生,他们在全校合唱、辩论、足球、篮球、围棋等众多文体赛事中屡次夺冠,成为校园舞台上一道亮丽的风景线。其中,即将赴美国加州理工大学深造的 2011 级少年班谢豪同学曾跑过扬州、上海等 4 个马拉松。“因为是未成年人,不能参加全程马拉松,所以这 4 次都只能参加半程。”谢豪害羞地说。

“学院鼓励学生积极参加各类主题党团日、社团活动,以及社会实践、志愿服务、校企对接等活动,目的就是培养他们的综合素质、团队合作精神,以及责任与担当的意识。”少年班学院党总支副书记兰荣说。

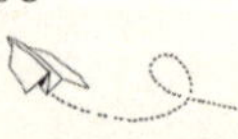

校企合作：企业资本闯入高校，双赢？*

2.2 亿元要建起一所占地面积 69 万平方米、建筑面积 25 万平方米的大学，25 个人要管理有 8 000 余名学生的校园，这听起来有些不可思议的事情，正在东北师范大学净月校区逐渐成为事实。在这所由东北师大和企业共同出资兴建、共同管理的学校里，一切是那么叫人心存疑虑，一切又是那么让人惊喜万分。

建新校区曾引起争议

在东北师大，建不建新校区，是否在新校区建设中引入企业资本，曾经引起过很大的争议。尽管许多人都希望学校能有一个大的发展，但对学校扩建后可能带来的沉重负担普遍表示担忧。

对东北师大而言，扩大学校的办学规模似乎是大势所趋。在 1999 年的扩招中，东北师大显得十分被动：尽管学校有比较充裕的师资力量，但由于硬件设施的限制，却只能允许多招 100 余人。曾在国外学习和工作了近 10 年的史宁中校长，更从中看到了东北师大发展道路上所面临的挑战。史校长认为，作为一所全国重点师范大学，必须向研究型、综合性的方向发展。而作为一所 21 世纪的综合性大学，应该有 60 个左右的专业，按每个专业每年招收 60 名学生，本科生学生数将达到 1.4 万人。如果加上 4 000 人左右的研究生，学校的培养规模应达到 1.8 万人。按照这样的设想，他感觉到目前正是东北师大扩大办学规模、提高办学质量的一次难得的机遇。

是在东北师大校园里"见缝插针"地盖几栋楼以满足学校扩招的需要，还是另择新址建新校区？东北师大领导班子认为，办学校不同于办工厂，大学校园不能太拥挤，要给学生留下足够的自由活动的空间。不仅如此，他们还设想推倒校园里的几栋旧楼，以增加绿地的面积。而建新校区，光凭国家的拨款和学校的自身力量是难以很快建成的。他们认为，新校区建设必须要有新的模式、新的机制，要一开始就实现高校后勤社会化，要解决高校建设资金匮乏的问题。尽管面临着来自方方面面的压力，学校领导层还是把目光投向了企业资本。一

* 本文发表于 2000 年 11 月 24 日，原标题为《企业资本闯入高校，双赢？》。

些教师告诉记者，净月校区一期工程仅用140多天的时间就基本完工，学校顺利完成了扩招1 000余人的计划，学生顺利入住之后，他们才开始领会到这种决策的意义。

学校和企业可以“双赢”

净月校区位于长春市净月潭风景区北，距东北师大本部15公里。尽管日前记者来到这里时，学校一期工程正处于收尾阶段，被誉为“点睛之笔”的校园广场还在加紧建设，但一座新型的大学校园已经显露了出来。据东北师大党委书记盛连喜介绍，在净月校区的建设中，教学楼和教学设备等所有和教学有关的建设费用由东北师大负责，学生宿舍、食堂等所有后勤设施方面的建设费用由企业承担，公共活动区的建设费用双方各出一半。校区建成后，东北师大将拥有校区内所有建筑物的产权和土地的使用权，企业将拥有校区后勤管理服务方面25年的经营权。也就是说，建成一个比校本部还要大的新校区，东北师大只要花近一半的钱；管理一个近8 000人的新校区，师大只需用25个编制；而且，还从一开始就实现了学校的后勤社会化。很显然，在这次和企业的合作中，东北师大是一个大赢家。

和东北师大合作的是长春宏达产业集团公司。按照协议，宏达集团今后3年内将出资2.4亿元建设净月校区，如果按正常情况估计，他们要等到12年～15年后才能收回投资。作为一家以建筑业和房地产业为主的民营企业，宏达集团通过和东北师大的合作，找到了向高科技产业和教育产业进军的跳板，促进了其产业结构的调整。

如今，生物制药和教育服务已成为宏达集团的两大支柱产业，这两个大项目都是与东北师大合作开发的。宏达集团总裁邰洪义说得很直白：“企业追求的是利益最大化，我们不是慈善家，我们看好的是教育这块市场。”

不要害怕企业的参与

宏达集团的邰总谈起和高校合作有一肚子的委屈。其实宏达集团1993年就开始有涉足教育产业的想法，也先后和长春市多所学校接触过。但大多数学校要么认为宏达并不是很有名的大企业，没有那么大的运作能力；要么认为企业来了就是为了钱，学校肯定会吃亏。邰总认为，对于能赚钱的项目，民营企业是最为敏感的，但作为有长远发展眼光的企业，决不会只顾眼前利益。和东北师大合建净月校区后，很多人都觉得宏达会不顾一切地从学生身上捞钱。邰先

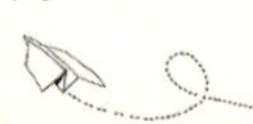

生却告诉记者,其实他们最关心的是学校的教学质量和学生的生活感受。如果学校明年招不来人了,他们所有的设想都白费了。据记者私下里了解,在净月校区项目上宏达集团确实不会很快赚钱,但宏达已瞄准了净月校区周边的房地产开发,还将与东北师大开展其他项目的合作。这些都将是宏达集团新的经济增长点。

问及与企业成功合作的经验,史宁中校长说,和企业合作并不可怕,不仅不要怕企业赚钱,而且还要告诉企业怎样才能赚到钱。史校长也认为,现在社会上有品位、有发展眼光的企业太少了,学校和企业合作中的陷阱很多,合作成功的关键在于学校要会算经济账。但从高校的长远发展看,企业资本的加入,无疑是一针强心剂。

切实保障学生的权益

记者是带着诸多疑问来到净月校区的。和时下大多数的大学城、高校新建校区一样,净月校区一开始就实行了后勤社会化,校区后勤管理由宏达集团的高校后勤管理公司负责。这种新的管理方式,使学校能把主要精力集中在教学上,有利于学校的发展,但同时如何解决其中出现的新问题,也成为当前的一个社会热点。

由于净月校区的院系是由校本部整建制地搬迁过来的,扩招后和扩招前的学生都过来了,教师和图书资料也过来了,因此学生们也很少有“不是师大人”的感觉。为了弥补新校区暂时没有综合图书馆的缺憾,新校区采取了网上借阅的办法,校图书馆第 2 天可以将学生在校园网上订借的书送到新校区。为了让学生有更多的和教师接触的机会,新校区为每位教授都提供了独立的办公室,学校也要求教师每周要有固定的答疑时间。

学生最担心之处在后勤方面,毕竟它是由和学校“不相关”的企业承担的。目前在净月校区形成了校区管委会、宏达高校后勤管理公司、各后勤部门三级管理体制。具体负责的宏达高校后勤管理公司,从总经理到每一位员工,都是从社会上公开选聘的。从记者了解的情况看,目前学生对后勤服务是比较满意的。经济管理专业一位大二的女生告诉记者:“在这里如果你有什么要求,后勤公司会很快给你答复。比如刚来时我们女孩子觉得宿舍阳台的铁栏杆设计得低了点,公司过几天就全给加高了。而去年在校本部时我们宿舍屋顶漏水,找了学校好几个部门,至今可能都没有解决。有些问题如果我们找公司解决不了,学校会出面和公司交涉。”对于近期学生们关心的饭菜质量、价格问题,校方对后勤公司提出了明确的要求后,也有了一定的改进。学校还将考虑在饮食服

务上进一步引入竞争机制。对于记者关心的一旦出现校企双方不合作的问题，史校长的态度很坚决，“在我们和宏达所订的合同中，都有一条涉及如果一方不遵守合约的条款，我们会用法律的手段来保护学校和学生的权益。关键是净月校区的全部产权在我们手里，我们有充分的办学自主权。”

不能削弱后勤的育人功能

东北师大党委书记盛连喜认为，学校性质的特殊性，决定了高校后勤的特殊性。虽然在合同上学校和后勤公司是甲乙方的关系，是一种买卖关系，但后勤公司在具体工作中，不应该削弱它所应该担负的育人功能。

担任净月校区后勤“总管”的费女士，曾在高校做过十多年的学生工作。费总告诉记者，在这种新型的学校做学生工作是很难的。特别是因为你是代表企业的，学生们往往觉得反正自己出了钱，你就应该为我服务，不懂得尊重人。为此，他们提出了“服务育人”的口号，要求员工实行“不讲理服务”。比如在宿舍楼道卫生上，开始时往往服务员刚打扫完，学生又扔出了垃圾，服务员总是二话不说，接着扫。“学生们开始老觉得我们不顺眼，现在也能较好地配合我们的工作了。”

为了培养学生生活自理能力、劳动意识和集体观念，后勤公司也想了不少办法。记者采访时已过国庆，许多学生还念念不忘后勤公司送给他们的那块中秋月饼。后勤公司每月也有宿舍卫生检查，对优秀的将给予减免住宿费的奖励。后勤公司还为家庭困难的同学提供了勤工俭学的岗位，每年集团还将拿出10万元作为奖学金。最有意思的是，后勤公司似乎更重视学生会和学生干部的作用，一方面他们通过和学生会合作开展了不少有益的活动，培养了学生的劳动意识，增强了对学生的思想品德教育；另一方面，也使他们的工作省了不少劲。

如何形成良好的校风

作为一所大学，它几十年、上百年来所形成的文化底蕴，是任何现代化的建筑都带不来的。特别是最近的“高校扩招”“后勤社会化”，对大学生的学习和思想状况会产生重要的影响。因此，史宁中校长认为，在净月校区如何继承东北师大的优良传统，如何形成良好的校风，将是今后一段时间内校区最为紧迫的任务。

或许因为是新校区的缘故，东北师大的领导、老师和净月校区的同学们更

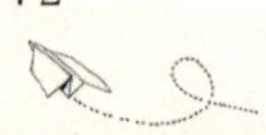

注意在新校区营造一个良好的文化氛围，更注意培养学生们的开拓创新精神。记者来到净月校区时，学校的书画比赛刚刚结束，获奖的作品挂满了整个食堂的三面墙。据学生会的宣传部长介绍，这里几乎每周都有一项这样的大型活动，学生们每个人都会有展示自己、锻炼自己的机会。学校的教学区和生活区的建筑里，在设计时还专门留了10%左右“没有用”的地方，可以供三五个学生在那里闲谈，这也被认为是启发学生思考的一种方式。学校还鼓励学生广泛参加勤工助学，通过自己的努力使自己生活得更好，改变过去那种“通过节省，维持生活”的方式。

东北师大的领导层也清醒地意识到，净月校区的工作才刚刚开始，他们还有很多的困难需要克服。他们告诉记者，待3年后新校区全部建成时，这里的一切会更加完善。

社会融资：大学基金会凭什么吸引捐赠*

2011 年 10 月 16 日，在北京国际马拉松比赛(简称北马)长长的队伍里，有一群年轻大学生的面孔。他们来自中国科学技术大学科学考察登山队。除了对马拉松的酷爱之外，他们还肩负着另一项使命，为中科大“困学守望”教学奖项目募捐。只要有 20 人坚持跑完全程、20 个人跑完半程，中科大就将获得两位校友的 30 万元捐赠。

这只是中科大新创基金会与两位校友签的“对赌协议”三个条件之一。另外两个，一是北马比赛前 1 个月内至少有 1 000 名校友捐赠；二是等额匹配，千名校友捐赠总额也要达到 30 万元。三个看似苛刻的条件，最后都如期实现，总共 60 余万的捐赠进入了中科大校友新创基金会的账户。

2011 年社会公益领域丑闻不断，高校也曾发生强制专升本学生向校基金会捐款的现象，严重影响了人们对于公益捐赠的态度。中科大却能在如此短的时间，召集如此多校友为学校的一个公益项目捐款。他们的魅力何在?

大学基金会一定要专业

据不完全统计，目前在民政部或省民政局正式注册的高校教育基金会已超过 100 家，“985 工程”“211 工程”高校大多成立了教育基金会。但中科大新创基金会并不在其中，只是挂靠在其北京校友会下的一个民间的、独立的筹资机构。但他们的具体筹资方式，在国内高校里却有很多可圈可点之处。

“大学基金会就是为钱而存在的。”新创基金会秘书长刘志峰是位 30 岁出头的小伙子，当记者问及他如何向校友开口要钱时，刘志峰直言校友为母校发展捐点钱是理所应该的。但他同时认为，现在很多高校的基金会“太老实”，不太专业，也不符合潮流。“大学基金会没有必要整天哭穷，况且哭穷未必就能要来钱。做公益一定要专业。”

其实马拉松“义跑”和等额匹配筹资，在国内高校都已有先例。把“义跑”和等额匹配捆绑起来，以“对赌协议”的形式出现，中科大算是一个创新。刘志峰说，国外高校搞募捐的话，首先在形式上一定要吸引人。他不讳言这几年从国

* 本文发表于 2011 年 10 月 17 日，原标题为《大学基金会凭什么吸引校友捐赠》。

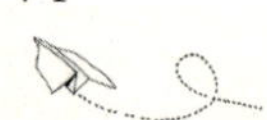

外高校“抄来”了不少方法,并且连网站设计、宣传海报等,他们都会借鉴国外的优秀案例。

以这次“挑战北马”项目为例,在中科大招募网页上,既有此次“对赌协议”的募捐说明,也有具体捐助项目“困学守望教学奖”和参加“北马”队员的专门介绍。特别值得注意的是,网站特别关注了捐赠者的需求,温馨的劝募语句,捐赠税前扣除的提示,醒目的“马上捐赠”按钮,简便的捐赠方式等,都体现出设计者的专业性。“像支付宝、财付通之类的捐赠方式,适合于小额捐赠,一般公办基金会是瞧不上的。这也是我们民间基金会的优势。”刘志峰说。

他们还会对公益项目进行适度包装。新创基金有个项目叫烧尾宴,以晚餐的形式欢迎年轻校友。烧尾宴借鉴了北美著名大学通行的“Dinner with 12 Strangers”(与 12 个陌生人共餐)做法,北美通常由当地资深校友在家中主持晚宴,“餐桌坐下时是 12 位陌生人,离开已成好友一打”。烧尾宴根据中国国情改成了集中晚餐,但“烧尾宴”三个字,却是地地道道的中国货。并且,他们提出了烧尾宴的三种说法:一说是兽可变人,但尾巴不能变没,只有烧掉尾巴;二说是新羊初入羊群,只有烧掉尾巴才能被接受;三说是鲤鱼跃龙门,须有天火把尾巴烧掉才能变成龙。他们不无包装地说,烧尾宴是起源于唐代的名宴。无论真假,比“迎新会”之类是时尚多了。

新创基金会把公益项目也看成是“商品”,要让校友购买,“商品”不仅要好看,还要安全、实用。如“挑战北马”项目,他们不仅为参加北马的队员购买了训练和比赛的保险,还明确表示善款全部用于奖励潜心于基础课教学的教师。“商品”的销售对象也不一样:“挑战北马”项目不希望中科大在校生参与,一则在校生没有什么经济来源,二则那样的话背离了召集 1 000 个捐款者的初衷;而参加“校长俱乐部”的校友,则要承诺连续 5 年、每年捐赠人民币 2 万元。

校友捐赠不是无源之水

2010 年 1 月,国内某名校校友张磊向耶鲁大学捐款 888 万美元,创造了耶鲁管理学院毕业生个人捐款纪录。这则新闻曾在网上引起热议,也迫使不少高校检讨自己服务校友的水平。

新创基金会是由张树新、蒋澄宇等中科大校友于 2006 年酝酿成立的。起初,他们认为校友服务应该是官方校友会的事,民间的基金会只管找钱、再把钱转给校方就行了。很快,他们就发现,在国内搞公益事业,必须体现交互性,不仅要提供校友服务,还要让校友觉得“有必要”。

募捐项目离不开策划,校友服务也是如此。新创基金会针对不同类型的校

友，策划了不同的校友服务方式。

针对高端校友，他们在国内高校策划了首个“校长俱乐部”。中科大主要校领导要与俱乐部会员安排不定期会面，座谈并倾听建言；校长俱乐部会员将受邀出席中科大校长答谢宴会。截至2010年，他们已组织10次校长俱乐部联谊活动，成为商界资深校友的沟通平台。并且，俱乐部每个会员承诺的至少10万元捐赠，不能用于联谊活动，只能资助中科大的公益项目。

“创业卓贤汇”是针对创业型校友设计的服务项目。以嘉宾与若干位创业校友晚宴与茶叙的形式进行，邀请中国科大杰出企业家或资深投资家作为“创业卓贤汇”嘉宾。“创业卓贤汇”将由嘉宾承担晚宴费用，不向创业者收取餐费，但新创要求每位创业者向中国科大捐赠不低于1 000元。

参加“烧尾宴”的新校友，每人都可以得到一张来宾的座位表。新创基金会有意安排相近行业的校友坐在同一桌，同时禁止同一单位的校友同桌，让大家有一个认识更多陌生校友的机会。“如何吃烧尾宴”，是新校友赴宴前必须预习的一个功课。

新创基金会还设计了“校友龙门阵”，为相关行业领域的校友提供专业性的服务。目前已举办了“风险、投资与快乐”“金融市场大势与MBA教育”“新药研发在中国”“长三角转型与苏州新机遇”等6场龙门阵，摩根大通信用卡部风险主任郭震洲、长江商学院副院长刘劲、上海美迪西生物研发副总裁金晓玮、苏州市长阎立等中科大校友做了主题演讲。校友们之间的交流，少了客套与空谈，多了互动与交锋，目前新创基金会已成为最受欢迎的校友服务品牌。

和北大、清华等高校基金会相比，中科大新创基金会收到的捐赠并不算多，2010年的捐赠总额也只有区区398万元。这也让很多中科大校友感到焦躁，但刘志峰却很有信心。“建立成长机制，比单纯追求捐赠数字更关键。校友捐赠不是无源之水。”刘志峰说。

管理规范才有良好声誉

1994年成立的清华大学教育基金会是我国第一个高校基金会。在目前100多个高校基金会里，除北大、清华、暨大、厦大、浙大等少数高校基金会募集到亿元以上资金外，大多数高校基金会的资金规模仍然很小。但2011年“郭美美事件”“卢俊卿事件”“河南宋基金事件”等公益丑闻接连发生，社会上特别是大学校友也开始关心高校基金会的监管问题。

“华人公益组织不能成长壮大，原因多在于无法以财务公开避免公器私用。最后导致信任个人奉献，而不信任架构制度。”刘志峰认为，大学基金会的发展，

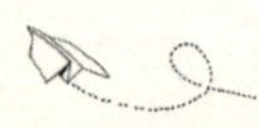

必须建立在专业精神、财务公开和透明运作之上。新创基金会承诺每年公布财务报告，捐赠校友有权调阅详细财务账单。他们承诺每次举办校友活动的财务情况，必须72小时内在网上通报。像这次"挑战北马"赶上了国庆长假，他们也要安排人员值班，在网上随时更新捐款人数和钱数，记录捐款人的详细信息。每年的财务报告由具备执业资质的会计师事务所进行独立审计，公布审计报告结论。

与美国大学基金会全职人员人数众多相比，我国大学基金会多与校友会、发展联络办公室等合署办公，专职人员很少。新创基金会也只有3名专职人员。刘志峰认为，不管人多人少，基金会的内部管理必须规范透明。新创基金会2011年1月刚刚有了独立的办公场所，家具、打印机、饮水机、投影仪、电话等都是校友捐赠的"二手货"。他们规定，即使运转经费不从普通校友捐款里出，也要厉行节约，境外出差鼓励借宿，境内出差选择经济型酒店，超过25元的出租车票必须说明事由，与校友聚餐人均不超过50元。在日常工作与校友活动中，他们要求所有员工严格遵守校友信息保护有关规定，严防泄露校友隐私。

经过十余年的发展，我国大学基金会迅速成长，社会影响也不断扩大。但与耶鲁、斯坦福等国外大学基金会相比，我国大学基金会发展还处于起步阶段，缺少中长期募捐计划，不少仍集中于校庆等形式。"我们组织的中国高校基金会工作研讨会至今已举办12次，参加的学校越来越多，大家对大学基金会专业化的重视程度也在不断提高。"中国高等教育学会副秘书长叶之红说。

海外引才：俄罗斯院士缘何“扎堆”武纺大*

2016 年 9 月 29 日，在北京中南海，俄罗斯自然科学院院士库茨米切夫·维克多从国务院副总理马凯手中接过 2016 年度中国政府友谊奖奖章。维克多此时的身份是武汉纺织大学教授，他也是湖北省唯一获此殊荣的外国专家。

武汉与俄罗斯相隔千山万水，也缺少俄语的语言环境。然而在武汉纺织大学，重启行业校名 6 年来却引进了十多位俄罗斯专家，其中有 6 位是俄罗斯科学院、自然科学院院士。

与此相呼应的是，该校湖北“百人计划”专家由 0 增加到 11 人，国家“千人计划”专家由 0 增加到 3 人，学校人才工作一跃成为湖北省属高校的“排头兵”。

为什么这样一所资源、环境、资金、配套等各方面完全不占优势的地方高校，却在高端人才引进中上演了“弯道超车”？

“邮件引才”

入秋的武汉纺织大学，依旧闷热。俄罗斯自然科学院院士亚历山大·古丽耶夫丝毫没在意天气，起个大早来到实验室，开始一天的工作。2013 年被武汉纺织大学全职引进的这位俄罗斯国家科学博士审核委员会委员、阿尔泰国立工程大学教授，在 2015 年成功入选我国第五批“外专千人计划”，获得 500 万国家经费资助。

可是没人知道，这样一位材料表面科学世界顶尖科学家，却是该校从电子邮件中“海选”得来。

2010 年，刚完成更名的武汉纺织大学在人才工作上短板突显：湖北省“百人计划”、国家“千人计划”专家纷纷挂零，两院院士、欧美专家更如天空之月，可望而不可即。在湖北省属高校里，学校的人才工作排在了老末。

面对“僧多肉少”的高端人才市场，地方高校要想从“985 工程”“211 工程”高校中分一杯羹，就绝对不能“守株待兔”，也不能“脚踩西瓜皮，滑到哪里是哪里”，而是要提早谋划、主动出击。

---

* 本文发表于 2016 年 10 月 11 日，原标题为《俄罗斯院士缘何“扎堆”武纺大》，署名本报记者储召生、通讯员侯庆。

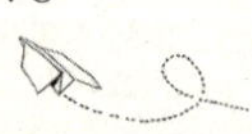

必须找到新的人才增长点。通过对办学特色、学科方向和专业结构分析，武纺大制定了“人才强校”的重大战略——向俄罗斯、乌克兰等传统纺织强国“要人才”。

虽有了方向，可随之面临着没有关系引荐、无人牵线搭桥的尴尬。“笨鸟先飞、勤能补拙”，2011 年，该校人事处组织人员在俄罗斯各大研究机构网站上找齐了机械类 40 余名院士的邮箱地址，挨个给院士发邮件，邀请他们来武纺大交流、讲学。该校时任人事处长马俊半开玩笑地称之为“邮件引才”。

经过不懈努力，依靠着简单、频繁的邮件联系，陆续有 7 人前来交流，最终机械学院全职引进了 3 位院士，其中就包括古丽耶夫教授。

职能部门“海选”的同时，学校领导班子也没闲着。校长韦一良率团前往俄罗斯伊万诺沃国立理工大学、伊万诺沃国立化工大学、莫尔多瓦国立大学以及乌克兰第聂伯国立大学等多所高等院校，重点就是推动校际间学者的互换交流。

2013 年，一次偶然机会，学校得知乌克兰著名画家娜达利娅 · 玛依耶芙娜在甘肃省张掖市创作写生。艺术专业一直是武纺大的传统优势学科，求贤若渴，副校长黄运平便连夜带人乘飞机转火车赶去拜访。回来后，学校成立了工作专班，花了 3 个月时间，重点解决她孩子外国籍转学的问题，从高中跑到区市教育局，一直到省教育厅。时任武纺大党委书记(现任湖北大学党委书记)尚钢也加入专班，亲自协调，最终全职引进娜达利娅。

“第一次见面时用俄语交流很亲切，这一点就打动了我。”已是该校艺术与设计学院教授娜达利娅坦言。

娜达利娅并不知道，与她俄语交流的老师，是武纺大为跨国引智而专门招聘的。“我们清楚自身的不足，因此更明白应以细节来补齐短板。”副校长黄运平说，学校对每一个有意向被引进的专家都作了针对性方案，具体到小之又小的细节。十分耕耘只要有一分收获，学校就很满足。

做到“三好”

好不容易引来的人才如何留住，如何使其更快更好地发挥作用，是制约地方高校人才工作的又一因素。专家学者留不住、用不好，就会反作用于引才工作，久而久之还会恶性循环。

解决这一难题，武汉纺织大学从工作实践里总结出“三好”，即“服务工作细化好、工作平台搭建好、团队配套融合好”。

服务工作是基础。服务工作大多是吃喝拉撒、柴米油盐等生活中的小事，

可要把这种小事长年累月做好，把十多位专家都服务好，绝非易事。

刚刚获中国政府友谊奖的维克多，是服装科学与工程领域专家，2012年入选中国“外专千人计划”。他曾受到了习近平总书记的亲切接见，并被授予“中国—俄罗斯：友谊地久天长特别金奖”。

刚来武纺大时，他就不小心扭伤了脚跟腱。老师、学生们几乎包办了维克多所有的日常生活事物，陪他散步、运动。每每回忆起这些，维克多充满了感激。

“我们什么都干过，搬家、买东西、水管漏水、修空调、带专家看病、甚至是抓飞进房间的蝙蝠……”该校人事处工作人员莫德辉说，由于俄语在国内普及率较低，这些专家在生活中遇到的一切问题，都会第一时间将电话打到学校人事处。

就这样，该校人事处的工作职责里便加上了一条：“对外国专家的困难，不管大事小事，都要第一时间解决。”时任人事处长马俊也在校内被亲切地称为“管家公”。

平台搭建是核心，有了平台才有专家施展才华的舞台。武汉纺织大学机械学院是俄罗斯院士最集中的地方，学院分党委书记梅顺齐告诉记者，学院不仅将他们加入到已有的重点实验室里，还根据院士研究方向和学院学科特点新成立了“高端纺织装备设计制造关键理论技术研究中心”。

此外，学院在省内外4家纺织机械企业建立了院士工作站，签订研发合同，帮助企业解决技术难点，提高产品的质量和可靠性。其中，宜昌经纬纺织有限公司生产的轮胎帘子线加、高档地毯加工设备，在国际纺织展上获奖，远销欧美。

团队配套是保障。记者走访了该校拥有院士的机械、环境、化工等学院，每个学院都为其建立了5～6人的工作团队，有相关领域的青年教师、有科研秘书，条件好的学院还配备了一名俄语老师。保障院士工作的同时，更拓宽了团队成员的国际视野和科研水平。

“以才引才”

每一个院士都是一座资源富矿。武汉纺织大学决定依靠现有外国专家牵线搭桥，吸引更多学者，进而开辟校际间的战略合作。

经过“外专千人计划”专家古丽耶夫的协调，在机械制造的基础理论领域造诣很深的俄罗斯院士布里亚尔被武纺大全职引进，成为该校又一名湖北省“百人计划”专家。

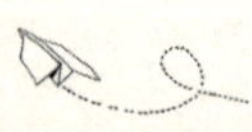

“中国拥有世界上最大规模的纺织工业和纺织机械，我的研究成果能在这里得到应用，这让我很欣慰。”布里亚尔告诉记者，除了纺织机械外，他的研究成果还可运用于飞机、铁路、汽车制造等工业机械制造领域，中国工业蓬勃发展，相信会有更多的合作空间。

通过院士间的联系，“以才引才”计划犹如多米诺骨牌般迅速发展，俄罗斯工程院院士安德里昂、俄罗斯农业机械科学院院士撒哈巴维奇等 20 余位专家来到武汉纺织大学交流、讲学。

与中国大学的合作，也得到了院士所在单位和俄罗斯高校的支持。2015 年 12 月，俄罗斯自然科学院特意给布里亚尔寄来了“突出贡献专家”荣誉证书和徽章，表彰他在两国学术交流和研究领域的贡献。院士所在高校的校长，也纷纷委托他们带来两校全面战略合作协议框架。

武汉纺织大学趁热打铁，先后与十多所俄罗斯高校签署交流协议，开展了学生互访、教师互派、科研平台共享等一系列交流活动，还与莫尔多瓦国立大学达成共建“孔子学院”的意向。

因为在中俄高校交流中取得的突出成绩，2015 年 12 月，湖北省教育厅将湖北首届中俄高校论坛放在武汉纺织大学举行，40 余所两国高校的校长、专家学者出席，围绕“‘一带一路’建设与中俄高校交流新机遇”展开研讨。

此时汤逊湖畔，武汉纺织大学新一轮“人才强校”大幕已经徐徐拉开。

国际校区：高校国际化办学新探索*

2016 年 11 月 19 日，启用不到半年的浙江大学海宁国际校区，迎来了一批特殊的客人。他们专程前来参加中国教育发展战略学会国际教育专委会的首届年会，也不免带着挑剔的眼光来审视浙大这个新的校区。

在此之前的 2016 年 11 月 4 日，清华大学与深圳市签订协议，共同建设清华的深圳国际校区。仅新增的校园面积，就将达到 1 100 亩。

清华和浙大在中国高校排名中一直稳居前列。特别是在“双一流”建设的大背景下，两所名校不约而同推出国际校区的举措，不能不引来众多好奇者的目光。

国际化办学方兴未艾

“国际化”对当下的中国大学来说是个热词。

据统计，近些年我国普通本科院校在国际化办学方面表现积极：95％的高校在其发展战略规划中对本校的国际化发展提出明确要求，93％的高校制定了国际化发展战略目标，89.7％的学校根据国际化发展战略目标制定了中长期规划和实施方案。

从全球来看，教育国际化也是大势所趋。中国教育发展战略学会会长闵维方认为，在经济全球化向前推进的大背景下，教育的所有基本要素，诸如科学、技术、知识、人才(包括师资和生源)等，也都在跨国界地流动，跨国界地组织。因此，教育国际化也可以看作是一个国家、一个教育系统、一个教育机构回应经济全球化趋势的具体体现。

从国内来看，教育国际化的纵深发展似乎还刚刚开始。在不到一年的时间里，国家层面的三项利好政策纷纷出台：一是 2015 年 10 月国务院发布《统筹推进世界一流大学和一流学科建设的整体方案》，其中提出要加强与世界一流大学和学术机构的实质性合作；二是 2016 年 4 月中共中央办公厅、国务院办公厅印发《关于做好新时期教育对外开放工作的若干意见》，指出要坚持“围绕中心、服务大局，以我为主，兼容并行、提升水平、内涵发展、平等合作、保障安全”的工

* 本文发表于 2016 年 11 月 28 日，原标题为《中国顶尖高校探索“国际校区”模式》。

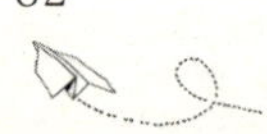

作原则；三是 2016 年 7 月教育部发布《推进“一带一路”教育行动》，提出“一带一路”为推动区域教育大开放、大交流、大融合提供了大契机。

浙江大学常务副校长宋永华并不否认国内外形势对国际校区建设的推动。宋永华说，海宁国际校区 2013 年立项时瞄准的就是助力世界一流大学建设，这也是浙大探索世界高等教育国际合作新范式和实施“4S 国际化战略”的实验田。

清华大学深圳国际校区定位则是一流学科建设。早在 15 年前，清华大学就在深圳建立研究生院，累计已招收 1 万余名研究生。和清华本部有所不同，深圳研究生院的办学特色是学科交叉、创新创业和国际化，目前设有 7 个学部和 1 个研究院，其中物流与交通学部、海洋科学与技术学部和医院管理研究院，都是清华本部所没有的。

即将建设的清华深圳国际校区，可以看作是清华深圳研究生院的升级版。清华深圳研究生院院长康飞宇说，深圳的经济条件好，国际化的企业多，创新创业氛围好，清华希望以建设一批新型的交叉学科为中心，带动各个国际合作项目的建设。“清华需要做一些新的事情，比如综合改革方面，有些可以在深圳先试，因为本部可能会制约大一点儿。”康飞宇说。

近几年学界对教育国际化的研究，也逐渐成为一个热门选题。宋永华说，本次中国教育发展战略学会国际教育专委会的首届年会，原计划是 100 人的规模，结果来了近 400 人，周边酒店都不够用了。

教育国际化是把双刃剑

与中国国际地位的快速提升相比，当前我国国际化人才培养的结构、数量和水平还不尽如人意。

北京师范大学高教所常务副所长洪成文用装修房子来比喻当前我国的教育国际化。洪成文说，目前似乎我们都在用最好的材料，装修我们自己的家，把中国的大学装修得更加世界一流化。但他认为，教育国际化的终极目标是要在装修好自己的房子的前提下，如何服务别人的房子，做房屋的设计师、建筑师和家装师。

在教育国际化的大背景下如何建设世界一流大学和一流学科？洪成文认为必须思考三个基本问题：有多少思想影响高等教育国际同行？有多少规则和制度被同行借鉴和接受？有多少专家活跃在国际学术一线？

洪成文以北京师范大学、南洋理工大学、伦敦大学等发起组建的国际顶尖教育学院联盟为例，提出了“教育国际化流程再造”的视角。洪成文说，一个由世界上一流大学最一流的教育学院组建而成的国际学术平台，过去我们认为，只要混进去,就很成功;但是很多人都没有想到,这个联盟是中国大学带头一手做起来的。

北京大学教育学院教授陈洪捷则认为应谨慎对待教育国际化。陈洪捷说,世界各国都在追求高等教育国际化,但出发点和归宿显然不同。富国的高等教育国际化通过给予而获利,比如接受留学生、提供奖学金、提供科研资助等,通过给予而促进了其知识、技术、产品、规则、价值观的扩散;穷国的高等教育国际化则是通过参与而获利,比如出国留学、参与科研合作、引进优质教育等,通过参与而获得人才、新知识、技术、产品和规则,从而与国际接轨。

陈洪捷说,在这种看似双赢的游戏中,富国显然是大赢家,他们通过给予强化了在知识、技术和产品方面的优势。穷国通过参与虽然可以与国际接轨,同时也往往强化了其依赖者的地位。

一组数据似乎印证了陈洪捷的观点。中央人才工作领导小组办公室的一组数据表明,在科学、工程和技术领域,中国有87%的高端人才留在了海外;美国媒体也曾发布,在美国的一流大学受过系统的学术训练并取得博士学位的中国留学生,90%永久地留在了美国。

中国出国留学总人数也在不断攀升,2000年是5万人,2015年已超过50万人。并且当前出国留学已现低龄化趋势:一个极端的例子是,北京某名牌小学一个班的近30名孩子,今年该上高三了,却只剩下两人留在国内参加高考。

"国际校区"带来了什么

截至2016年11月,我国共有中外合作办学机构(项目)2 469个,比2010年翻了一番。其中本科及以上的机构(项目)有1 216个,涵盖了除青海、宁夏和西藏以外的所有省区市。作为探索之中的一种中外合作办学新形式,"国际校区"能解决教育国际化中遇到的诸多难题吗?

宋永华把浙江大学海宁国际校区的中外合作办学总结为"以我为主""一对多""高水平"三个关键词。

"以我为主"指的是国际校区的办学定位。它应该是浙江大学的有机组成部分,并且要服务于浙江大学创建世界一流大学。在人才培养、科学研究的质量上,国际校区也应该高于现在的浙大主校区。它的学科体系,也都是比照浙江大学的学科发展、国家的发展需求来设立的。

"一对多"指的是浙大不限于与一所国外大学合作。海宁国际校区的学科是从浙江大学几个学部精心挑选出来的,主要是为了配合浙江大学世界一流学科建设。然后他们在全世界找相应学科中最好的大学,最好的标准首先要有相

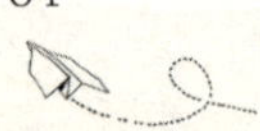

同的教育理念和教育理想，也就是要培养21世纪的全球化人才。

"高水平"指的是国际校区将聚集若干所世界综合排名前20的名校，或者单一学科世界排名前5的特色高校。如UIUC（伊利诺伊大学香槟分校）的工学有名，UOE（爱丁堡大学）的医学出了诺贝尔奖，浙大就与他们建立了联合学院。与宾夕法尼亚大学沃顿商学院联合成立中美商学院也在进行之中。

海宁国际校区重视多元文化的交流。在这里，师资队伍中外籍教师占比不少于1/3，留学生比例不低于30%。学生的学习理念是"住宿书院制＋文理学院＋专业学院"。书院制借鉴的是中国传统文化，文理学院借鉴美国的通识教育专业学院，这与浙大主校区有着明显的差别。

在2016年11月4日签署协议共建国际校区之前，清华大学和深圳市实际上已开始了10个月的"谈判"。深圳市正在进行高等教育的国际化发展布局，深圳北理莫斯科大学、中国科学院大学深圳校区等一批高校即将进驻；清华当然也有清华的想法，希望国际校区通过一些新的体制、机制，做一些跨界人才培养的品牌和科学研究的平台。

"以我为主""一对多""高水平"三个关键词同样可以用在清华深圳国际校区身上。康飞宇说，他们将在国际校区建设一批问题导向的新兴交叉学科，比如与加州伯克利大学成立的伯克利学院，有环境、能源、信息、医学等13个交叉学科；与法国三所大学合作的OPEN FIESTA是一个双学位的项目，方向是生物、信息、设计等交叉学科；创新金融交叉学科主要针对"一带一路"，目前在与剑桥商学院、悉尼大学商学院、滑铁卢大学商学院合作。

在中国教育发展战略学会国际教育专委会首届年会上，宋永华和洪成文不约而同地提到耶鲁大学的国际化战略，提到耶鲁与复旦、北大的合作，投资中国高科技企业，以及培训中国的大学校长和书记。在中国国际地位不断提升的大背景下，耶鲁大学为全世界培养领袖人才、以天下事为己任的大视野，值得致力于"双一流"建设的中国顶尖大学借鉴。

第三章　实　　践

本章里，我们把目光直接投向大学，选取了大学里有代表性的改革举措。

本科教学改革方面，选取了北大的“元培计划”和清华的“姚班”。元培计划不仅在全国最早提出了“宽口径、厚基础”的培养理念，在北大内部也抛弃了“状元班”“大师班”的老路。“姚班”则全面引进了世界一流大学的培养模式，不仅师资一流，培养理念和培养方式同样与世界接轨。在北大、清华的带领下，此后各种“试点班”在国内名牌大学遍地开花。

管理体制改革方面，选取了中科大的教授治学、北师大的大部制和人民大学的校园置换。中科大的故事是为了回应“去行政化”，北师大的故事是为了警示大学的学院膨胀，人民大学的故事是希望能化解师生对市场的戒心。

学科建设改革方面，选取了华中科大、北航、苏大。评价一流大学的指标里，科研的地位无可撼动，但在这三所大学里，都对科研有了新的理解，都强调了人才培养的核心地位。浙大和天大的 120 年校庆报道里，作者也尽量选取最能代表“双一流”个性的故事。

汕头大学和武汉纺大的改革，在地方大学里很有代表性，也都是朝着一流目标而去的。

这些高校的改革，或可看作一段时间以来中国大学“双一流”建设的代表作。

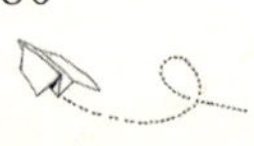

元培本科教改实验悄然进行*

2001 年新学年开始，一项被认为是“北京大学创建世界一流大学的重要组成部分”的本科教学改革实验——北京大学元培计划，正在静悄悄地进行。由于北大方面对新闻媒体的婉拒，首届“元培计划”实验班 9 月 5 日开学至今，似乎并不被外界知晓。

但远在美国的《科学》杂志却对此作了介绍。北京大学常务副校长迟惠生在实验班的开学典礼上曾预言：“北大元培计划及其实验班，是会在北京大学的历史上留下一笔的。”

实验班不搞精英教育

举办各种类型的实验班，近年来似乎已成为国内众多大学本科教学改革的共识。但和国内其他高校举办的实验班以及北大以往举办的实验班相比，此次元培计划的实验班都有很大的不同。据介绍，北大以往的实验班大多属于“精英教育”，进实验班的要么是奥林匹克竞赛获奖者，要么是高考成绩优秀者。而此次北大元培计划实验班面向的是全体新生，由学生自愿报名参加。目前，参加元培计划实验班的学生 80 多人，其中文科 30 人、理科 50 人。除了在教学安排上有所不同外，他们和其他学生的“待遇”完全一样，并不享受诸如保送读研、减免学费等优惠政策。

在生源并不占优势的情况下进行一项大的教学改革，或许更能真实地反映其改革的成效，但对举办者来说压力也会更大。元培计划管委会副主任段连运教授认为：“北京大学启动了创建世界一流大学的宏伟计划后，在基础设施、学科建设、办学规模等方面都有了长足的发展，但这还不应该是北大的全部。北大人应该有敢为人先的勇气，有求异创新的意识。元培计划及其实验班，正是体现了北大‘勤奋、严谨、求实、创新’的传统。”

* 本文发表于 2001 年 10 月 18 日。

实行全新教学计划

据了解，元培计划实验班和北大其他院系在教学设计上有很大的不同，其中最显著的是在专业设计上。从严格意义上讲，参加元培计划实验班的所有学生一开始都是没有专业的。学生进了实验班后，就和原来的院系脱钩，其教学安排和学籍管理都将由“元培计划管理委员会”负责。在入学后的一年半时间里，学生们接受的主要是通识教育。比如说，原来数学系、物理系的学生并不需要学习普通大学化学课程，但在元培计划实验班里，理科方向的所有学生都必须选修。只有到了二年级下学期，等学生们对大学学习有了一定的感性认识之后，他们再根据个人的兴趣和社会的需求确定自己的专业。也就是说，实验班学生将来的专业选择，原则上不受入学时的专业限制。但北大同时规定，这种“转系”必须在学校教学资源允许的情况下进行。

另一项改革体现在学习制度上。元培计划实验班实行的是在教学计划和导师指导下以自由选课为基础的学分制。也就是说，在导师的指导下，在新的教学计划允许下，学生可以自由选择学习的课程。对于那些必修的课程，学生们可以根据自己的情况选择学习时间，可以早学、也可以晚学。另外，和其他普通院系相比，元培计划实验班的总授课学时将适当压缩，同时加强教师对学生阅读参考书、课堂讨论、论文写作等教学环节的指导。元培计划设计者认为，本科教学的目标是培养学生的整体能力，重心不在于知识的传授，而在于获取知识的方法及思维方法的培养和训练。

重新定位本科教学

元培计划的一项重要“改革”是对大学本科教育的重新定位。该计划将本科教育看作是硕士和博士教育的准备，是10年制大学教育的基础。因此，元培计划在强化通识教育的同时，淡化了专业的设置。该计划的设计者认为，他们所淡化的并不是专业知识，而是在学习生涯中过早受到的专业隔膜的限制。同时，他们认为，了解人类知识的总体状态，是一个现代学者的基本修养，借此也可消除由专业单调所诱发的傲慢和偏执，养成对人类整体文化和其他文化、其他精神世界的宽容与理解。

元培计划管委会秘书长朱青生教授认为，在计划经济时代，许多人都以为学生大学本科毕业后，就成了某一方面的专家。那个时候的人才培养是计划性的，比如说需要培养多少个学历史的、需要多少个硕士，等等，都是计划安排好

了的。但从现在的发展看,社会对从业者的学历要求越来越高,人们从事社会工作的界限也比较模糊,80%的学生毕业以后所从事的工作可能和本科所学的专业没有联系。元培计划的教学安排和专业设计,正是为学生们博士毕业后的工作而设计的。

“姚班”十年：一场精英教育SHOW*

“清华有许多很好的学生。有一些是中国典型的好学生，每科都力争第一，但也有一些学生希望在大学里做自己真正感兴趣的事。我希望清华的环境能让大家没有那么多压力，而是能感受到学习、研究过程中的挑战与突破，以及由此带来的幸福感。唯有这样，我们才能培养出世界最顶尖的年轻人，不管他们将来是做学问还是去创业。”

——姚期智

能考入清华的学生，应该是人中翘楚了。清华的本科教育，理所当然也应是精英教育吧？如此推论，图灵奖获得者姚期智却并不认同。

2005年，姚期智辞去普林斯顿大学的终身教职，与微软亚洲研究院合作在清华开始了精英教育实验。这个计算机科学实验班，也被外界称为“姚班”。10年间，一批批拔尖创新人才真的从这里迈向了世界学术舞台。

姚期智心目中的精英教育长啥样？

大师上课也要精心策划

“校内二次招生，全英文授课，全英文交流。没有国界，没有教材，没有拘束，甚至没有台上台下、课上课下的分明界限……”

姚期智此前“走过”许多赫赫有名的大学——哈佛大学、伊利诺伊大学、麻省理工学院、斯坦福大学、伯克利加州大学、普林斯顿大学……当他决定在清华培养世界一流的本科生时，心中想的便是那些世界一流大学课堂的画面。

姚期智主讲的“理论计算机科学”，是一门面向本科一年级的专业基础课。每年开课，他都会极为认真地梳理教学思路，每一节课他都精心策划。这门课他一讲就是8年，直至逐渐找到合适的年轻教师才把接力棒传下去。其间他还担任“计算机入门”“计算机应用数学”“量子信息”等多门课的任课教师。“姚班”学生大都在低年级聆听过姚期智的课，并在短短的一两个学期内，受其影响改变了自己的人生之路。

王君行，计算机科学实验班2010级本科生，本科二年级就发表了第一篇全

* 本文发表于2015年3月2日，署名为本报记者储召生，通讯员高原、赵姝婧。

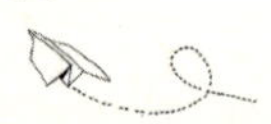

英文学术论文。而论文的灵感，正源自姚期智课上的一次“随意发挥”。

当时，姚期智在课上介绍了著名的“拜占庭将军问题”，并将这与计算机系统的可靠性保障问题相联系，希望同学们提出解决方案。这些本科一年级学生也毫不示弱，像往常一样自发组成小组展开讨论。一小节课后，姚期智请几个认为已找到答案的小组进行演示。有趣的是，每当一组演示时，其他小组就会直接指出其中的不足和错误。

台上台下的讨论十分热烈，看到时机成熟，姚期智便起身准备宣布标准的解决方法。这时，一直没有说话的王君行站了起来，打断他说：“我还有一个方案！”

王君行走上讲台，起笔写了四五行看起来非常简单的算法。教室里突然安静下来。姚期智后来回忆说，当王君行写出那几行算法时，他思考了几分钟，突然意识到眼前的这位一年级学生真的解决了一个困扰学术界30年的问题。

姚期智建议王君行把自己的想法写下来。此后数月，姚期智及夫人储枫教授协助他修改论文，并就投稿期刊提出建议。2011年，王君行读大二时，这篇论文发表在国际期刊《组合最优化学报》(*Journal of Combinatorial Optimization*)上。

让学生体会“挑战的幸福”

“在这里要上的课内容不多，但听起来解渴。”施天麟大一时选修了姚期智的课，这让平时上其他课觉得“吃不饱”的他，毅然决定转到“姚班”。

在解放总学分的同时，“姚班”提高了每门课的难度。有时一次课堂作业，学生就需要花二三十个小时，而且还有可能找不到理想答案。这给了许多像施天麟一样喜欢科研探索的学生充足的“挑战感”，也激励他们把有限时间投入到对知识深层的理解中，进而做出一些创新性的工作。

2013级本科生范浩强也对课上“不断升级”的难度记忆犹新。他们虽然只是本科低年级学生，却不像一般计算机系学生从基础编码学起，而是被“假设”已经掌握了这些基础内容，课程更加偏重深层次的理论计算的分析和架构。这些被学生们戏称为“虐心”的课程，却也让他们欲罢不能，听起课来十分“过瘾”。

范浩强把在“姚班”听课比喻为“盖大楼”。“原本预想听完一门课，自己的思维会从‘一层’升至‘五层’，这已经很刺激了，但没有想到，老师直接从‘六层’讲起！”这种高强度的授课方式，给课上、课下都带来了不小的压力。一开始很多同学不适应，但渐渐地，他们发现自己居然可以做得到！这种“重新发现自我”的惊喜和肯定，极大地激发了同学们的潜力，很多同学甚至不满足于课上所学，主动联系老师找选题、做研究。

范浩强还注意到，大家在意的不再是纯粹的考试和高分，羡慕的不是满分“学霸”，而是心中怀揣的那个高远的科研梦想——立志要做出世界最顶尖的科研成果。这也正是姚期智创立计算机科学实验班时的初衷。

“清华有许多很好的学生。有一些是中国典型的好学生，每科都力争第一，但也有一些学生希望在大学里做自己真正感兴趣的事。我希望清华的环境能让大家没有那么多压力，而是能感受到学习、研究过程中的挑战与突破，以及由此带来的幸福感。唯有这样，我们才能培养出世界最顶尖的年轻人，不管他们将来是做学问还是去创业。”姚期智说。

开放包容的国际视野

许多人认为，与世界一流大学相比，中国大学的差距主要在博士生教育；换句话说，本科生教育在中国也是一流的。姚期智刚到清华时，原本也是计划构建一个培养博士生的良好机制。随后他改变了计划，萌生了精英教育要从本科生抓起的想法。

姚期智认为，在计算机科学领域，国内比较重视计算机工程方面的学习，要想真正有所突破，要能与世界一流的本科生教育媲美，不仅需要国际化，而且要富有挑战性。姚期智从根处解决问题的想法，得到清华校方的大力支持。

10 年来，姚期智带领清华同行重构了计算机本科课程体系，对教学内容进行优化重组，注重理论基础，全面覆盖计算机科学前沿领域，又突出计算机科学与物理学、数学、经济学、生物学等多学科领域的交叉。在姚期智的邀请下，图灵奖、奈望林纳奖、哥德尔奖获得者等顶尖学者、大师相继走进清华的课堂，他们精辟的见解、严密的逻辑、深湛的哲理，以及演算和推导过程中像棋坛高手般走出的奇招、怪招，常常引得同学们屏息关注，热烈讨论。

施天麟 2013 年到麻省理工学院交流学习，他惊讶地发现，自己平时上课学习的方式，原来可以和世界一流大学“无缝衔接”。施天麟性格偏内向，但他在“姚班”却非常享受和同学们思想交锋的过程。清华学堂的讨论间，成为施天麟和同学们相约看书、交流的好地方。“国外的学生非常热衷于讨论问题、发表看法，很多国内去的同学往往会比较羞涩，不过我们班的同学却不存在这个问题。”

不仅如此，从“姚班”走出去参与联合培养、出席国际会议和出访交流的学生，截至 2014 年年底已近 450 人次。此外还有 20 余名来自麻省理工学院、伯克利加州大学等学校的学生来访，和“姚班”学生们一起学习、提高。这种国际化的、开放包容的学习氛围在姚期智看来，是培养学生自信心的重要条件。

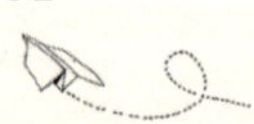

团队协作的科研文化

姚期智鼓励学有余力的本科生参与科研。在“姚班”,本科生从不缺乏接触科研的机会,首次接触可以从一门课开始,或是一个已知的项目。姚期智把计算机科学实验班形象地比喻为“超级百货商场”,老师们的研究工作是“商品”,学生们可以根据兴趣“选购”。

上文提到的王君行,大二在国际学术期刊发表科研论文后,便义无反顾地走上了科研之路。3 年后,他成为全球第一个在本科阶段获得 ACM 计算经济学国际学术大会最佳学生论文奖的人。如今,被姚期智亲切地称为“聪明的小鬼”的他,已在卡内基梅隆大学攻读博士学位。

在姚期智看来,发现自己的兴趣点,对本科生来说很重要;融入到一个科研团队,感受团结协作的科研文化同样很重要。

而计算机学科未来的远景,恰恰孕育在它“初生”时的自然属性——交叉之中。如何在清华建立一个学科交叉、本科生参与的研究环境?在过去的几十年里,姚期智亲眼见证了中国在世界微电子领域竞争中的“错过”,他意识到未来量子信息和量子科技将成为新的发展点,中国必须得跟上。而量子计算除了需要理论计算机专家外,同样也需要懂量子计算的物理学家。于是,姚期智想到了段路明。

段路明本科毕业于中国科学技术大学物理系。2010 年 10 月,段路明在密歇根大学正准备给学生上课,突然间身边的电话响了,电话那头居然是姚期智本人。更让他没有想到的是,两个星期后,姚期智专程飞到密歇根大学与他会面。两个月后,段路明加盟清华。2014 年 10 月,段路明研究组首次在常温固态系统中实现了抗噪的几何量子计算,该成果是量子计算研究领域取得的重要进展,研究论文发表在国际著名期刊《自然》上。论文第一作者祖充是交叉信息研究院在读博士生,共同完成文章的还有两名本科生。

“清华有很多优秀的年轻人,姚先生以他的威望为我们提供了充分的资源,这里的研究环境比许多国外的研究机构更有弹性和空间。我们感受到姚先生的信任,同时更加敬佩他对科学研究前瞻的判断和独到眼光。”段路明说。

截至 2014 年 12 月,“姚班”学生本科期间共发表论文 110 篇,其中以学生为论文通讯作者或主要完成人的共 84 篇。即使在国外世界一流大学,本科生也很少能在国际学术期刊发表文章,更少有学生会有完整的科研经验,但在“姚班”,几乎 1/3 的本科生都有“科研成就”。

“这里拥有最优秀的本科生和最优秀的本科教育。”图灵奖得主、美国康奈尔大学约翰·克罗夫特(John Hopcroft)教授说。

大学的“哲学”*

1937 年 9 月 18 日的杭州，晨有微雨，午后放晴。这天晚上，浙江大学校长竺可桢发表了开学演讲，问了全体新生两个问题：“第一，到浙大来做什么？第二，将来毕业后要做什么样的人？”

当时的中国正被日寇铁蹄践踏，竺可桢的心里其实也早有答案，那就是“科学救国”。今天，这著名的“两问”仍常常出现在浙大：新生的录取通知书、紫金港校门口的“两问石”，以及浙大师生的各类演讲中。

为国育英的使命，在浙大人的肩上一代一代传递至今。120 年来，浙大人以锐意改革的勇气，在拔尖人才培养上砥砺前行，成为一面引领我国高教改革的旗帜，努力回答着竺可桢的哲学之问。

美丽的混搭

1979 年的夏天，浙江大学组建了改革开放以后的我国第一个赴美高等教育考察团，进行为期一个月的考察。这次赴美考察的一项重要成果，就是“混合班”的诞生。

第二年春天，参与考察的几位老教授向学校递交了一份教育革新方案——从全校选拔 110 名优秀学子，将浙大最优秀的工科学生混合在一起，强化理科的综合分析、归纳演绎能力，用理工混搭的方式，培养“混合”人才。

实施“培养工科拔尖创新人才的英才教育”的首届“混合班”1984 年 9 月开学。取名“混合班”，表现出学生来自各专业，以表达培养方式的复合性。这也是改革开放后我国顶尖大学尝试“宽口径、厚基础”培养拔尖人才的开端。

“一支军队需要有自己的‘十大元帅’，一个学科也应该有领域里的带头人。普通的教学或许实现不了这个愿望，那就应该针对‘帅才’找一条新的培养道路。”那时，物理学家李文铸已年过花甲，但他带头给“混合班”一年级学生上普通物理课，用哈里德的英文版《物理学》当教材，全英文授课，在校园里引起轰动，也引领了最好的教授给本科生上课的风潮。

“混合班”实行严酷的淘汰制，最后毕业时只有 66 人。日后，毕业生们成为

---

* 本文发表于 2017 年 5 月 19 日，署名为本报记者储召生、通讯员周炜。

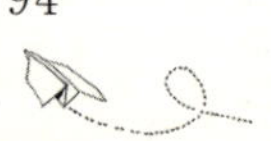

社会各界举足轻重的“帅才”。这便是中国高校第一所荣誉学院——竺可桢学院的前身。神舟飞船副总设计师宋征宇、大飞机C919副总设计师钱仲焱等，都先后毕业于“混合班”。

在探索中不断改进、稳步发展，是浙江大学教育教学改革发展的一个重要特征。2000年成立的竺可桢学院，承袭“混合班”会聚名师、实施交叉培养的精髓，会集了全校理工农医各专业优秀本科生，是浙江大学教育创新的“试验田”。多项在全校推行的教育教学新政，前期都要在竺可桢学院完成“小试”。

随后，“基础学科拔尖学生培养计划”“求是科学班”“卓越工程师教育培养计划”等在本科生中相继展开。从2008年起，浙大面向全校本科生开设了系列“荣誉课程”，以基础深厚、教法先进、知识交叉复合为导向，努力为本科生的课程改革积累成功经验，从而推进基础学科拔尖创新人才的培养。

在2010年美国麻省理工学院举办的国际合成生物领域学科竞赛上，由不同专业组成的浙大本科生队伍拿回了金奖，而这个获奖项目的创意思路，出自一位本是学外语的学生。这个金奖，为“交叉复合”型的人才培养模式作了最佳诠释。

更大的课堂

2017年5月刚刚公布的ESI学科排行榜上，浙大有7个学科进入ESI世界学术机构前1‰、18个学科进入前1%，有8个学科进入世界前100位、5个学科进入世界前50位，在内地高校中名列前茅。

近年来，浙大在工程技术领域创造了多个“全国第一”：第一对乒乓球仿人机器人、第一套悬浮三维成像系统、第一次实现可见光波段的生物隐形、第一条大型飞机数字化装配生产线、第一套高精度计算机水转印装置、第一次实现燃煤电厂超低排放……

高水平的研究怎样转变为高水平的课堂？这是全国研究型大学都面临的问题。“我们应该研究建立怎样的机制，进一步促进科教互动，让高水平的研究有效‘转化’成育人的力量。”浙大校长吴朝晖说。

对此，浙江大学历史上曾历经3次大讨论。20世纪末，浙大找到了一个新的培养路径——鼓励学生走进教授的实验室，自主进行立项申请。这项面向全校学生的本科生科研训练计划，有个英文名字“SRTP”。

浙大生命科学学院三楼的最东面，有一间56平方米的实验室，这里是SRTP产出的“大户”。常年有近20名本科生到这里做实验，从大一到大四，除了本学院的学生，还有来自医学、农学、动科、人文、管理等方向的学生。每年这里会诞生4篇左右以本科生为第一作者的SCI论文,今年前3个月已有2篇论文被SCI杂志录用。

“他们才是实验室的主人。”生命科学学院教授杨万喜笑呵呵地说。他在实验室门边隔了6平方米的地方,作为自己的办公室。除了日常的课题指导,他会安排时间让每个学生“带上问题”与自己交流。他的电脑里,有一份详细的谈话计划和记录:谈话时间、谈话主题、给学生的建议,反馈状况。“等到学生从这里‘毕业’,我会把整个谈话文档拷给他,让他可以看到自己的成长经历。”

2016年,一名学生找到杨万喜,因为家人患有一种特殊疾病,他很想做相关方面的研究。“好,来吧,虽不是我们的主流方向,但是你有兴趣,我支持你做。”经过一年多的努力,这名学生已在一本影响因子高于5分的肿瘤学杂志上发表了文章。

“每一位学生都是一名研究者,每一名研究者都是教师。”英国爱丁堡大学副校长布雷萧没有想到,爱丁堡大学的这个流传很广的育人理念,在浙大找到了共鸣。

一等的教授

马一浮先生任教浙大时,已经56岁了,时任浙大文学院院长梅光迪要求学生“以古代对待大师的标准对待他”。梅光迪说,“我确信这样一位人物的存在定会提升我们的知识水准,升华我们的学术氛围,而且对我们精神素质和风气的促进也是巨大的”。

让一流的教授上讲台,对研究型大学来说是个难题,古今中外概莫能外。

如何处理科研与教学的关系?浙大通过一系列的政策设置,鼓励高水平教师站到教学一线,真正体现了“教授的本质工作是教书育人”。

2009年,全球知名的化学家彭笑刚教授全职加盟浙大时,向浙大提出“必须为本科生上课,连续5年”。浙大校长欣然应允了他提出的这一“条件”,彭笑刚成了化学系物理化学课的主讲教师。

“教授治学,首先体现在课堂上。”平时不苟言笑的彭笑刚,在课堂上是个“颠覆者”,鼓励学生质疑和讨论,不要迷信权威;课后,网上答疑的“彭彭”与同学们继续讨论:“哥儿们姐儿们,今天课上提到的……”碰到“灵”的孩子,他会用学生的名字给考试题目中的主人公命名。

浙大出台了一系列政策鼓励“第一等教授”上讲台。2016年,又对院士、长江学者、杰青、千人等高层次人才提出明确要求:每位高水平教授,必须和院系约定年度教学工作时数或基本教学工作量,如果没有完成教学任务,薪酬待遇

将按比例扣减。当年，一位教授就因为没有完成教学任务，被扣减了10万元薪酬津贴。

浙大基础医学院在师资聘任考核制度中首次引入了“教学公共服务时间”概念，让教授承担课程组的运行和建设、本科生全程导师和专业导师工作、班主任工作、医学院公用平台建设等各项公共服务工作。每门课的主讲教师、课程秘书，都按学分、岗位设相应津贴。“发的不只是钱，也是表达一份尊重。”基础医学院院长欧阳宏伟说。

浙大有一个名为“新生之友”的寝室联系制度，要求浙大干部教师与所联系的寝室成员相互认识、互留电话号码和邮箱。浙大党委书记金德水是丹青学园3-419寝室的“新生之友”。金德水说，立德树人在浙大从来都是从小事做起。

判断一名教授是否成功，就是看他的课堂“有没有给学生留下不可磨灭的精神成长痕迹”。这，同样适用于一所大学。

“最牛学院”教授何以治学[*]

它远离京沪等科技文化中心，近 10 年来却有 10 项原创性成果 17 次入选国际物理学重大年度进展、科技部基础研究十大新闻和国内十大科技进展。

它地处中部城市——合肥，近 10 年来没有一名正教授“流失”。相反，副教授因为没有太大发展还会被劝退。

它就是被外界称为“最牛大学学院”的中国科学技术大学物理学院。学院的 88 位正教授中，就有院士 8 人，“千人计划”4 人，长江特聘教授 5 人，“杰青”18 人，中科院“百人计划”17 人。如此豪华、庞大的教学科研队伍，是如何管理运行的呢？

学术上的事教授做主

“学术上的事，让教授自己做主，在中科大是一个传统。”物理学院执行院长刘万东认为，这种有别于其他大学的传统，一方面来自科学院的科学精神，另一方面来自创校初期从欧美留洋回来的教授们带回来的民主作风。

郭光灿院士从事的是量子信息学研究。20 世纪 90 年代初期，量子信息学在国外刚刚起步，他就敏锐地意识到这一学科未来必有大的发展。当时这一领域在国内属于冷门，没有太多的经费支持，他自己以量子密码学和量子编码两个方向为切入点，及时追踪国际前沿，进军量子信息研究领域。

经过十几年的努力，他们获得了量子避错编码方面的一系列成果，后来又首先在国际上提出了量子概率克隆方法。2003 年，郭光灿因此当选中科院院士。如今，他们在量子通信系统方面的研究已走在世界前列，他和他的学生也已成为国家 973 项目首席专家，每年科研经费近 2 000 万元。

回顾自己的学术生涯，郭光灿院士认为，学术上的许多事情，要让教授有一定的发言权。特别是物理这样的自然科学研究，对就是对，错就是错，不可能通过民主投票的方式来决定研究结果的正确与否。“不能像改革开放以前那样，教授做什么课题，都要等着上面批准。”

但这并不意味着学院对学术研究完全不管，任其发展。郭光灿院士同时也

* 本文发表于 2011 年 5 月 19 日。

是物理学院学术委员会主任,郭光灿说,学院里大到发展规划的制定、学科点的布置,小到研究生学术奖项的评定,都要经学术委员会研究,通过答辩、讨论、投票等程序决定。"学术委员会决定的事情,院长也不能改变。"

近代物理系主任陈向军更看重自己的民间身份——"系教授委员会主任",尽管他的"系主任"一职是校方正式任命的。从2004年开始,近代物理系正式出台《教授委员会章程》,明确了选举产生的教授委员会主任是系主任的当然人选,报学院和学校批准。教授委员会的成员,则由各学科点按一定比例由全体教授、副教授选举产生,系里的两院院士、校院领导可以不经选举直接进入教授委员会。

"系里的行政事务,主要是进人和分房。"陈向军说,人才引进和教学用房分配,实际上也是系里引导和控制学科发展的一个手段,他们在教授委员会里下设分委员会和专项工作委员会,负责学科建设、学术交流以及课程设置、人才聘任、学生工作、教学用房协调等具体工作。"知识分子往往认死理,学校里的行政事务,更要求程序公正。像教授晋升这样的事情,最后我们也是通过投票决定的,结果大家都很满意。"陈向军说。

教授有权对学校事务发表意见,在中科大被认为是理所当然的。不止一位行政干部向记者表示,在中科大当领导反而要"夹着尾巴做人"。据说有一次,陈初升副校长到物理学院调研专业课程改革问题,许多教授对学校的决定不满,当面敲起了桌子。最后,陈初升不得不也敲起桌子:"大家别忘了我本人也是教授,而且还是相当不错的教授啊!"

45岁以前不许"做官"

"人思想最活跃的时候是在45岁之前。在我的课题组里,我对他们的一惯要求就是:45岁之前你别想当官。"郭光灿院士说。

在有些大学里,教授们争着想当处长,无非是希望得到更多的科研资源。和许多研究型大学相似,学校"985经费"只占了中科大教授们科研经费很小的一部分。郭光灿告诉记者,他本人承担了许多大的项目,完全能保证年轻教师有足够的资源。"年轻人最重要的是要找到适合自己的研究方向,等到做出了成绩,完全可以向校外、向国家争取科研资源。"

鼓励年轻人成长,除了不让他干什么之外,更重要的是要为他创造成才的环境。

其成果获得2009年度中国十大科技进展的杜江峰教授,于1986年保送进了科大少年班,学的是工科电子学。1990年毕业留校,并不是因为科研上的突出成绩,而是以团干部的身份。谁也不会想到,2003 年"团干部"杜江峰会在国际上首次成功地观测到了任意量子态的几何相,美国《物理评论快报》审稿人对此成果大加赞赏,称这一实验"为今后实现高精度、低噪声、自容错的量子计算机指明了新的研究方向"。

杜江峰说,是中科大给了他创新的土壤。1998 年,29 岁的杜江峰刚开始开展量子计算技术研究时,尽管连实验条件都没有,也没有什么科研经费,但是学校和学院给了年轻人很好的平台。杜江峰回忆说,当时科大能用的核磁共振谱仪只有生物系有,他们的实验必须借助这台仪器。生物系不仅允许他们用,而且鼓励他们好好用,有什么不明白的问题还能得到耐心的解答。

在教学工作中,物理学院同样也给青年教师提供创新的平台。只有老教授才有资格给本科生上核心课程,一直是中科大的一个传统。但近几年,一些青年教师也开始涉足核心课程的讲授,特别是一些前沿性的课程。给本科生上"量子力学"课的副教授涂涛就是其中之一。物理系 2007 级学生徐智磊说,涂涛老师讲授的"量子力学"课,不纠缠于细枝末节,不纠缠于公式推导,而是强调量子力学的逻辑体系,扩大学生的视野,教给学生思考问题的方法。

"中科大一直强调事业留人、感情留人,也可能是一个没有办法的办法。"从本科一直到博士都是在中科大的光学与光学工程系教授郭国平说,虽然地处合肥的中科大不能给教师提供多么诱人的待遇,但"吾爱吾师,吾更爱真理"的治学传统,确实给潜心科研的教师营造了一个温暖的心灵家园。

不要担心科学家偷懒

物理学院博士三年级学生刘加丰是从外校考进来的。中科大给他印象最深的是,他经常会在教学楼的电梯里碰上同在一个学院的校长侯建国院士。而在他以前的大学里,许多研究生见导师一面都难,更别说见到校长了。

2007 级本科生徐智磊告诉记者,中科大的教师都很平易近人,也少了形式上的东西。刚进校的那年,全体新生参加开学典礼,以为会有很多仪式呢,没想到朱清时校长讲了 10 分钟的话就散了。中科大本科生前两年实行通识教育,大二下学期面临选专业,徐智磊在刘万东院长下课时特地找到他,想了解一下等离子体方面的研究。没想到刘万东把他叫到院长办公室,和他聊了一个多小时。徐智磊后来并没有选刘万东所在的专业,和高中同学聊天时说起这件事,那些在其他名牌大学就读的同学竟然不相信这是真的。

近几年,中科大这样相对纯粹的校风和学风,也越来越受到"外面的世界"的影响。

刘万东院长的老家在安徽桐城，那里历来尊师重教，清代文坛“桐城派”即源于此。令刘万东大惑不解的是，过年过节回老家，过去农民一听说“教授”就肃然起敬，现在却要追问“教授算什么级别”。并且，现在申请项目和课题，人家往往先看你的身份，带“长”的机会相应要大得多。上级单位来校检查评比，也往往要求带“长”的出面接待。刘万东把此类现象称为“被行政化”。

中科院“百人计划”入选者邓友金1999年加盟中科大，此前在德国海德堡大学从事科研工作。邓友金说，大学最重要的是要有好的科研文化，创造好的科研条件，好的人才就会被吸引过来，科研水平自然就上去了。邓友金最烦接待来访、接受中期评审、填写各种表格、发邀请函等行政事务上的“折腾”，“有时候接几个电话，一上午的研究心情就没了”。邓友金甚至认为，现在对学术人才评的荣誉也有些过多，这个“计划”，那个“学者”，近乎明码标价，有些高级人才哪里出的价高就到哪里去，也是一种“折腾”。

为了让教师们潜心教学和科研，对于上级的各种考核检查，物理学院也有自己的应对方式。刘万东说，考核是为了激励，如果某一项考核不能达到激励的目的，那它就是多余的。对于物理研究这样强调原始创新的科研工作，是不能以争取科研经费的多少来衡量其价值的。“现在科研经费大都是通过项目下来的，过一段时间就要检查一下。应该想办法把一些从事原始创新的科学家养起来，不要担心他们会偷懒，他们有自己的自信和尊严。”

刘万东认为，自然科学研究者都应该有“诺贝尔奖情结”，以从事原始创新为乐。“现在一开学术会议，总听到哪个学校给的薪酬更高、谁住的别墅更豪华之类的议论，优秀学者们的价值都表现在哪里呢？”刘万东不无担忧。

【采访后记】

近距离感受学术优先

中科大的全称是中国科学技术大学。该校有教授曾不无玩笑地说，和国内其他的科技大学相比，中科大名字里多了“学”“术”二字。学术在中科大师生心中的分量，由此可见一斑。

中科大前校长朱清时在回答“钱学森之问”时曾说，最早以为是教材落后的原因，于是引进了国外的原版教材；后来以为是人的问题，从国外引进了不少人才；最后才发现是“行政化”问题，这也是他将在南方科大努力改革的方向。有意思的是，在中科大物理学院采访，记者却丝毫感觉不到“行政化”的倾向。

对教授和学生的所有采访都是提前预约的，大都是在教授的实验室里进行

的。院办主任将记者介绍给教授就干自己的事情去了，没有人跟着听，也不担心教授们会向记者反映什么问题。教授们也是随心所欲回答记者的问题，没有预设提纲，也不刻意回避。

采访郭光灿院士时，刚开个头，就来了科研项目洽谈的客人，于是采访在半个小时内必须结束。因为有课，对邓友金教授的采访更是等了一个多小时。物理学院另一位“牛人”潘建伟干脆不愿接受采访。帮记者联系采访的宣传部长说，所有的行政事务都得在教授们有闲时才能进行。

采访院长刘万东，结束时已是午饭时分，照例没有午餐安排。物理学院每年都要组织大量学术会议。即使是国外来宾，也是按国际惯例，机场来回都要自己打车。学院一年的接待费用只有1万多元，说了也没几个人信。

中科大物理学院的目标是在2020年进入国际一流大学物理系的前50名。刘万东不无遗憾地告诉记者，一直以来也没有人去总结物理学院的办学精神。其实，总结或者不总结，它就在那里：学术优先。

一流建设和“科研崇拜”说拜拜*

2010年对华中科技大学的科研工作来说是个丰收年。在今年年初举行的国家科学技术奖励大会上，该校获得6项科技大奖，按通用项目第一完成单位排序列全国高校第一。有些出人意料的是，该校日前出台2011年“一号文件”，却将“矛头”直指本科教学改革。华中科大校长李培根说，“一流教学、一流本科”是该校建设世界一流大学的根基。

如此重视本科教学不止华中科大一家。北京大学校长周其凤就曾表示，“当北大培养出世界一流的本科生时，也就是北大真正成为世界一流大学之日”。清华大学早在2009年就开展了一项大学生学习调查，试图了解清华本科课堂“离世界一流有多远”。中国农业大学校长柯炳生日前也在《中国教育报》撰文，强调研究型大学深化本科教学改革的重要性。

《国家中长期教育改革和发展规划纲要(2010—2020)》明确提出要加快世界一流大学建设的步伐。判断一所大学进入世界一流与否，目前通行的最重要的评价指标集中在其科研成就上。但几乎所有的“985工程”高校，近期都在强调本科教学改革、建设一流本科的重要性。这绝非一种巧合。

窥一斑而见全豹。华中科大的新举措，给我们提供了一个可供考察的样本。

“学在华工”遭遇挑战

2011年年初，一个名为《一名大学毕业生的反思》的帖子在各大网站疯传，帖主是中南地区某名校的毕业生，文中对自己的大学四年生活作了“十分露骨”的描述，引起社会各界对当代大学生学习风气的忧虑。中南地区一家都市报甚至以《我们的大学怎么了》为题，对此进行讨论。

从20世纪80年代起，在武汉高校学生中就流传着“玩在武大，学在华工(即现在的华中科大)”的说法，对武汉大学的美丽校园和华中科大的严谨学风作了形象的总结。但一段时间以来，华中科大的老教授们开始担忧：一些即便受过技术训练的理工科大学生也有些浮躁起来，“学在华工”的美誉遭遇

* 本文发表于2011年3月9日。

挑战——

睡懒觉、迷网络、泡吧、K歌，成为某些大学生的一种生活方式。本来是信息化时代学习工具的电脑，在一些大学生手里成了离不开的玩具。

期末考试前，平时爱旷课或者不认真听课的大学生们，开始到处借那些好学生的听课笔记看，或者干脆复印同学的听课笔记，复印店前也排起了长队。

甚至有教授反映，考试题难度一年比一年在下降，但不及格的大学生数量却在增加。不少学生在大学里学到的知识，甚至没有高中阶段扎实……

"学风问题其实也是教风问题，在高校里是一个共性的问题，其根源与大环境不无关联。"李培根认为，这些问题的产生不是由某一所或几所高校个性化的办学理念、管理方式等引起的，而是在各个高校都有不同程度的反映。这种现象在华中科大虽算不上严重，但已经引起全校师生的高度关注，正想方设法地加以纠正和引导。

李培根一连用了几个"太"来描述当前高校学风、教风共性问题的社会根源："外面的世界太功利，学校的氛围太浮躁，虚拟的世界太精彩，科学的精神太淡漠。"李培根认为，当前教育界最大的问题，是教师和学生之间的距离拉大了。"这是不应该的，反映出我们部分管理干部和教师作为教育者的责任意识很欠缺，良知很淡漠，我们应该呼唤教育者的良知和良心。"

于是，作为2011年的一号文件——《关于进一步加强学风教风建设的若干意见》（以下简称《若干意见》），开始在华中科大师生中广为宣传。继2010年学风教风建设年之后，2011年伊始，该校一场呼唤教育者"良知和良心"的活动也拉开了序幕。

"好老师"的标准问题

"在我的学生里，你看不到懒洋洋的，更没有学风下滑这一说。"华中科大DIAN（点）团队创始人刘玉教授，面对媒体的质疑同样快人快语。刘玉告诉记者，DIAN团队这两天刚接受了国外某高校的访问，看到有的学生把钢丝床都搬到了实验室，其从事科研的浓厚兴趣和责任心让客人们很是吃惊。

与某些教授的看法不同，刘玉认为现在的大学生不是不愿意学习，而是学校没有提供相应的条件。"电信系的学生，假如光学书本上的知识，可能连烙铁都不会用，连芯片都不认识，学习兴趣从何而来？"

带领学生搞科研已名声在外的刘玉，10年前其实一直是搞教学的。一次，她讲课用的扩音器坏了，便让几个学生拿去修一下，没想到平时听课提不起精神的学生，立刻表现出特别高的兴致。由此，一个基于项目的教改创意开始萌芽、成长、长大。

“我们做的东西不是随便应付一下，而是要与企业签合同，白纸黑字，拖了要罚款的。”刘玉说，DIAN团队都是靠真实项目牵引，一方面培养学生的科研和学习兴趣，另一方面培养学生的责任感。并且，在DIAN团队里，学到的东西八成都是与考试无关的隐性知识，包括谈判技巧、售后服务、文档制作、项目测试等等。

电信行业的快速发展，也要求大学课堂教学跟上技术更新换代的步伐。这也正是基于真实项目的教学改革的优势所在。即使是一些传统课程，如微机原理，主讲教师钟国辉从来都是用自己编的讲义，不带教材，甚至把业界最新的芯片拿到课堂上来。

DIAN团队里有2/3是贫困生，这种隐性知识却在学生就业上帮了大忙。2005级应用数学专业的学生李彩，成绩在系里并不出众，却被深圳华大基因研究院录用，让不明就里的人“跌碎了一地眼镜片”。其实，华大基因看中李彩的地方，正是他在DIAN团队培养出的不怕吃苦的精神和善于与人合作的能力。

刘玉把大学里的“好老师”分为三个层次：第一层次是“好人”，问寒问暖，爱生如子；第二层次是“能人”，讲课精彩，天衣无缝；第三层次是“有理念的人”，提供指引，真正服务。刘玉认为，时代在进步，当今大学教师应该树立真正为学生服务的理念，要做一位有理念的好老师。

靠觉悟，还是要靠政策

并不是所有的大学教师都是“有理念的人”。前文提到的《一名大学毕业生的反思》里，就对高校一些名教授一心忙于申报项目、讲课基本由博士生替代的现象提出批评。教授忙项目是为了考聘能过关，或是为了创收。不管是为了什么，都不免急功近利。这也是“外面的世界太功利，学校的氛围太浮躁”的一大表现。

浙江大学2010年实行教师岗位分类改革，杨卫校长在接受《中国教育报》记者采访时也表示，过去的考核体系诱使一些教师热衷于搞“短平快”项目，很难潜心从事本科教学和重大科学问题研究。

华中科大在2010年学风教风建设年里，全校上下组织了各种形式的学习研讨，推出诸多具体建设举措，力图使更多的管理人员和教师受到触动。李培根甚至还到一个班的教室里，和大学生们座谈学风教风建设。但“学在华中科大”的优良传统受到挑战不是一天两天的事，学风教风中的问题也不是一年两年想解决就能解决的。

“多数人靠政策，少数人靠觉悟。”李培根认为，做好教师的思想政治工作固然很重要，但抓好学风、教风建设，形成长效机制，必须在政策上对教学工作改革有所反映，有所倾斜。

在已经出台的《若干意见》里，记者看到许多这样的改革：

深化人事制度改革，建立课程负责人制度。在各专业主要课程中设立课程负责人，并赋予其聘任、评价任课教师的权力。

加强基层教学组织建设。各院系以课程(群)为单位建立健全教研室，加强教学团队建设，坚持试讲、预讲、集体备课、教学法和新增导师培训等制度，定期对基层教学组织进行评估。

实施学业评价体系改革，大力推行形成性评价。考试尽量不使用或少使用名词解释、填空题、是非题等题型，不得使用近4年内使用过的考试试题；采用平时测验、大作业、课程论文、基于问题(项目)的学习等多种评价手段。

“平时不烧香，临时抱佛脚”，不少大学生这样对待学习，结果却未必有多糟。“复习半个月能得90分，复习一周得80分，复习一两天就能及格”，目前的评价方式实际上是在纵容学生投机取巧。华中科大教务处处长马建辉认为，改革目的之一，就是要改变教师的教学行为和学生学习方式。

与之相对应的，在分配、评价、职称评定等方面，华中科大也加大对教学工作岗位的倾斜。“科研项目和经费一清二楚，很容易量化。教学工作效果较难量化，过去采用的学生评教也有不科学的地方，目前我们正在完善教学评价指标体系。”马建辉说。

教学和科研并不对立

科研成果的多少，是评价研究型大学最重要的指标。如此大张旗鼓地加强教学，会不会影响华中科大在大学排行榜上的位置?

“获取科研成果不是办学的唯一目的，对于一名教师，最基本、最核心的任务还是教学。”李培根认为，让更多的教师把主要精力放在教学上，短时间内可能会使学校的某些科研指标下降，项目数和经费数会有影响，但对学生的创新能力培养不是坏事。

影响研究型大学重科研轻教学的一个重要原因，是国家对高等教育的投入还不足，学校的大量开支需要靠自身筹措经费来解决。这样一来，要想获得有尊严的生活，大学教师必须关心自己的创收，学校也必须关心自身的创收。“这些年高校的科研投入增加了不知道多少倍，但大学的创新能力增长却没有那么明显。”李培根认为，目前大学教师拼命争课题，很多是受利益驱动，而非兴趣

驱动。

但大学校长们不可能把自己完全置身在大学排行榜之外。教育部公布的2009年度高校学科排名上，北师大中文专业名列第一，北大屈居第二，立刻在北大乃至国内各大论坛引起广泛讨论，争议的硝烟至今未散。

“学校科学研究也是培养人的手段之一，不能把教学和科研对立起来。”李培根介绍，在华中科大DIAN团队、联创团队以及东莞华中科技大学制造工程研究院及众多院系，科研促进教学的例子比比皆是。参加科研活动的学生，学习成绩未必是最好的，但他们的潜能得到了充分的挖掘。在华中科大，自主学习、主动实践的创新氛围正越来越浓。

“为什么有的教师觉得教学工作是负担呢？”华中科大电子科学与技术系计算材料科学与测量模拟中心（CCMS）创建者江建军教授认为，创新能力主要体现在科学研究上，教学工作也要朝着学术方向去做。

与当前许多高校实行的针对特定人群的试点班、学生团队不同的是，江建军承担的是一项面向全体学生的创新人才培养实验。江建军说，实验主要是想解决目前大班教学（有的班人数达两三百人）中，如何针对学生的个体差异，激发其创新实践的潜力。

他们按照“大班分群体，群体组团队”的方式，将不同背景的学生分成若干小组，如方案小组、编程小组、文献小组、报告小组、演讲小组等，每个小组抽出一人，组成一个兴趣不同、能力互补的团队。在接受完专业课的基本概念、研究方法等之后，每个团队学生都要随机抽取一个项目，共同完成。这些项目大多来自教师们主持的纵向或横向的真实项目。为了防止“搭便车”的学生，他们要求每个学生都要承担研究任务，并了解小组内其他人的研究工作。否则，项目做得再好，团队成员也只能得到小组内最差学生的低分。

计算材料学是一个新兴交叉学科，参与真实项目研究的学生由此可以接触最新的科研课题，了解学科发展的前沿动态。电子系大四学生张岱萌告诉记者，石墨烯的制造者获得了2010年诺贝尔奖，巧的是，他们去年的研究项目就涉及石墨烯，平时很多同学都会看《科学》《自然》等顶级文献，看看科研“大牛”们都在干什么。这种学习方式的好处，还在于可以促进团队合作。比如她的同学李哲，原来学习比较差，平时也比较闲，大家让他当了团队的组长，这对他影响很大，他学习刻苦了，今年还报考了物理学院的研究生。

学生以第一作者身份在国内外顶级期刊发表论文，在江建军领导的教学改革实验班里已是稀松平常的事。江建军最看重的是给学生创造一个“有意义的学习经历”。“知识过了若干年都会遗忘得差不多了，研究性的学习经历会让人受益终身。”江建军说。

高校“大部制”改革掀起盖头*

从2006年北京师范大学教授郑师渠首次提出组建学部的设想并正式列入北师大“十一五”发展规划，到2009年6月28日正式挂牌成立，北师大教育学部在风风雨雨中走过了3年的筹建历程。早在2009年年初，一位北师大老教授听说学校已决定在教育学院、教育技术学院、教育管理学院等8个机构的基础上组建教育学部时，深为忧虑，甚至在博客中撰文直指其为“瞎折腾”。

教师教育、教育科学是北师大建校100多年来形成的办学优势与特色。在国内各类大学排行榜中，北师大也因为教育学科的出色表现而排名靠前。人们不禁要问：对于一个如此领先的优势学科，北师大为何还要大动手术呢？

教育学部“三年磨一剑”

北师大教育学部部长周作宇告诉记者，20世纪90年代中期，北师大就曾成立虚体的教育与心理科学学院。当时的学院联合了教育系、比较所、教科所、心理系、发展心理研究所、教育技术系、教育管理学院等机构，通过“211工程”一期工程和其他项目，整合资源、会聚队伍，在机构设计上进行了有益的探索。2001年，教育系、国际与比较教育研究所、教科所3个单位进行实质性合并，成立了实体性的教育学院。北师大教育学科的发展壮大，与此前的种种探索不无关系。

但尴尬也随之而来。在哈佛大学、哥伦比亚大学、斯坦福大学、伦敦大学等世界知名大学，教育学的各个子学科在学术管理上大都归属于同一个学院。在北师大，教育学一级学科的10个子学科中，却是在多个二级学院里独立设置，同一学科方向又会在不同的学院里出现。“像高等教育学方面的研究，学校的高等教育研究所、教育学院高等教育研究所、教育管理学院高等教育管理研究所都有，别说学生报考研究生时搞不懂，校内不少教师也分不清楚。”北师大副教授刘慧珍说。

不仅如此。随着国家对教育事业越来越重视，特别是温家宝总理近年两次到校视察，北师大也越来越觉得责任重大。北师大校长钟秉林告诉记者：“北师

* 本文发表于2009年7月6日，署名为本报记者储召生、唐景莉。

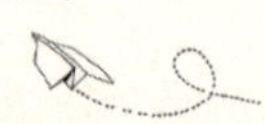

大教育学科一直走在全国前列，但对于重大、重要的教育问题缺乏足够的敏感和关注，学科、人力资源、课程设置等资源分散，特别是传统的以个体为主的作坊式研究，已无法适应和满足国家和社会的重大战略需求。”正因为此，组建教育学部也成为北师大学习实践科学发展观的一项重要内容。

把近 10 个机构合并成立教育学部的消息一传出，在北师大校内乃至全国教育学界，都引起了不少争论，“瞎折腾”之忧也随之而起。和外界的热闹相比，决策者们却冷静得多。仅涉及教育学部组建的校党委常委会就开了 12 次，主抓此项工作的常务副校长董奇更是带着学科处的工作人员，对教育学科的 200 余位教师进行了调研。从教育学部要不要纳入心理学科和体育学科，到重点学科、实体研究机构、综合交叉平台如何实现整合，再到教育学部实体的功能定位，决策者们就教育学部组建方案广泛征求了专家和师生的意见。

从 2009 年 1 月 8 日启动组建，到同年 6 月 28 日挂牌成立，教育学部实现了“平稳过渡”，8 位领导干部到岗，252 名教学、科研、管理人员到位。“结构优化才能发挥体制功能，北师大为全国教育学科发展带了个好头。”89 岁高龄的厦门大学教授潘懋元在成立大会上说。潘老 1957 年考取北师大教育系研究生，他笑称过去是教育系的系友，这次也争当教育学部的部友。

学术机构一律取消行政级别

“对我有什么好处？不知道。我甚至不知道为什么要成立教育学部。”对于记者的提问，挂牌成立大会会场一位身穿“教育学部”字样 T 恤、北师大教育学院特教专业大一女学生说。

教师们的感觉则完全不同。北师大国际与比较教育研究院副教授高益民说，最近在校内外常被人戏称为“学部委员”，他对教育学部充满了憧憬。高益民期待教育学部是一个大胆创新的实验基地，期待每一位教师在这里都享受到作为科学工作者的尊严，每一位教师得到的是真正的人文关怀而不仅仅是冰冷的数字的考量。“学生将是最终的受益者。”高益民说。

高益民所期待的，是教育学部实行行政权力与学术权力的相对分离。新组建的教育学部由 14 个实体性学术机构和 10 个综合交叉平台组成(见图 6)。其中，前者是学部内教学科研人员的归属单位，后者是指各种与省、国家部委以及各类企业、单位等共建形成的学术性机构。与过去不同的是，这些机构的负责人为学术召集人，不具有行政级别。同时，担任学部行政领导职务的人员，不能再担任学术机构的职务。

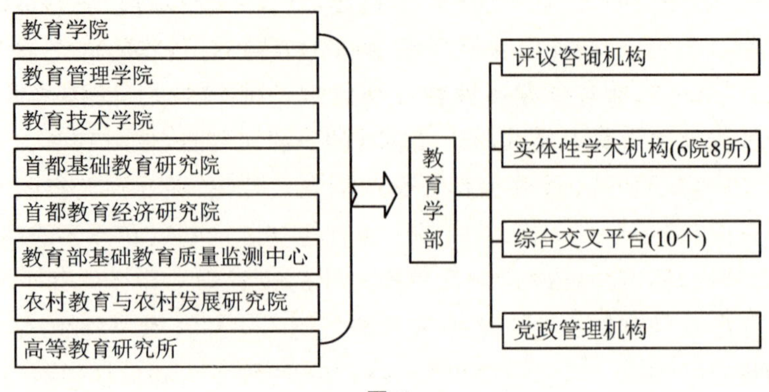

图 6

北师大按照“校中校”的建设模式，在体制机制方面给予了教育学部充分的人、财、物相对独立权，而不是将其视为普通的院系所。教育学部代表学校来执行学部内学科、人事、财经、行政等各项事务，学部内的各类机构、人员等接受教育学部的直接领导，不再接受学校各职能部门的直接管理。也就是说，在教育学部内部，实行的是扁平化管理，人员聘任、职称评定等将由学部评议咨询机构直接负责，不再像过去那样要经过实体性学术机构这一程序。

“从管理学的角度看，层级越少，管理的效率越高。为了适应社会的变化，大学应该尽可能减少管理的层级。实际上，发达国家大多数高校的管理结构都是扁平化的。”新加坡南洋理工大学教育学院院长李盛光评价说。

“大部制”改革势在必行

有关统计资料显示，美国大学内的教学科研实体学院的设置平均数为 9 个以下，英国大学不超过 10 个。而由于种种原因，中国大学在探索“学院制”的进程中，二级实体院系设置数普遍在 20 个以上，不少学校在 30 个左右，少数学校甚至在 40 个以上。随着市场经济的发展和科学技术综合发展的趋势，高校的管理体制尤其目前的学院制已成为制约高校科学发展的瓶颈。

我国其他的高校也在推行或酝酿学部制改革，有人称之为高校的“大部制”改革。比如，浙江大学对现有管理架构进行重组，组建人文、社科、理、工、信息、医、农业生命环境 7 个学部，同时，将学校的管理重心适当下移。大连理工大学也在今年 4 月为学部制改革进行走访调研，以解决影响和制约学校发展的体制机制性问题。

二级实体学院设置过多过细，不可避免地会影响学科的交叉与融合，也不利于大学科研团队的组织。北师大教育学部的成立，成建制地撤销了 3 个二级

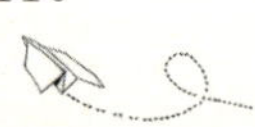

实体学院，并合并了相关的研究院所。“组建教育学部不是为了合并几个院系，而是为了整合优质资源、优化学科布局、强化教育特色。”钟秉林说。

在教育学部内，所有资源实现整合，所有人员打通使用，鼓励教师多领域、跨学科开展研究工作。也就是说，一个实体学术机构的教师同时可以兼职进入各综合交叉平台，也可以兼职进入其他实体学术机构，这为资源的重新组合和教师们的自由流动创造了平台。以新的高等教育研究所为例，12 名专职教师中，有 2 人来自北师大原高教所，4 人来自原教育学院高教所，4 人来自原教育管理学院高教管理研究所，1 人来自原农村教育与农村发展研究院，1 人来自首都基础教育研究院。“过去大家研究的方向稍有侧重，但不免会有所重叠。现在不同部门相同研究兴趣的人聚到一起，不仅能避免研究资源的浪费，说不定还会有新的研究方向、项目的生成。”刘慧珍认为。

“世界高等教育正呈现出一系列新的改革和发展趋势。成立教育学部，是北师大强化办学特色的一项战略选择，也是对国家重大战略需求的积极回应。”北师大党委书记刘川生说。

【改革者说】

组建学部不是为了合并几个院系

北京师范大学校长 钟秉林

经过 3 年多的酝酿和筹备，北京师范大学教育学部近日正式成立了，这是学校改革与发展进程中的一件大事。

组建教育学部，是践行科学发展观、服务国家发展战略的客观需要。当前，社会公众对高质量的高等教育的迫切需求与优质高等教育资源严重短缺之间的矛盾，已经成为我国高等教育发展的主要矛盾。提高高等教育质量、优化高等教育结构、促进高等教育公平、推进高等教育国际化，已经成为我国高等教育发展的时代任务。积极回应教育改革与发展的需求，服务好国家发展战略，是当前教育科学研究和教师教育的重大使命。北京师范大学的教育学科长期以来为中国教育改革与发展作出了重要贡献，但在新形势下也存在着人力资源相对分散、学术管理水平不高、政策研究敏感性不强、研究方法有待创新等问题。顺应国家发展战略需求和学科发展趋势，进一步整合教育学科资源，促进教育类相关学科的融合和互补，将为提升北京师范大学的教育研究政策服务水平和教师教育质量搭建更加宽广的平台。

组建教育学部，是强化办学特色、实现学校发展目标的重大举措。经过一个多世纪的艰辛探索、几代人的艰苦奋斗，北京师范大学在教师教育、教育科学和文理基础学科等方面形成了突出的优势和鲜明的特色。进入新世纪，学校确立了建设“综合性、有特色、研究型世界知名高水平大学”的战略目标，并提出了“稳定规模、优化结构、突出特色、自主创新”的发展思路。在实现发展目标的过程中，借鉴教育发达国家的成功经验和通行做法，不失时机地在整合教育类二级学院和系所的基础上组建教育学部，进一步优化学科结构和院系布局，在学科综合和高学术水平的平台上创新教师教育培养体系，将有助于整体提升教育科学综合实力和教师教育水平，形成比较优势和核心竞争力，加快学校发展目标的实现。

组建教育学部，是改革校内管理体制、改善学校管理效能的重要尝试。大学内部二级实体院系设置过多、管理跨度过大，在某种程度上会造成校级权力过分集中、行政权力与学术权力失衡、决策力和执行力削弱，以及“行政化”“官本位”等现象。这些问题的解决，必须依靠观念的更新和体制的创新。教育学部的组建不是为了合并几个院系，而是为了以学科建设和学术发展为核心，依托二级学科建设实体学术机构，根据重大需求建设综合交叉平台，通过专业化的行政体系建设提高管理服务能力，力求建立起教师培养培训、教育科学研究、教育文化产业一体化的新机制。这将为学校优化治理架构、探索扁平化管理模式、提高管理效益积累宝贵的经验。

大学不能只有大师*

说起名师名家、学术研究、讲座报告、学生活动等，人大人可以自豪地与国内任何高校“较量”，但如果谈起校园建设的硬件环境，人大人只能是暗自叹气。没去过位于中关村的中国人民大学的人可能不会相信，一年前这所国内著名的高等学府，不仅没有像北大、清华那样如诗如画般的校园，校内连几个像样的雕塑都找不到。连接学校东、西门的校园主路——春华路，时宽时窄，坑坑洼洼，被学生们戏称为“断肠路”。座位不到800个的“八百人大”竟是人大最大的礼堂，内部设施也很落后，让一些到校演讲的社会名流很是惊讶。一些破旧的平房、危房也仍在作为教学用房使用。

不仅如此，由于种种复杂的原因，人大校园的西区进驻了空军营建大队、二炮、北京造纸六厂等多家单位，还形成了一个远近有名的便民集贸市场。随着时间的推移，“居住人员日益复杂、私搭乱建现象十分严重、外来人员混居其中”，对校园内营造良好的学术氛围影响极大。一位大一新生曾告诉记者，“高中同学让我寄几张人大的照片给他，我挑了半天，就是找不着一张好看的。连我的同学都不相信，这就是堂堂的人大。”

再硬的骨头也要啃

应该说，拆除校内的危楼旧房、整治校园环境，一直是人大各届领导班子的梦想。但由于这是一项非常棘手的工作，不仅牵涉到部队与地方、学校和外单位的关系，还要花费许多资金，这项工作也就只好一拖再拖。人大新的领导班子上任后，校园建设即被列为学校的两大重要任务之一。

校园环境整治的第一步是取缔校内凌乱的小商点。这些分布在教学楼、宿舍楼和家属区的几十个小商点，有的是学校有关部门开的，有的是教工个人开的，取缔会牵涉到方方面面的利益，但学校还是坚决取缔了。随后，影响到校容的校医院旁的矮墙、学生活动中心前的公共厕所、物资处的家具库、基建处的水泥仓库、西门附近的便民集贸市场等也相继被拆除。

最困难的要算拆除三处、四处、六处和北五楼等危旧房。所谓的“处”，其实

* 本文发表于2002年2月20日。

就是成片的几排平房，每一片称为一“处”。而北五楼，也就是五栋简易的楼房。这里居住的人员情况十分复杂，既有校内的正式住户，也有外单位人员，还有一些承租户，其中许多是“文革”停办期间的历史遗留问题，是扯皮扯了几十年也扯不清的老大难问题，也是历届领导最头痛的“硬骨头”。针对这些情况，人大有关部门精心研究了各种应对方案，既要照顾到这些拆迁户的利益，又要避免学校宝贵的拆迁资金流失。更重要的是要做好拆迁户的思想工作，避免一些影响到学校教学、科研秩序稳定的事件发生。为做好拆迁工作，学校专门成立了拆迁工作领导小组，有关部门做了大量细致深入的工作。仅北楼临街那家红火一时的“静宜包子铺”的拆迁，校产处负责人就先后跑了 6 次，做了大量耐心细致的说服工作。而对于二炮原住户的拆迁问题，校长纪宝成和书记程天权亲自给二炮负责同志写信，二炮有关部门给予了积极配合，双方相关部门做了大量艰苦细致的调查工作。

功夫不负有心人。从 2001 年 2 月到 2001 年 8 月，人大校园整治中最艰巨的危旧房屋拆迁工作取得了显著的进展，共拆除危旧房屋建筑两万多平方米，搬迁住户 130 余户。人大职工高兴地说：“过去拆一个栏杆都困难，今年一下子拆了这么多房子，却没有一个人闹事，真不容易！”

必须要有人文氛围

拆迁是为了重建。在重建人大校园的过程中，人大人表现出了前所未有的魄力和缜密的思路，其目的是要勾画出一个世界一流大学的宏伟蓝图，营造出一个充满浓郁人文氛围的新校园。为此，他们请来了同济大学的建筑设计教授，重新对校园进行了规划；邀请了园林专家，对校园进行了绿化美化。他们还充分听取广大师生员工的意见，调动大家重建校园的积极性。

作为一所以人文社会科学为主的著名高校，人大这一次更加注重营造其独特的人文氛围。2001 年 9 月 10 日，人大老校长吴玉章“和学生们在一起”的大型塑像，出现在行政楼前苍松翠竹之中。9 天之后，由香港礼教学院院长捐赠的一座高 3.3 米、重约 1 吨的孔子像又在新图书馆南坪落成。而在过去便民市场的原址上，一座寓意深刻、文化气息浓郁的“百家园”目前已初具规模。过去近两万多平方米危旧楼房所在之处，如今已旧貌换新颜，在不到一年时间里，人大在此新建了汇贤园、宜园、凝园、雅园等绿地。对此，一位大三的学生不无激动地告诉记者：“我们不会忘记小饭馆、便民市场给我们带来的极大的方便，但我们更喜欢一个有着宁静和肃穆，充满人文气息的校园。人大的未来不是梦！”

“一流校园”的新阐释

位于寸土寸金的中关村，人大的发展自然受到了诸多的限制。在人大命名组建 50 周年纪念大会上，李鹏委员长代表党中央、全国人大和国务院，对人大建设成为以人文社会科学为主的世界一流大学提出了明确的要求。而作为一所以人文社会科学为主的高校，很难拥有校办企业的经费支持。如何建设世界一流大学，确实需要一个有别于北大、清华的全新的思路。

建设一流大学，不仅需要一流的学生、一流的师资，一流的校园环境和硬件设施同样不可或缺。对于人大而言，其校园面积不到北大的 1/3、清华的 1/4，加上校园建设的断断续续和规划的不尽合理，使原本就不大的校园显得更加拥挤。而人大所处的位置，又使其向外扩张的可能性几乎为零。一些人便据此认为，如此先天不足的校园，还谈什么创建世界一流大学？

人大的校领导可不这样认为。他们相信，学校发展的重要因素不在于校园的大小，而在于其规划建设是否合理，是否能协调促进学校的教育；充分利用好学校现有的土地资源，完全可以建设世界一流大学。美国哥伦比亚大学占地只有 300 亩，但并没有影响它进入世界一流大学的行列。在这种思想的指导下，人大对校园建设重新进行了规划，用校长纪宝成的话说，就是要体现“一切为了学生，一切为了教学科研”。

“走出去”的房改政策

教学区与家属区的土地之争，一直是我国高校基础建设的一大难题。由于历史欠账严重，人大解决教师住房问题处于一个两难的境地：一方面教师住房十分困难，据 2001 年 4 月统计，全校无房职工 935 人，住房未达标职工 2 200 人，其中 109 名副教授、副处级以上干部住在筒子楼或一居室里，98 名教授和 3 名校级干部住在旧式两居室中；另一方面，学校的发展空间已十分狭小，全然没有在校内建设宿舍楼的可能。

“既然人大地少人多，何必像挤牙膏似的苦苦挤土地呢？走出去！”为了彻底改变人大“四多”的状况，把最大的空间让给教学、让给学生，人大制定了一项“走出去”的房改政策，鼓励住在校内的教职工到校外去买房。该政策规定，今后校内将不再增加新的产权用户，不搞面积达标。同时，学校鼓励教师到校外去，可以把原先的房子卖给学校，可以置换，也可以退给学校，学校将给予一定的经济补偿。此外，学校还在远大路居住区以最低价格统一订购了 10 万平方

米的住宅,供教师选择购买。事实表明,这项政策得到了大多数教职工的拥护。据介绍,到2002年5月份,将有500户教职工搬到校外,预计还将有800户到1 000户要迁出,拆迁200多户。腾退出来的房子,将用于学校扩大招生等教学需要。

"削权"后的高校后勤

和国内大多数高校相似,过去人大后勤部门共有7个处级建制单位(不含校医院),不仅占用了大量的办公用房,而且像物资处的旧家具库、基建处的水泥仓库等,占用了学校的宝贵土地不说,也影响了学校的校容。在这次校园环境整治中,能顺利地拆除旧家具库等旧平房也得益于学校的后勤改革。对此,人大人解释说:"高校后勤改革的途径之一就是开放校内市场,引入竞争。高校后勤不可能面面俱到,要有所为,有所不为。"

在人大曾流传着这样一个故事:学校绿化队的花房需要拆迁,经费测算和选址都成了问题,最后校领导决定,拆了绿化队,到校外请人搞绿化。没想到,其结果却是大大降低了所需费用。有人对此不理解,说堂堂的人大,连养花都要请人,太没面子了。校领导却很坦然,"从外面引进名教授来讲课,人大觉得很光荣;请人来养花,怎么就没面子了呢?"

在原来"小机关、大实体"的基础上,2001年3月,人大组建了后勤集团,按企业化管理方式运作,在经营上独立核算、自主经营、自我发展。人大副校长马俊杰告诉记者,在旧的体制下,后勤作为学校的职能部门具有很大的"权力",这个"权力"不仅使后勤能够决定谁能够享受后勤服务,而且造成后勤掌握了大量的学校资源。这就使后勤有很多机会使这些资源为后勤自己服务,而"为教学科研服务,为师生员工服务"在很大程度上只是一句口号而被搁置一旁。马俊杰说,高校办后勤的目的,就在于让它掌握最少的资源,提供最大的服务。

一所高校120年的坚守*

走进天津大学东门，国旗背后矗立着一块取自三峡大坝最深处基础岩芯的花岗岩圆柱，上书“梦成真”3个大字。如果说三峡大坝圆了几代中国人的强国梦，发端于此的中国现代高等教育，则是圆了兴学梦。

天津大学的前身北洋大学成立于1895年，是我国最早建立的现代高等教育学校。“兴学强国”的胎记伴随了天津大学两个甲子，也给中国的高等教育注入了特殊的基因。

家国情怀：永远的第一课

金秋9月，又一批朝气蓬勃的青年学子成为天津大学的新主人。他们的“开学第一课”，不是聆听领导讲话，而是学唱校歌。

“不从纸上逞空谈，要实地把中华改造。”学校学工部负责人告诉记者，“80年前的1935年，华北之大，已经安放不下一张平静的书桌了。天大校歌就是在这种背景下诞生的。她是我们家国情怀教育最宝贵的素材。”

今年是天津大学建校120周年。主题为“颂北洋双甲盛况 · 承校训百年荣光”的校史校歌演绎大赛在校内举行，一幕幕精彩纷至沓来——西北联大弦歌不辍、茅以升含泪炸桥、古路坝七星灯火、马寅初铁骨铮铮……学子们在舞台上尽情演绎着前辈先贤的担当与情怀，重温“兴学强国”的精神。

天津大学党委书记刘建平认为，“兴学强国”精神是中国大学与生俱来的历史使命与独特基因，也是中国大学最重要的特色。“以北洋大学为代表的中国现代大学发端于民族危亡之际，其首要目标并不是单纯地开展学术研究，而是把兴学作为手段，把强国作为目标。”

天津大学建筑学院则将“家国情怀”落实在具体教育教学之中。天大师生先后完成了北京故宫、颐和园、北海公园、承德避暑山庄等众多世界文化遗产和全国重点文物保护单位的测绘，足迹遍及国内20余个省份，不仅为我国文物保护提供了重要基础，更通过这种形式培养了学生的专业技能和家国情怀。

敦煌莫高窟游人中心的设计者崔愷，是天津大学建筑学院毕业生、中国工

* 本文发表于2015年9月30日，署名为本报记者储召生、通讯员杨秋波。

程院院士。崔愷认为，建筑离不开土地，土地中含有自然和人文的信息，建筑的特色应该反映土地的特色，要让建筑仿佛从大地中生长出来。他提出的“本土设计”理念，正是受到母校“家国情怀”的感召。

兴学强国：三个世纪的坚守

40 多年前，前北洋大学校长刘仙洲临终时，仍对未实现“理工结合”的办学夙愿耿耿于怀。20 世纪 20 年代，刘仙洲就提出“工科为理科之实用，理科为工科之始基”的办学理念，但在军阀混战和颠沛流离中只能束之高阁。

新中国成立后，天津大学也走过弯路。据学校机械学院周恒院士回忆，新中国成立初期，教育系统全面学习苏联，天津大学作为院校调整的试点单位，成为全国规模最大的多科性工业大学之一，但理科仍未得到充分发展。1979 年，李曙森老校长提出“工科大学向综合型大学发展，看来是高等教育发展的必然趋势，是个客观规律”。1986 年，吴咏诗老校长在全国率先提出建设“综合性、研究型、开放式”的社会主义大学。从专办工科到理工结合，再到综合发展，天津大学的经历正是中国高等教育发展的缩影。

如今，年届 80 的何伯森老师提起创办“国际工程管理专业”仍非常激动。当年面对质疑时，吴咏诗老校长坚持认为，天津大学是国家重点大学，要为国家培养复合型、外向型人才，应该支持创办“国际工程”管理专业。时至今日，该专业已成为天大的王牌专业之一，一届届毕业生奋战在全球海外工程的第一线，为中国工程建设“走出去”做出了突出贡献。

2009 年，天津大学斥资近千万元购买了校史上最昂贵的实验设备——一架 MD82 适航客机。此后，国际著名的室内气流分析研究科学家陈清焰，受聘为天津大学长江学者客座教授，联合清华大学、中国商飞、波音公司等单位进行技术攻关，带动了天津大学空气动力学与航空发动机燃烧、新型航空环境传感器、航空器及系统的快速可靠检测控制等领域的基础与应用研究。天津大学围绕大飞机方向的国家重大需求搭建了交叉学科平台。

迎接挑战：坚持“两个聚焦”

2013 年，天津大学药学院迎来了一位“洋院长”——杰伊 · 西格尔教授。这个美国人是天大近 60 年来的首位外籍院长。西格尔很喜欢挑战，立志要把天大药学院建成国际知名学院，“不作出改变的地方就不会有我出现”是他的口头禅。上任不久，西格尔一方面全力组建药物创新创制中心与分子设计合成中

心，一方面带领学院相关教师着手课程改革，引入全英文课程体系，在美国、英国、加拿大、新加坡和香港、欧盟等英语（精品课）地区广泛招生。

“实事求是”是天津大学的校训。校长李家俊说：“我们要聚焦国家重大战略需求，聚焦世界科技发展前沿，从中国高等教育和天津大学发展的实际出发，认真研究世界一流大学的发展规律，办世界一流的学科、建设世界一流的师资队伍，产生世界一流的科技成果、培养世界一流的优秀毕业生。”

“两个聚焦”实际上也是天津大学建校120年来的“核心价值观”。1950年，28岁的化工专家余国琮躲过美国政府的监视，乘客轮经香港回到内地。他自主研发的重水分离技术为中国核工业的发展奠定了基础。如今，93岁高龄的余国琮仍清晰地记着周恩来总理说的一句话，“无论如何要争一口气，不能让外国人卡脖子”。

“争一口气”的精神让余国琮在化工精馏领域创造了骄人的业绩。目前，中国化工全行业80％以上的精馏塔均采用了天津大学的新技术。

个性化的培养方案、高强度的课程压力、动态流转制、全英文授课、全员导师制……天津大学精仪学院作为国家试点学院，正在探索真正以学生为中心的培养模式。

天津大学1983届毕业生郝卫中，现在已是太原卫星发射中心的主任。9月20日，在他的指挥下，长征六号运载火箭圆满完成了首次发射任务，成功将20颗微小卫星送入太空。

如今，像郝卫中这样的天津大学学子，正以实际行动诠释着“兴学强国”和“家国情怀”。

把"法国式"工程教育引进中国*

"工程教育要建立'大工程'的概念,现代工程师应该成为全面之才、全局之才。"著名材料学家、中国工程院院士左铁镛说,现代工程学已进入"社会工程"时代,一个现代工程师所要关注的问题已经远远不止是某项工程能否修建完成,还必须关注它是否经济,它会引起什么社会后果,它与人类面临的工业污染、能源危机有何关系……

循着"大工程教育"的方向,北京航空航天大学在我国传统的工程教育中引入国外资源,开辟了工程师培养的新天地。如今,北航中法工程师学院正在培养通用工程师的道路上积极探索。

以"通用"为特色的工程教育

"我们课程多,压力很大,学习紧张程度比起高中有过之而无不及。"北航中法工程师学院首届学生张文秀说,"不过,我们比别的同学收获更多,比如,基础知识学得更为扎实,思路也更加开阔;语言方面接受了法语强化训练,现在已经运用自如;我们还经常参加中法交流活动,在活动中得到锻炼……"

自 2005 年 9 月进入北航中法工程师学院以来,张文秀和她的同学们已经在学院学习了近 4 年,并已经于 2008 年 10 月开始了工程师阶段的学习。一路走来,以"通用"为特色的工程教育模式使他们体会着更多的苦,也收获着更多的乐。

"作为中法两国首个合作办学项目,学院采用法国中央理工大学的通用工程师培养模式,我们希望能学到法国原汁原味的东西。"北航中法工程师学院院长熊璋说。

法国拥有世界上独一无二的工程教育体制,法国中央理工大学集团在工程教育方面具有丰富的经验,在世界上享有极高的声誉,培养出来的学生以适应性强、综合能力高、潜力大著称,不仅在科研领域,而且在管理、开发或者金融领域都可以大显身手。

法国的工程教育模式分为"两段":以预科教育为基础,在 3 年预科教育阶

* 本文发表于 2009 年 3 月 23 日,署名为本报记者毛帽、储召生。

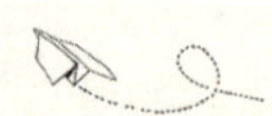

段，学生受到非常扎实的科学基础教育；在预科教育之后的 3 年工程师教育阶段中，学生受到涉猎领域非常宽的工程基础教育。相对比例较少的专业教育是学生向某一专业领域发展的入门阶段，通过与企业各界以及与科研单位密切合作实现。

按照中法双方达成的协议，北航中法工程师学院把法国工程教育模式“搬”到中国，并同中国的本硕教育结合到一起。本科阶段为 4 年，接下来的硕士阶段为 2 年，在第四年的时候有一个升级考试，时间共计 6 年。在这 6 年中，第一年着重学习法语；接下来两年选用法国的预科阶段课程，主要为基础科学的学习，主要课程内容是数学和物理，其中一半的课程是法国教师用法语授课，另一半用汉语授课；最后 3 年进入工程师教育阶段，课程借鉴法国高等技术大学的模式，其中，前两年是通用工程师的公共科目，涉及基础科学和工程科学，以及工作方法论和企业管理，最后一年学生在某一工程领域进行专业深造。

“学院的使命就是在中国应用并发展法国工程师大学的成熟经验，通过 6 年强调宽领域、厚基础的教学，培养出理论水平高、语言能力强、高素质的通用工程师，可以在中国、法国及其他国家的企业、研究机构、管理部门中很快担任重要职责。”熊璋说。

培养学生自主动手的实践能力

在北航中法工程师学院的一节电子学与应用物理实验课上，法国来的教师用简练的语言讲述了与放大器实验有关的带宽、输出阻抗等概念后，就让学生自己动手。学生分成几个小组，各个小组自己设计实验方案、确定操作流程、到“公共区”选择器材，分工合作完成实验。通过分析实验结果，学生提炼出其中的问题。这时，教师开始剖析概念、讲解原理，和学生一起讨论他们提出的问题。

“这种引导式教学模式，留给学生充分发挥和想象的空间，能促进学生积极思考，把实验当作不断发现新问题和解决问题的探究过程来完成，以培养学生解决实际问题的能力、动手能力和理论联系实际的能力。”北航中法工程师学院物理教师、实验室负责人徐平说，“对实验教学的格外重视是法国工程教育的特点之一。”

为了让学生从法国先进的实验教学和管理模式中获益，北航中法工程师学院采用法国工程师培养模式建立了物理实验课程体系。徐平告诉记者，学院前 3 年采用法国预科教育的实验教学模式，在路易大帝学校的帮助下，引进了先进的实验仪器和教材，实验课由中法两国教师共同授课。进入工程师培养阶段，实验教学将与工程实际密切结合，从企业生产和管理的实际环节提取实验项目，以培养学生适应工程实践的综合能力。

熊璋将法国工程教育的特点总结为“三个工”与“三个实”，即“工程、工业、工作”与“实验、实践、实际”。他指出，法国的工程教育面向工程，紧靠工业，培养工程领域领军人物的目标非常明确；企业参与制定学校的战略方针和专业发展方向，参与教学并提出项目计划，提供实习机会；学生则在实验中提高动手能力，在工作中建立团队意识，在实践与实习中参与企业的实际操作环节。

为了造就工程领域的领军人物

当今社会，没有一个先进的系统只涉及某个技术领域。通用工程师教育就是要让学生知道如何面对涉及多个领域的复杂系统，如何着手处理各种复杂的问题。

法国工程师培养的目标非常明确：要培育工程领域的管理者。北航中法工程师学院也是如此，其目标是培养具有雄厚科学基础、接受正规工程技术训练、兼有工程技术和管理科学知识的国际化通用工程师，并进一步成长为工程领域的领军人物。

熊璋告诉记者，进入工程师教育阶段，学院基于学生在预科阶段获得的知识、方法和能力，实施多元化教育，将学生培养成为高水平多学科的通用工程师，将来成为企业的管理者、决策人或技术专家。工程师教育阶段遵循三个基本方针：让学生获得宽广的、多学科的科学技术背景；开发学生适应社会的个人潜能；使学生了解有关企业和职业生涯中的各种问题。

为了锻炼学生的管理能力，培养他们的合作意识，北航中法工程师学院鼓励学生参与社会实习，通过加入实际的工作团队，了解团队中每个成员的情况，学会在团队中扮演不同的角色，并积极参与团队的组织和管理。学院2005级学生正在做本科阶段的毕业设计，他们5～6人组成一个团队，在同一目标下开展既相互交叉又相对独立的研究工作，团队成员之间紧密合作，协调互助，最后完成总体研究报告，分别得到评价。

开展科技创新活动也是北航中法工程师学院培养学生合作理念、团队管理能力的重要方式。学院分团委书记顾广耀向记者介绍了“中法一号无人机”项目。这个项目已经于2008年12月启动，将于2009年12月完成。在这个项目中，北航中法工程师学院5名学生组成的项目组要在规定时间内完成飞机的机型设计、飞机制作和试飞等工作。在项目进行过程中，项目组的成员还要与法

国里昂中央理工大学项目组的 5 名学生及相关的指导教师、专家进行交流与合作。

“通过这一系列的活动，学生的创新实践能力将得到锻炼，与此同时，他们的团队精神将得到培养，项目管理能力将得到提升。”作为指导教师团队的一员，顾广耀对活动的收益充满信心。

协和百年：世界一流医学院的中国梦*

1917 年 9 月 11 日，8 名学生跨入了北京东单豫王府的大门，成为北京协和医学院医预科的首批学生。13 天后，协和医学院奠基，年轻的院长麦克林(Franklin C. McLean)宣布："要建立一个致力于医学教育、科研、服务病人的机构，能跻身全世界前列。"

100 年后的今天，当年庞大的拥有 14 座主楼的中西合璧连体建筑群，已被矗立在东单王府井的一座座现代大厦所掩蔽。这所曾被美国《时代》周刊誉为"东方的约翰·霍普金斯"的医科高等学府，在中国普通百姓的心里只有简单的两个字——协和。

协和百年的历史，见证了一个"建立世界一流医学院"的梦想，逐渐在中国大地落地生根。

扎根中国

毋庸讳言，没有美国洛克菲勒基金会，就没有今天的协和。但从诞生的那一刻起，协和就深深烙上了"中国"的印记。

曾设计建造了哈佛医学院的美国著名建筑设计师柯立芝(Charles A. Coolidge)，在设计协和医学院楼群时，就充分考虑了中国元素。建成后的协和建筑群，包括教学楼、医院、药房、实验室、宿舍，外部是宫殿式的雕梁画栋、碧瓦玉栏，内部则是当时最先进的西式装备，连抽水马桶、门锁都是从美国运过来的。

为中国培养人，最关键的是在教育理念上必须以解决中国问题为导向。

1932 年毕业于协和医学院，中华人民共和国成立后任北京市卫生局局长的严镜清回忆说，兰安生教授的名言"一盎司的预防胜过一磅的治疗"，引导了他一生从事公共卫生事业。当时在兰安生的主持下，协和与京师警察厅合办了"公共卫生事务所"(后简称"一所")，划出北京东城内一区为卫生示范区，解决示范区内 10 万居民从生到死各个时期可能出现的疾病和健康问题。"一所"建

* 本文发表于 2017 年 9 月 21 日，原标题为《大医精诚》，署名为本报记者储召生、见习记者樊畅。

立了“地段保健(包括学校卫生和工厂卫生)、医疗保健各科门诊、协和和其他医院组成的合同医院”三级医疗保健网,这也是后来中国实行的三级保健网的雏形。

“一所”成立后短短10年,示范区居民死亡率就从22.2‰下降到18.2‰。同时,“一所”也是协和公共卫生医学生见习和实习之地,相当于临床医学生的实习医院。当时,欧美国家的医学院在公共卫生教学方面还仅限于讲课和参观。因此有人说,协和建立之初,仿照的标准是世界上一流的医学院,“一所”的成立,使协和从“仿照标准”到开始“建立标准”。

中华人民共和国成立后,协和人更是把目光放到了更加偏远的农村。1965年,一支由外科黄家驷和曾宪九、妇产科林巧稚、儿科周华康、内分泌科刘士豪等协和名师组成的巡回医疗队走进湖南湘阴,为农民看病,与农民“同吃、同住、同劳动”。

在湘阴,林巧稚发现很多妇女患有妇科病,最严重的是因为体力劳动或分娩后造成的子宫阴道脱垂。一位妇女队长告诉林巧稚,说自己得了“干血痨”,平时腰痛背痛,来月经时腹痛、流血不止,已经十几年了。林巧稚给她做了检查,发现是多次分娩造成韧带松弛,子宫严重后倾。林巧稚为她矫正了位置,开了四毛钱的药,病就渐渐好了。从此,北京协和有个“救命的林婆婆”在当地传开了,妇女们也不再羞于做妇科检查了。

走出协和,走进胡同,走到农村,走向社会,百年来协和扎根中国大地办学的信念,越发坚定。

精英教育

谁也不能想象,1924年,北京协和医学院成立的第八个年头,从这所声名显赫的学府走出的首届毕业生仅有3人。

其实也不奇怪,协和一开始就定位于培养医学精英。早在1915年,约翰斯·霍普金斯医学院院长韦尔奇和洛氏医学研究所教授弗莱克斯纳来华考察时,就给未来的协和设定了高标准:“目标是建立一个与欧洲、美洲同样好的医学院,具有优秀的教师队伍,装备优良的实验室,高水平的教师医院和护士学校。”前20届,协和总共只有484名毕业生。

在他们的设想里,协和培养的学生应该是“四家一体”——临床家、教育家、科学家和卫生行政家。偌大的协和建筑群,也是按每年招收25名学生(最多不超过50名)来设计的。

协和能在短时间内成为国际上有影响的医学院,首先得益于高额的投入。

这让协和拥有了世界上最先进的实验条件和基础设施。据美国《时代》周刊报道，从 1913 年 5 月开始的 10 年内，洛克菲勒基金会花费了近 8 000 万美元，其中“最大的单笔礼物是给了北京协和医学院”。按照当时统计，用于协和的共计 1 000 万美元，比用于约翰·霍普金斯的 700 万美元还多得多。

“招聘到最好的人，并让他们开心”，是世界各国一流大学成功的主要原因。协和建立之初，就从世界各国招聘了一批创业型人才。校长麦克林不到 30 岁，当时也只是洛克菲勒医学研究所的助理住院医师，基金会却给了他 2 400 美元的年薪，外加必要的差旅费，在北京的生活条件并不亚于在美国的中产阶级。其他的，如解剖系主任考德里、外科的泰勒和韦伯斯特、生理系的林可胜等，他们都有个共同的特点：年轻有为、富有创业激情。百年后的今天，协和的教师队伍更堪称阵容豪华：两院院士 25 人，“千人计划”22 人，“长江学者”24 人，“杰青”41 人，“万人计划”9 人……

协和学生的入学标准，也是比照美国优秀医学院设定的：在正规中学毕业后至少读两年预科，包括物理、化学、生物、数学、英文和中文，教学语言用英文——这是因为当时中国没有统一的医学名词和医学教材，“用中文无法准确地去教授现代医学”，并且教师中多是外国人。

长学制一直是协和的一大特色。从 1917 年自办医预科，到 1925 年从燕京大学等 13 所大学医预科中招生，再到 1959 年以来先后与北京大学、清华大学合作培养，协和开八年制医学教育先河，并逐渐被国内其他高校接受。

老协和还以严格的淘汰制而闻名。一个流行的说法是，一门不及格补考，两门不及格留级，三门不及格就要扫地出门。在协和，及格线不是 60 分，而是 75 分。今天的协和依然秉承着“高进、优教、严出”的原则，每年只有大约 85 名医学毕业生能走出协和的校门。

目前协和有在校生近 5 000 人，其中研究生占 83%，本科生占 13%，专科生占 4%，呈现典型的“倒金字塔”结构。每年授予博士学位人数，位居全国医学院校首位。协和毕业生在社会上享有盛誉，仅以北京的著名医院院长为例，阜外医院的吴英恺、儿童医院的诸福堂、皮肤性病研究所的胡传揆、妇产医院的林巧稚、积水潭医院的孟继懋等，都是“协和制造”。

精英并不仅限于名医、名师、名科学家。

1932 年，协和毕业生陈志潜在河北定县想的是“怎样在每 1 000 个农民身上仅花费 100 美元，还能取得成效”。他想出的答案是：从村庄里找出卫生工作者。找一个本村人，进行少量的基本培训，配备一个急救套装盒、几种基本药品，在工作时接受上级卫生站的指导——这便是日后中国“赤脚医生”的原型，陈志潜也被誉为“中国公共卫生之父”。

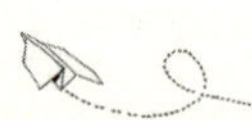

“协和三宝”

如何培养一流的医学人才？协和流传着著名的“三宝”：图书馆、病历和住院医师制度。

由于19世纪后期医学的发展，与医学相关的信息海量增长、快速聚集，以至于约翰·霍普金斯医学院院长韦尔奇惊呼：“一个脑子里能装下医学界所有确定的事的年代，一去不复返了。”教会学生如何去处理、归纳、评估这些海量信息，显得尤为重要。协和图书馆也和其他著名医学院一样，不再把重点放在购买教科书上，转而订阅世界上主要的医学期刊。1665年创刊的《英国皇家学会哲学会刊》、1824年创刊的《柳叶刀》、1883年创刊的《英国医学杂志》、1887年创刊的《中华医学杂志》等，协和图书馆都是从创刊第一期开始收藏，至今不曾间断。

医学不像其他学科，可以通过定律进行推导，或者通过公式进行运算。协和特别重视“向病人学习”，强调大查房和写病历。至今社会上流传着著名医学家张孝骞好几个关于病历书写的故事，最夸张的一个说张孝骞主任查房时看到不合格的病历，就当众扔在地上。张孝骞说：“同一种疾病在不同人身上有不同的表现，可以说每一个病例都是一个研究课题。”

如今在协和的病案室里，整齐地放着近300万份病历，包括孙中山、梁启超等知名人士。无论名人显贵抑或平民百姓，每一个病患的病历都保存完整，统一编号。只要需要，随时能调出。协和是目前全世界保存病历档案数量最多、时间跨度最长的医院。这些病例的价值相当于一套珍贵的实例教科书，是世界医学临床研究最珍贵的财富。

住院医师制度是协和沿袭几十年的育人模式。一名医学生在八年制学业毕业后，必须先做3～5年的住院医师，其间对病人实行“24小时负责”，不论昼夜，随叫随到。不管前一天收了多少病人，都必须在第二天查房前完成大病历、拟诊讨论和三大常规。

住院医师制度并不仅限于协和的毕业生。吴英恺是在沈阳读的医学院，毕业后到协和先实习，后当住院医生。初来乍到，每一次查房前，吴英恺都要一个人在厕所里对着镜子背诵病历，以改正自己的英语发音。他曾这样描写协和：“这里绿瓦顶白栏杆，找人找灯号，见面说英语，行路带小跑，办事死规矩。”这一个近乎严苛的制度，一代代协和人却最为看好，认为这是培养医学精英的必由之路，“过去如此，今后也应如此”。

高水平的医学科研机构，也为医学生的培养提供了学习和实践的平台。目

前协和拥有5个国家级重点实验室、31个省部级实验室、转化医学国家重大科技基础设施(北京协和医院)和3个国家临床医学研究中心获批建设、6个博士后科研流动站以及12个世界卫生组织合作中心。百年来,一代代协和人的担当和情怀,永远写在中国医学史上:从发现中国第一例艾滋病到根治子宫绒癌,从创建农村三级卫生网到建设全国心血管疾病防控网,从抗击非典到抗震救灾,从组团式援藏到国际医疗救援……

在刚刚举行的新学年开学典礼上,中国医学科学院北京协和医学院院校长曹雪涛院士说:“协和人是有风骨和情怀的,也是讲责任和担当的,协和人时刻与祖国和人民同呼吸、共命运,发挥着医学界‘国家队’和‘火车头’的作用。”

地方大学的一流之道*

不在省会城市，不是部属高校，对一所大学来说，似乎意味着“先天不足”；在这样一所大学里，谈论“双一流”话题也似乎缺少些“底气”。

不过且慢，请看数据：“2016自然指数”排行榜上，该校位列全球高校排名78位；ESI(基本科学指标数据库)数据显示，该校7个学科跻身全球前1%……

这就是有着116年历史的苏州大学。其探索创新、追求卓越的一流之道，让人着迷。

育人之道：多样供给因材施教

自学IOS开发语言、独立研发APP游戏，申请到苹果公司的特别奖学金，受邀参加在硅谷举办的苹果全球开发者大会……这些听起来“高大上”的经历，最近落在了苏州大学敬文书院大二学生左辰豪的身上。

左辰豪的幸运，折射出苏州大学在探索人才培养模式上的改革创新。

2011年，借鉴国外著名高校的“住宿学院制”，苏州大学从各学院中选拔了一批不同学科专业的新生入住敬文书院。几年来，在以学生自治为特色的社区管理模式和以研究为导向的学习模式下，该书院逐渐成为学生思维碰撞、激发创意的“第二课堂”。

“书院实施全程全员导师制，在课程学习、科研项目、生涯规划、就业创业等方面给予学生切实有效的指导。同时，文理渗透、学科交叉的宿舍文化，开阔了我们的学术视野……”聊起自己的成长环境，左辰豪感受深刻。

在苏州大学，学生有各种机会参与科研活动。

作为17所国家试点学院之一的苏州大学纳米科学技术学院，每名本科生从大一起就能进入实验室参与纳米领域最前沿的科研课题，经过“专属”导师的专业培训后，还能直接操作使用学院总价值超过1亿元的实验平台设备。

而在纺织与服装工程学院，越来越多的本科生通过学院搭建的国际化教育平台，走出国门拓展国际视野。2013年以来，该学院已有45名本科生获得国家留学基金委优秀本科生国际交流项目的资助，赴国外高校进行为期10个月以

* 本文发表于2016年10月8日，署名为通讯员姚臻、丁姗，本报记者储召生。

上的交流学习。仅 2016 年上半年，学院就有 26 名学生收到了多所国外知名大学的预录取通知。

苏州大学教务部部长周毅介绍说，近年来，学校不断完善教学模式、课程建设与课程考核形式，实施了新生研讨课、微课、翻转课堂、课程过程化考核等一系列改革举措，并通过卓越工程师、卓越医生等各类拔尖人才培养计划，多措并举推进本科生教育改革进展。

学科之道：强强联手协同创新

近日，一场有关抗肿瘤药物研发的跨组研讨会，在苏州大学唐仲英血液学研究中心会议室召开。4 个多小时的交流中，血液学研究中心教授何苏丹课题组与药学院教授张小虎课题组围坐一起，汇报各自研究进展、分析讨论实验数据，共同制定课题研究下一步计划。

像这样的联合组会，是两个课题组之间的一项常规活动。何苏丹说，正是在交叉协作的联合攻关中，加速了高效新型抗肿瘤小分子化合物的研发。

为促进学科间的交叉、融合、集成，学校相继建设成立了如唐仲英血液学研究中心、功能纳米与软物质研究院、机器人与微系统研究中心等一批交叉学科研究基地。“学校集中资源精准发力，打破学院（部）界限和学科壁垒，由此带动形成的优势学科集群，大力推进了学科间的交叉融合。”苏州大学学科建设办公室主任沈明荣说。

“集中力量办大事”的优势在苏州大学人才高地的集聚效应中也有所体现。2007 年以来，面向世界科技发展前沿、国家重大战略需求和江苏经济社会发展需要，该校先后引进包括院士、国家“千人计划”入选者、教育部“长江学者”等各类优秀人才 1 300 余名。

面对新兴学科不断“出新”，学校一些传统学科也在整合资源、借助外力，寻求“重生”。

2007 年，苏州大学成立首个校企合作学院——金螳螂建筑学院，秉承江南古典园林意蕴与苏州香山匠人精神，学院在规划凝练学科方向时，将“风景园林”列为特色学科，既兼顾原有农学特色，又偏重植物应用与设计，扩展了建筑学科的内涵。

凭借校企共建优势，苏州大学将室内设计方向列为建筑学科的另一个着力发展方向，并邀请富有一线实践经验的设计师担任课外指导，带领学生做调研、画图纸、建模型、下工地。匠心筑品，是他们对“工匠精神”的解读。

科研之道：校地合作顶天立地

仔细研究苏州大学在大学排行榜上的表现，记者发现，那些科研“大牛”身后的学科领域，都是苏州乃至长三角经济社会转型升级的发展急需。

紧跟苏州市大力发展新能源产业的脚步，苏州大学在2009年全新组建能源学院。很快，学校的“大动作”引起国内光伏产业龙头企业苏州阿特斯阳光电力集团的注意，企业先后投入550万元与学校共建阿特斯光伏研究院。

2015年，该校物理与光电·能源学部教授苏晓东的研究成果“低成本湿法纳米黑硅电池技术”，在集团成功实现规模化生产，研发的电池平均光电转化效率超过了现有生产线常规电池效率0.3％～0.5％，并实现了过亿元的销售额。

谈起科研成果顺利走出实验室投入生产线，苏晓东感慨万分：“这得益于强有力的学科团队支撑，更离不开校地、校企间紧密的产学研合作。”

科技创新成果落地生根，必须打通“最后一公里”的转化通道。为此，苏州大学提出“顶天立地”的科技发展战略，让科研创新与产业服务全面结合。学校将研究院搬到地方，以区域产业发展重点为核心，先后派出57位“科技镇长团”骨干负责校地科技对接，500余位教师进企业承担近千项横向科研项目。

2011年，乘融合发展之东风，苏州大学整合校内外优质资源成立“东吴智库”，围绕苏州经济社会发展重大现实问题，充分发挥智库人文社会科学研究的智囊团作用。智库先后提出几十篇具有全局性、战略性和前瞻性的“苏大方案”，成为各级政府决策的重要参照。

孕育于苏州这片热土，苏州大学将学校的学科专业、人才科研与城市共生共融。“十二五”期间，学校适时调整本科专业设置与布局，新增社会经济发展急需的17个本科专业，强化专业的社会服务职能，还提出“创新在苏大、创业在苏州”的人才共享理念。在高校创新链与区域产业链的深度融合中，形成了“名城带名校、名校促名城”的互动发展新格局。

“一流之道，在于追求卓越。学校紧密追踪国际科技前沿、着力推动科研成果转化、精准服务国家区域建设，并把这些理念和成果全程融入学科建设和人才培养的每一个环节。”苏州大学党委书记王卓君说。

中医药教学改革亟待“扶正祛邪”*

“是到了系统改革中医药教学的时候了。”日前，北京中医药大学召开本科教学改革研讨会，校长徐安龙向校内外专家公布了学校本科教学改革方案。徐安龙是教育部2013年面向全社会公开招聘的直属高校校长，美国伊利诺斯大学分子免疫学博士。在外界看来，徐校长的此番表态意味深长。

“扶正祛邪”是中医治病的基本理念。依本报记者的观察，这也是北京中医药大学此次本科教学改革所遵循的原则。教育部和北京市有关部门负责人更希望，北中医大能为全国中医药院校的教学改革做出表率。

“5+3”是道填空题

北中医大此次教改的大背景，是教育部、卫计委等6部门2014年11月印发的《关于医教协同深化临床医学人才培养改革的意见》(简称《意见》)。《意见》提出的“5+3”(5年临床医学本科教育+3年临床医学硕士学位研究生教育或3年住院医生规范化培训)，也将取代原来的7年制临床医学专业，成为未来我国医学高校人才培养的主要模式。

北中医大是《意见》发布后首个推出人才培养改革方案的医学高校。徐安龙说，其实他们从2012年开始，就在中医学专业实验班开始了“5+3”改革试点，至今已招生3届共计729人。2011年开设的岐黄国医实验班，实行九年一贯制的培养模式，重点培养中医临床拔尖人才。中医教改班“院校+师承”人才培养模式，还获得了2014年国家教学成果二等奖。

徐安龙告诉记者，学校本次教改要全面构建“凸显北中医大优势”的人才培养体系。在中医实验班5年制本科人才培养经验基础上，将在中医学专业、中药学专业、针灸推拿学专业、护理学专业全面推行“院校+师承”模式，从本科新生入学就为学生配备导师。一方面要使学生尽早产生专业归属感，另一方面也要增强教师的责任意识。除了加强通识教育外，将注重人文素质培养，丰富学生的国学底蕴，为学生今后多样化发展奠定基础。

目前在北中医大，“5+3”模式已取代原有7年制医学教育，成为中医学专

* 本文发表于2015年1月12日。

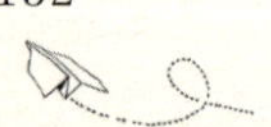

业长学制培养模式的主要形式。他们在2012年就探索临床医学硕士专业学位研究生培养与住院医师规范化培训的有效衔接制度，完成培养过程的学生，可以获得本硕毕业证和学位证、规培合格证、执业医师资格证等证。在岐黄国医实验班，北中医大将“5＋3＋x”具体解析为“4＋3＋2”（基础阶段＋临床阶段＋拓展阶段），培养后期将分化为临床型与科研型两类人才培养。

早临床，多临床，反复临床

年近八十的田德禄是东直门医院消化内科名医，曾任北中医大内科教研室主任24年。田德禄认为，现在医学院校普遍对临床重视不够，人员和经费都不到位。他说，中医更应重视临床，自己曾长期跟随中医名家董建华院士，抄方子抄了20多年才有所成就。现在这样的传统早没了。

“早临床，多临床，反复临床”，是本次北中医大教改反复强调的重要理念。这需要学校的教学改革，也需要医院的协同参与。

北中医大副校长谷晓红说，他们将厘清“早临床”概念，前移中医药课程如针灸、推拿学、饮片辨识等，让学生在第一年就了解中医药，热爱中医药。同时，他们将打通基础课与临床课程的壁垒，由两个阶段的老师联合组成教学团队，讲授诸如基础课中的中医诊断学，临床基础学科课程中的温病学，生化、病理学以及临床护理等课程。

大学英语、计算机等通识类课程也将进行相应的改革。据信息中心主任刘仁权介绍，他们将根据中医药大学的特点，大幅度削减“计算机基础”课程学时，由原来的99、72、54课时统一减为36课时。在课程内容上，调整为9个动态的模块，可以随着计算机科学技术的发展、学生计算机水平的提高、中医药对计算机需求的变化进行增减和更新。教学过程将在学校网络教学平台上进行，学生在该平台上进行学习、讨论、互评、测试、拓展学习等。这样一来，“计算机基础”课程不仅是学生学习计算机知识与技能的课程，也是学校网络资源与环境的使用说明课，同时也是自主学习、协作学习等学习方式的导读训练课。

在实践教学建设方面，他们将建立“五层次”临床实践教学体系，即早期接触临床—课间见习—集中见习—临床模拟教学—毕业实习。学校教务处副处长闫永红说，东直门医院、东方医院等40所医院是北中医大的临床教学基地，他们将专业培养要求与基地教学计划有机结合，将教学基地切实纳入学校的实践教学体系当中。

同时，北中医大将在第五学年末开展为期8周的临床特色模块化培养。特色模块包括特色选修课、小讲座和临床实习3个环节，学校将结合学生个性化

学习需求，结合医院重点专科特色开展培养工作。如肿瘤模块，就有北中医大三个临床医学院、中日友好医院、广安门医院、北京中医医院、西苑医院、望京医院等 8 个临床教学基地来申报培养。

找回中医的自信

“有一次，问学中医的学生，知道秦老秦伯未吗？知道董老董建华吗？很多学生都不知道。”田德禄告诉记者，从事中医的人连秦老治疗胃溃疡的黄芪建中汤、董老的胃苏颗粒都不知道，不光西医看不起你，老百姓也不欢迎你。

北中医大近几年加大了“中医走出去”的步伐。2014 年 10 月，学校与澳大利亚西悉尼大学合作共建中医中心签字仪式在澳举行。与以往单一的重视科研的合作模式最大的不同在于，中医中心将建立一个集医疗、教育、科研功能三位一体的综合平台。许多外国专家也告诉校长徐安龙，他们想了解和合作的是更纯粹的中医。北中医大这次教改的目的就是培养能用纯粹中医思维看病的医生，这样不仅在国内能用中医看病，同时走出国门传播中医也会大受欢迎。

面对市场经济和现代医学的冲击，我国中医的许多优秀传统正在不断流失，已是不争的事实。因此，在此次教改中，北中医大将更加重视国学经典教育和中医经典教育，将“学经典、做临床、跟名师”落在实处。

为了充分体现《黄帝内经》《伤寒论》《金匮要略》《温病学》等中医经典在教育教学中的核心作用，北中医大将借鉴国家外语等级考试模式，将逐步建立中医经典的分级考试制度。考试着重检验应试者对四大经典原文的背诵与理解程度，对理、法、方、药基本知识的掌握程度，运用经典理论和方药解决临床实际问题的能力，成绩将作为在校学生奖学金评选和未来职称晋升的重要依据。

这并非是排斥现代医学。相反，徐安龙认为中医要了解基本的解剖学、生理学、病理学知识，掌握基本的现代医学技能，连化验单都看不懂的人也做不好中医。田德禄也认为，中医不能总是穿马褂，也要穿西服，西医懂的你也要懂，这样面对同样的疾病，中医才能与西医同台竞技。

中医教改还要求中医药教育要采取好的研究方法，如对名医名家方子的整理、中医院几十年病案的分析等，还要学习和了解最新的现代医学，以便与西医的疗效进行对比。2014 年 7 月，北中医大 2012 级岐黄国医班结束了在新加坡南洋理工大学生命科学院为期 10 周的学习。学习班采用全英文授课，学生不仅学到了生物学、遗传学、基因组学方面的知识，提高了英文水平，还感受到了全新的授课、辅导、实验及考核方式，开阔了视野。这样掌握现代医学基础知识的纯粹中医在新时代更有竞争力，这样的人会成为未来发掘和利用各种资源的

主力军。

国务院副总理刘延东在接见第二届国医大师时指出，中医药是我国独特的卫生资源、潜力巨大的经济资源、具有原创优势的科技资源、优秀的文化资源、重要的生态资源，挖掘利用好中医药资源，具有重大的现实意义和长远意义。北中医大党委书记吴建伟告诉记者，本次本科教学改革将秉承"勤求博采、厚德济生"校训，围绕"立德树人"这一根本任务，着力培养具有北中医大特色的应用型、复合型高级人才。

一所地方高校的“文化突围”*

“大学文化会潜移默化影响每一个人，这也是大学的魅力所在。”2013年10月，在安徽大学新学年首场磬苑讲堂报告会上，党委书记黄德宽与新生交流时讲了他对大学文化传承创新的认识。

自1997年以来，安徽大学一直坚持将文化传承提升到学校战略的高度，实现学校的“差异化发展”。不过，学校选择的文化突围之路，在实践中异常艰难。

大学不能自外于社会

文化传承不能只是嘴上说说，而要落实到行动上。就如黄德宽所言：“大学不能自外于社会。”记者在学校采访期间，切身感受到学校为地方发展献计献策、积极开展思想文化创新的生动事例。

安徽省芜湖市镜湖区曾是矛盾多发地。特别是2005年芜湖市调整行政区划，将原新芜区、镜湖区合并，并将鸠江区部分街道划归新的镜湖区管辖。新的镜湖区成立后，各种利益纠纷层出不穷。从2009年开始，镜湖区北京路街道在大调解机制基础上，开始重视发挥党代表、人大代表和政协委员（简称“两代一委”）的调解作用，引起了安徽大学社会与政治学院副院长范和生等教授的关注。

在当地政府的支持下，范和生带领的团队对北京路街道“两代一委”参与化解社会矛盾工作进行了实证研究，并且系统总结出了社会管理体制创新的“镜湖经验”。目前，“镜湖经验”已形成一整套制度化的工作机制，不仅在芜湖市推广，也得到了中央有关部门的高度重视。

在与政府的合作中，也有并不十分“合拍”的例子。2010年，安徽省委、省政府提出将合肥市建成区域性特大城市，时任合肥市委书记孙金龙更提出了“常住总人口数1 000万，城市化率75%～80%”的具体目标。如何实现这一目标？安徽大学社会与政治学院教授田飞提交了研究报告，认为在合并原巢湖市居巢区和庐江县的条件下，通过省内人口迁移和新老移民自然增长，2019年以前即可达到1 000万人口总量，实现80%的城市化率，市区面积应扩大到1 280平方

* 本文发表于2013年12月12日，署名为本报记者储召生、周飞、俞路石、俞水。

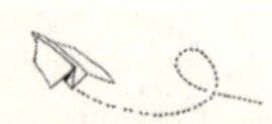

公里。这个报告已被有关部门采纳。但最近有关部门又提出合肥实现1 500万人口的可行性研究,安徽大学的教授们不干了。“其实上次报告已经把合肥中心人口承载力问题讲得很清楚了,社会研究也得讲科学性,总不能自己打自己嘴吧。”范和生说。

作为“211工程”三期建设的重要项目,安徽大学创办了《内部文稿》,针对安徽经济社会建设中的重大前沿问题,向省市两级政府领导献计献策,并提供决策参考。在已出版的30期《内部文稿》中,得到包括省委书记在内的主要领导高度重视,芜湖市跨江发展、扩大合肥经济圈等政策建议已付诸实践。

找回学者的文化自信

安徽大学徽学研究中心研究员刘伯山,日前被安徽省祁门县古溪乡黄龙口村授予“荣誉村民”称号。黄龙口村是徽州一个偏僻的古村落,自2010年起,刘伯山就带领研究生团队深入该村进行“徽州文书”的发掘整理工作。“徽州文书”是指20世纪50年代在徽州大规模面世的20万件从宋代到民国的文书档案,包括交易文契、私家账簿、政令公文、乡规民约等,是人们了解中国封建社会后期农村社会实态的宝贵资料。

刘伯山一行人吃住都在农民家里,零距离与农村接触,越来越觉得大学要在改变农村“空巢化”现状上有所作为。刘伯山告诉记者,现在农村一是需要精神支持,要让青年人觉得农村并不比城市差,不要都跑到城里去;二是需要文化支持,要让传统文化重新融入农村人的生产生活,让濒临失传的文化传统传承下去;三是需要智力支持,要积极为新农村建设出点子,帮助农村制定发展规划。

在2013年1月26日的一次研讨会上,刘伯山一口气给黄龙口村的美好乡村建设提了15条建议,受到市、县有关部门的高度重视。其中建立农村历史文化保护协会的建议,还被祁门县作为范例进行推广。在刘伯山和黄龙口村人的规划里,随着各项工作的不断推进,黄龙口村也会像西递、宏村等徽州古村落一样,逐渐被外界认识,逐渐热闹起来。

新闻传播学院青年教师左靖干脆当起了“村民”,把家安在了黟县碧山村。并且,左靖联合欧宁等文化人还发起了知识分子离城返乡、回归历史的“碧山计划”,希望能承接20世纪初以来由梁漱溟等知识分子发起的乡村建设事业。

“碧山计划”希望能重新唤起农村的活力。从2011年起,左靖带领安徽大学学生开始了一个关于黟县民间手艺的寻访项目,他们取名为“黟县百工”。目前他们共考察了64项民间手工艺,其中有常见的渔亭糕、糯米饼、木雕、石雕、竹编等，也有“关麓米塑”“雉山风舞”等此前已逐渐被人们淡忘的民间手工艺。

左靖开展“碧山丰年庆”“黟县百工”等项目，刘伯山整理出版徽州文书，其实都是在帮助农村建立起文化自信。他们在帮助地方发展的同时，也找到了学者自身的价值。安徽大学校长程桦说，揭示社会发展问题根由，探讨解决问题的路径与方法，正是学者研究的价值所在。

文化传承的核心在育人

在现代大学的四大功能中，安徽大学党委书记黄德宽更看重的是大学的育人功能。因此，安徽大学的文化传承与创新，不仅体现在促进文化产业发展、开展文化活动上，更应体现在文化育人上。

安徽大学有着先后在安庆、芜湖、合肥三地办学的历史。2003 年学校新校区启用。如何在新校区延续学校的文化传统？安徽大学的做法是：在新校园的设计上别具匠心，整体布局和建筑风格都赋予了文化内涵。校园建筑的风格和名字体现了徽派的独特风格，如独秀大道、适之楼、行知楼、文典阁等，处处透露着这所大学的乡土情和文化味。校园里还常常有教工的书画展和诗文唱和，党委书记黄德宽说，身处其中的大学生会感受到文化的魅力。

正对安徽大学大门的图书馆文典阁建于 2005 年。即使是这样一个设计现代的图书馆，随着网络技术的发展，大学生们也不怎么愿意光顾了。为了让大学生们领略文化典藏的魅力，文典阁会常年举办人文讲座、书画展览、读书报告会等。仅 2013 年，就有中国社科院副院长李扬、北京大学教授陆俭明、清华大学国学院院长陈来、美国科学院院士朱健康等十余位专家在文典大讲堂与大学生交流。

学生们更为看重的，是大学期间自己学到了什么，特别是大学教师对自己的影响。2006 年，知名数学家、一生致力于教学的安徽大学教授李世雄去世后，旅美校友自发捐资设立李世雄奖教金，每年奖励两位在教学工作中成绩突出的教师。这种民间出资奖教的义举，对安徽大学校领导触动较大。2013 年 9 月李世雄奖教金评选已是第六届，安徽大学还专门建立了师德师风教育基地，开设了李世雄教授事迹陈列展。

经过近些年的发展，安徽大学已经找到了一条立足安徽、服务地方的特色发展之路。如何在服务地方和社会评价之间找到恰当的契合点，既是安徽大学转型升级的客观要求，也是其“文化突围”之路的现实考验。

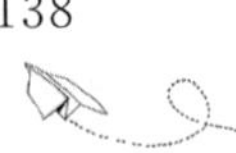

大学改革不需要轰轰烈烈[*]

当地处深圳、尚在筹建中的南方科技大学“一波未平、一波又起”之时，同在改革开放前沿地区、同样倡导“走不一样的道路”的汕头大学，却已默默走过了30年。

1981年成立的汕头大学是一所广东省属“211工程”综合性大学，也是国内唯一得到李嘉诚基金会长期资助的高校。其实行的校董会拥有重大事项最高决定权、财务年报制度、校长院长国际招聘、学生住宿学院试点等权利，无论哪一项，在国内高校都得风气之先。

2011年6月29日，汕头大学有三个重要活动几乎同时进行：一是教育部副部长郝平听取学校的工作汇报；二是华人首富李嘉诚在2011届学生毕业典礼上发表例行演讲；三是校董事会召开一年一度的全体会议。这恰好体现了“中国高校改革试验田”的特别之处。

是揭开汕头大学改革面纱的时候了。

地方大学的国际化尝试

加拿大籍华人学者顾佩华日前正式辞去加拿大卡尔加里大学的教职，接受汕头大学校董会聘请，出任该校全职执行校长。此前，顾佩华自2005年10月已兼职担任该校副校长、执行校长。再之前，来自美国加州大学伯克利分校的萧泽丽也曾担任该校外籍副校长。

不仅如此，在汕头大学8个学院里，外籍院长就占了一半，其中包括文学院院长波弘德(Terry Bodenhorn)、法学院院长彭文浩(Michael Palmer)等白皮肤、蓝眼睛的“洋人”。

从2002年起，汕头大学就开始了以国际化为导向的各项改革，聘请外籍人士担任执行校长、学院院长只是其中一项。汕头大学校董会赋予校长很大的办学自主权，只要是符合教育规律的办学模式或项目，都可以引进、吸收。近几年，汕头大学实行大学管理系统ISO质量认证，推行以年薪制为核心的人事制度改革，建立学习互助体系，实施国际基准学分制，都取得了较好的效果。同

* 本文发表于2011年7月7日。

时，汕头大学加大了对外交流的力度，仅 2010 年度，汕头大学就接待海外各类学术来访 97 批 344 人次，包括牛津大学校长彭定康、加州大学伯克利分校校长等；派出各类交流学生 49 批 263 人次，包括暑期赴美实习、赴南非报道世界杯等。

汕头大学党委书记宋垚臻曾引用著名哲学家冯友兰先生“佛在中国”与“中国佛教”的概念，来表示汕头大学国际化与其他高校的差别所在。宋垚臻说，国际化只是办学手段之一，而不应该是其目的。那么，这些国际化手段会给汕头大学带来哪些改变呢？

留着一脸大胡子的波弘德来自美国伊利诺依大学普林菲尔德分校，专业是中国历史，此前曾在台湾的大学工作过，自称已习惯汕头大学文学院院长的工作。波弘德说，文学院的英文名称（College of Liberal Arts）里，包含了人文及社会科学方面，他在汕头大学想做的是进一步扩大学科建设的范围。在西方，越来越多的学者已经意识到不同学科之间联系的重要性，也就是交叉学科研究或者跨学科研究，对其他学科领域的了解有助于加深对自己领域的研究。比如，中文系与新闻学院、社科部以及艺术学院的合作，有助于学生建立更广的知识领域。“我的想法其实很简单，因为这个世界一直在不停地变化着，竞争激烈。与我们的年代相比，现在的学生需要具备更加宽广领域的技能。”波弘德说。

波弘德注意到中西方在文学研究方面的差别。波弘德告诉记者，作为文学院院长，他在努力扩大中西方学术研究方面的交流。目前，他们正在与爱尔兰的一所大学、加拿大的艾尔伯塔大学和曼尼托巴大学以及他工作过的美国伊利诺依大学联系，希望能建立交换生项目、教师交流项目等。

这种国际化的影响已深入汕头大学校园的方方面面：在新建的学校图书馆里，你感觉不到万卷诗书的汗牛充栋；在彩色印刷、中英文书写的学生刊物里，你所收获的知识多了几分大气和洋气。据有关资料统计，2010 年公布的中国高校《自然》和《科学》论文排行榜中，汕头大学列全国高校第九、广东高校第一，而前 8 位全是国内“985 工程”高校。

“汕头大学名字好像太地区性，然而观念的框框是否比其内涵重要呢？”汕头大学校董会名誉主席李嘉诚的这一诘问，如今已成为该校办学的警示。

关键是厘清权力的分界

“2010 年汕头大学收入总计 4.47 445 亿元，其中政府经常性拨款 1.23 622 亿元，学费及其他收费 9 579.9 万元，李嘉诚基金会捐赠收入 1.47 695 亿

元……”参加本次校董会的嘉宾，每人都能收到一本2010年度的汕大年报，其中财务报告里收支账目明细、资产负债表等一一在列。并且在汕头大学校园网上，可以查到2004年以来的历年年报。校务公开能做到这种程度，汕头大学足以让人刮目相看。

“汕头大学的经费，有来自纳税人的钱，有学生的学费，有李嘉诚基金会的捐款，每一分钱都要花得明明白白，有个交代。”顾佩华说，财务公开也是中国港台地区高校及国外大学的通行做法。

公开的目的是为了接受社会监督，其中最重要的监督来自校董会。汕头大学新一届校董会名单中，除了名誉主席李嘉诚和主席宋海(广东省副省长)之外，有董事23人，义务财务顾问和义务法律顾问各1人，特别顾问5人。23名董事中，除省市政府官员、学校领导和教师代表、基金会代表外，还包括龙永图(博鳌亚洲论坛前秘书长)、杨福家(中科院院士、诺丁汉大学校长)、林海帆(耶鲁大学终身教授)等社会知名人士。校董会拥有学校重大事项的决策权，一经决定校长也无权更改。

汕头大学校董会的作用是实实在在的。有时候，董事们会因为一个问题互不相让，为的却是同一个目标——汕头大学的发展。在本次校董会上，一位身为著名学者的校董就对校方“建设现代大学制度”方案中的教授治校提出质疑。他认为，在大学里常常是校长讲“校长的话”，书记讲“书记的话”，院长讲“院长的话”，而教授却可以“乱讲话”。从台湾的情况看，从事小范围工作的教授涉足宏观领域的治校，很容易走到极端，“那将是高等教育的灾难”。

尽管如此，顾佩华说，在具体办学方面，校董会赋予了校长很大的权力空间。汕头大学设有财务、校务、学术、资源、校园规划建设等5个委员会，主席由校长或党委书记担任。顾佩华说，这些都是学校的政策咨询机构和制定机构，一方面学校的决策要让大家知道，另一方面也有利于校长了解更多的声音。校长担任学术委员会主席是否会影响民主决策？顾佩华告诉记者，按照西方的惯例，校长只是这些委员会的召集人，开会时并不需要去投票。只有当“赞成”和“反对”票数相等时，才需要校长投关键的一票。顾佩华说，教授们投票是秘密的，要保护教授的独立性，校长所投的票却是公开的，每当这个时候，他都会公开说明自己赞成或反对的理由。他举了一个非常典型的实例：某年涉及文学院一位教授“特聘与否”的投票，票数结果正好五五开，于是他本人投出关键性的赞成票并阐述了理由。

在行政管理制度和人事分配制度方面，汕头大学近几年都实行了较大力度的改革。党办和校办、宣传部和新闻中心等党政机构合署办公，便于相近职能部门的沟通，节省了行政资源；实行大部制，资源管理处涵盖了资产、基建、设

备、后勤、保卫等多种职能，相当于其他高校的四五个处室，减少了工作中的推诿扯皮。以教师年薪制为主要内容的人事制度改革，让教授们告别了“发一篇论文多少钱、上一节课多少钱”的工分制。年薪制改变了考核的方式，2010 年首个聘期结束后，有 36 名业绩突出者得以晋升（占参评教师的 17.3%），13 名业绩较差者降级或调岗（占参评教师的 6.3%）。

对于饱受诟病的高校内部管理行政化倾向，顾佩华认为，问题的关键是没有建立规范的制度，以厘清权力的分界，明晰权力和责任。“在汕头大学，校长负责什么，院长负责什么，行政人员该干什么，都有明确的定位。教授们争着当处长在这里是不存在的，相反，我还得做工作让适合的教授从事行政服务工作。”顾佩华说。

改革思维要突出系统性

“能力比知识更重要，这些年已成为全社会的共识。但仔细考查许多高校的教学模式改革，其中并没有能力培养大纲，仍然是知识培养大纲。你发现了没有?”汕头大学工学院副院长熊光晶和记者一见面，就抛出了一个大问号。

熊光晶要引出的话题，是汕头大学的 CDIO 工程教育改革。CDIO 代表构思（Conceive）、设计（Design）、实施（Implement）、运行（Operate），是由美国麻省理工学院、瑞典皇家工学院等 2004 年共同创立的工程教育改革模式。2005 年 10 月，加拿大工程院院士顾佩华到汕头大学工作，直接把这一教育模式引入中国。

CDIO 解决的是工程教育和工程实践相脱节的问题。熊光晶说，CDIO 教学大纲共有 4 级 70 条 400 多款，设计了能够取得知识教育和能力培养双重效果的一体化课程计划，并设有 12 类评估标准对改革效果进行评估，是一个实实在在的能力培养大纲。并且，为了切合中国对道德教育特别重视的实际，汕头大学工程教育改革还增加了道德（Ethics）、诚信（Integrity）、职业化（Professionalism）三项内容，形成了一整套的 EIP－CDIO 工程教育改革模式。“CDIO 彻底改变了传统的‘头痛医头、脚痛医脚’的改革方式，形成了工程教育系统改革的新模式。”熊光晶说。

2005 年顾佩华带着翻译成中文的 CDIO 大纲和标准首次来到汕头大学，结合中国实际，率先开展了全方位的 EIP－CDIO 工程教育改革与实践。当时有人说顾校长不了解国情、炒概念、在汕大搞工程教育改革实属天方夜谭。如今这一模式已被教育部推广，在国内 50 余所高校的机械、电器等专业试点。不仅如此，汕头大学在“卓越工程师教育培养计划”试点中，也借鉴了 CDIO 的某些

改革理念。汕头大学工学院院长助理包能胜说,“卓越计划”实行“3+1”培养模式,最后一年的企业培养是重头戏。他们重点研究了哪些能力是学校培养不了的,哪些能力是企业能够培养的,从而找出能力培养方案的落脚点。

这种系统性的改革思维,更早体现在汕头大学的医学教学改革上。据汕头大学医学院常务副院长黄东阳介绍,从2002年开始,他们就改变传统的基础、临床、实习“三段式”教学模式,在国内高校率先实施以器官系统(疾病)为基础的医学课程整合。以“生殖、性、发育和生长”这门新课程为例,共62学时,其内容包括人类生殖基础和临床、人体胚胎发育、小儿生长发育和性学概论等,以前分散在胚胎学、细胞生物学、病理学、儿科学、妇产科学等不同基础课和临床课中。在新教学模块——人类生殖基础与临床中,不仅介绍了受精卵发生与成熟、受精过程与机理等基础理论,还介绍了小儿生长发育与保健、人类性行为的生物学与社会学特征等内容,增加了现代辅助生殖技术以及其所带来的伦理与法学问题。临床教师和基础教师共同研究,共同参与教学,多学科交叉渗透,全面提升医学生的临床思维能力。

汕头大学的教育教学模式改革已经取得了较好的效果。在学生毕业一年后参加的全国执业医生考试中,汕大医学院通过率已连续8年居全国高校前列;今年6月,汕大工学院学生获得全国大学生工程训练综合能力竞赛一等奖,该校成为广东赛区唯一获奖高校。

宿舍不只是睡觉的地方

眼下正值招生季节,一段由美国黑人大学生主演的“为何选择耶鲁”的视频开始在网络上流传,其风靡程度不亚于早些时候的“论正义”“幸福”等网络公开课。这段耶鲁大学招生宣传片的最大“卖点”之一,就是其独具特色的住宿学院制。

不为国人所熟知的是,汕头大学2008年7月也在国内首次设立了住宿学院——至诚书院。“至诚”二字取自《中庸》,书院则是我国古代特有的教育机构,汕头大学希望住宿学院能秉承中国传统、融合西方之长,探索出一条培养学生的新路。

至诚书院创院院长李丹1993年在香港大学学习时,曾对那里的住宿学院制度有深刻的印象。2008年6月校方找到他时,他已是“杰青”,在学术研究和研究生培养方面已经小有建树,但他还是接下了创建住宿学院的任务。“教育不应是轰轰烈烈的革命,也不是方方正正的规章,而应是细水长流的滋润。”李丹说,传统的按院系专业和班级住宿是类似于部队管理的模式,优点是便于管理和同专业间交流。而住宿学院实行不同院系、专业和班级混住,更接近于现实社会的模式,优点是便于不同专业背景交叉、扩大交往半径、积累社会资本等。“要让学生感觉到,宿舍不只是个睡觉的地方。”

国外高校的住宿学院,最早的已有700多年的历史。英国的牛津大学、剑桥大学,美国的哈佛大学、耶鲁大学、普林斯顿大学,以及中国香港的香港大学、香港中文大学等,都实行住宿学院制,但具体形式各不相同。汕头大学主要借鉴的是普林斯顿大学,教师和职员不住在住宿学院,主要依靠学生自主管理。

据至诚书院副院长、党总支书记陈文滨介绍,至诚书院共有5层楼,学生自愿报名、随机抽签确定;每4人一个宿舍,大都由不同年级、不同专业的学生组成;每层楼分为7个区,每区选一名高年级、品学兼优的学生担任导生,协助区内近30名住宿生;全体导生组成导生委员会,负责整个书院的民主管理。此外,纵向方面,1至5层的同一区组合,设立7个党团组织,开展组织活动。“这样就有了横向的35个小型团队,纵向的7个中型团队,整个书院的1个大型团队,形成最先进的网格状组织分布。”陈文滨说。

至诚书院开展有别于专业学院的特色拓展课程,如工作坊、讨论会等心理拓展课,训练营、户外合作等团队拓展课,运动队、户外求生训练营等体能拓展课,特训营、案例分析等职业拓展课,学习营、社会调查等学科拓展课等。拓展课程有不同的组织形式,有的要求小型团队,有的要求中型团队,像参加校运动会这样的活动才要求大型团队。另外,学生们也可以自由组合,组织自己的团队活动。形式多样的团队活动,给了学生更多的非正式接触机会。

“其实每一次组织拓展活动,我都会和中央16号文件精神相对照。”陈文滨是一位老“政工”,此前长期担任工学院学生辅导员。陈文滨说,至诚书院所倡导的,比如让学生学会自主管理,增强团队意识,锻炼沟通能力,培养组织协调能力,培养自信心、独立性和社会责任感等,都是与中央16号文件精神相符的。

至诚书院只有6位导师,导师和学生们的交流,更多借助书院建立的“家缘”实名制网上虚拟社区。李丹说,他在“家缘”社区共发了近60篇博文,十几万字,回复学生的问题以及和学生的私聊,更是不计其数。李丹说,当了副校长后,他写博客的时间少了,但到“家缘”来和学生交流一直不间断。并且,他愿意一直把至诚书院院长当下去。

李丹喜欢直面学生们的问题。曾有学生向他抱怨:“设计这种住宿方式真是脑残,作息时间都不一样,为什么要把我们搞在一起?”李丹告诉记者,不同年级、不同专业的学生确实存在作息时间不一样的问题,但今天你休息他上课,明天就可能倒过来了,关键是相互理解、找到解决的办法。李丹半开玩笑地回复那位学生:“将来你和老婆的作息时间还可能不一样呢,就不一起过了?”

今年毕业的艺术学院学生陈国民，是一个瘦高、略显腼腆的大男孩，平时或披着长发或梳着辫子，耳朵上还留有耳环痕。在记者看来这个明显有些另类的小伙子，却得到了不少同在至诚书院学生的好评：商学院陈伟华说他对艺术很投入，帮自己设计的简历很漂亮；工学院蓝春泉说他看世界眼光的不一样，拍照选的视角很特别；理学院孙立铿说他很自信，从不惧怕别人的眼光。从学生们叙说的表情里，记者也明显感觉到了宽容、理解和尊重。

加州大学洛杉矶分校终身教授李浈 2009 年 2 月开始担任至诚书院"多学科交叉学习项目"指导教师。李浈告诫学生们，做研究不是轰轰烈烈干革命，积极主动是关键，要善于推陈出新，追求卓越，慢工出细活，莫贪图捷径。学生们研究的课题有"三聚氰胺事件的文化反思和科学认知""祭拜礼俗在汕头中学生中的影响调查"等，李浈说，学生们在团队合作方面的表现是最棒的，有了团队合作精神，将来在社会上立足就多了一份资本。

"做研究不是轰轰烈烈干革命"，大学改革又何尝不是如此呢？

【改革者说】

学校任何改革都要避免"一言堂"

汕头大学执行校长顾佩华，曾被媒体称为国内唯一没有行政级别的公办大学校长。记者在汕头大学期间，正赶上一年一度的校董会全体会议，但顾佩华还是抽出了两个小时的时间接受本报专访。顾佩华说，他喜欢面对媒体"挑战性"的问题。

记者：改革往往需要时机，办学中会出现机会"稍纵即逝"的情况吗？校长看好的事情，没有经过董事会的讨论，能作出重要决策吗？

顾佩华：校董会只对关系学校发展方向的重大问题进行讨论和决策，而对于日常办学行为，校董会赋予校领导很大的权力，否则我们就很难理解真正意义上的校长负责制。您的问题要害也许在于，若出现"稍纵即逝"的办学机会，与校董会确定的阶段性办学方针相悖，校长如何决断。我认为，任何发展规划也好，阶段性重大决策也好，都有滞后性，解放思想与实事求是应成为解决问题的唯一正确态度。万一遇到千载难逢的好机遇，不抓住必然是历史罪人，所以与校董会主要成员进行紧急的信息沟通是必需的，现在资讯手段很发达，做到这一点并不困难。

记者：在汕头大学 5 个委员会里，本校教授的作用有多大？或者说，教授们与校长出现意见不一的情况，怎么办？

顾佩华:我们致力于国际化的办学,就是要充分发挥教授在学校管理中的作用,避免校长书记一言堂、“一把手”说了算的传统局面。我校设置的5个委员会中,教授从数量上占据了主体,事项决议采用匿名票决制,只有当委员们的票数相等时,校长才会投出公开且关键的一票。不可否认,一些决议与校长的初衷并不一致,这并不可怕,民主决策就是这样。

记者:地方高校靠什么留住一流人才?如何协调引进人才与本土人才的关系?

顾佩华:由于地域限制、文化差异、交通不畅等多方面原因,汕头大学曾经出现过人才外流特别是向珠三角发达地区流动的趋向。为此,学校及时调整人才引进战略,全面推行教师与管理人员年薪制,积极面向海外、境外引进高端人才,取得了良好的效果。国务院刚刚批准汕头经济特区扩大到全市范围,潮汕机场、深厦铁路即将投入运营,这些为我校未来的人才竞争营造了良好的外部环境。

不可否认,境外引进人才与本土人才的待遇,在当前还是有事实上的差别的,但关键是我校衡量人才价值的标准是统一的,无论境外的还是本土的,每个人都有同样的晋升通道,到了什么样的台阶,就拿什么样的薪金。

记者:国内高校都很重视学生思想政治工作。您怎么看?

顾佩华:您观摩昨天的毕业典礼了吗?毕业生的精神状态能够说明问题吧。这一方面说明学生的就业情况不错,另一方面也说明我们做了很多工作。我也很重视思想政治工作,但是我们没有停留在标语、口号上。我校在全国首家引进国外的服务学习(Service-learning)模式,就是提倡在服务中学习、在学习中服务;我们开发的EIP-CDIO模式强调将传统道德融入教学中。这方面的例证太多了:服务麻风病村的患者、医疗扶贫活动、“宁养义工计划”(由李嘉诚资助,对癌症晚期患者提供临终关怀)……在我看来,思想政治工作应该是行动的原则。

记者:相比深圳、珠海、厦门等其他特区,汕头市的经济社会发展要相对落后。汕头大学今后如何更好地为地方经济社会发展服务?

顾佩华:学校的发展和所在的地区有着千丝万缕的联系。多年来,汕头市对汕头大学的支持是不遗余力的,最好的表达是“汕头大学的事情就是汕头市自己的事情”。所以服务好汕头特区经济社会发展,也是汕头大学不可推卸的职责和使命。我们在海洋生物、医疗服务、政策咨询等方面为地方做了不少工作。今后,我想学校应在文化引领、科技合作、软实力支持等方面为特区的发展建设作出更具深度的贡献。此外,我想说的是,汕大改革的意义并不局限在本校,我们希望为高校国际化发展提供一个可资借鉴的样本,不辜负李嘉诚先生对教育的承诺。

【采访后记】

期待“下一站”

从汕头特区的发源地龙湖区到汕头大学只有10公里，路还算笔直，路况却不佳，两旁建筑甚至可以用“落后”来形容。来汕头已有12个年头的湖北籍出租车司机谢建平(音)抱怨说，这里近10年几乎没有什么发展，城市面貌甚至还不及他老家那边的一个县城。

但走进汕头大学，你的视野会豁然开朗。仅从有关机构评出的“中国最美的大学校园”和“亚洲最美的大学图书馆”，你就可以想见这里的大气和洋气。

这一切都和一个人的名字连在一起——李嘉诚。

迄今为止，李嘉诚基金会在汕头大学已承诺及捐出的款额达54亿港元。正是由于李嘉诚的长期资助，汕头大学成为国内少有的没有巨额欠债的地方大学，也是少有的一直没有扩招的地方大学。

不仅如此，在李嘉诚先生的直接影响和支持下，汕头大学有了国内其他高校难以企及的优势：校董会制度，海内外的高端人脉资源，校长的办学自主权，灵活的人事管理制度，完善的内部财务和审计制度，等等。仔细了解你会发现，西方大学一些成熟的办学模式，不少已在汕头大学生根发芽。

你也许会问：既然体制和经费都不成问题，为什么汕头大学30年都没有建成一流大学呢？说实话，这是一个见仁见智的问题，也充分说明建设一流大学的难度所在。

李嘉诚先生当初决定捐建一所大学，更多想到的是造福桑梓；建成一流大学，愿望或许并不是那么强烈。李先生自己曾说，如果要建一所一流大学，以他的影响力，在北京、上海甚至深圳，都要比在汕头容易得多。

但30年之后，情况已发生改变。其一，随着教育规划纲要的深入实施，国内其他大学在建立现代大学制度等方面都将有所探索，汕头大学或将优势不再；其二，李嘉诚基金会在许多世界著名大学都有影响，大量智力资源如何与汕头大学实现对接已迫在眉睫；其三，汕头特区的规模扩大和持续发展，需要汕头大学有更大作为。

并且，这种建成一流大学的愿望已有了明确的目标：李嘉诚先生曾表示，希望汕头大学医学院能在5年内建成国内前5位的医学院。但从目前的情况看，达到这一目标或许还需要大动作。

地处汕头，建设一流大学会有很多的困难。但丘吉尔说过，克服困难就是赢得机会。

汕头大学迄今为止所有的改革,都在为最后的冲刺作准备。这需要战略也需要战术,需要有所为也需要有所不为。如何吸引更优秀的学生和教师,更是一道绕不过的“坎”。相信汕头大学早已有了具体的规划。

在汕头大学采访改革的经历,仿佛坐上了快速奔驰的高铁,甚至有点眩晕的感觉。我期待“下一站”。

大学重启“行业校名”的背后*

武汉纺织大学宣传部部长张文凯这些天异常忙碌。2010年3月30日，教育部同意武汉科技学院更名为武汉纺织大学的公函传到学校，一切仿佛都要重新开始。

十余年里，从“武汉纺织工学院”到“武汉科技学院”，再到“武汉纺织大学”，学校名称两次更替的背后，都与国家的经济转型密切相关。

纺织类八大院校纷纷改名

曾经隶属于原纺织工业部(1993年后改为中国纺织总会)的高校有8所，也被业界称为“八大纺院”。1998年随着政府机构的调整，这些院校分别划归教育部或地方。与此同时，原纺织系统的高校纷纷更名，如中国纺织大学(原华东纺织工学院)更名为东华大学，天津纺织工学院更名为天津工业大学，西北纺织工学院更名为西安工程科技学院(5年后又更名为西安工程大学)，郑州纺织工学院更名为中原工学院。武纺大也不例外，1998年划归湖北省，1999年8月，武汉纺织工学院更名为武汉科技学院。2000年前后，“八大纺校”全部脱掉了“纺织”的外衣。

“当时改名为武汉科技学院的主要原因，是受纺织行业大调整的影响。”武汉纺织大学人文学院院长杨洪林说。当时，纺织行业很不景气，报纸、电视上天天都有纺织工人下岗的新闻，作为一所学科专业比较单一的纺织行业院校，招生不可能不受到影响。这可能也是“八大纺院”纷纷改名的主要原因。之所以改名为科技学院，杨洪林认为是为了适应当时国家的经济转型。与武纺大一样，其他几所院校大都选择了“工业”“工程”等通用的校名。

不可否认，改名之后的武汉科技学院，正赶上高校扩招，生源质量得到了较大的提高，学校整体办学水平得到了快速提升。以学科建设为例，当年纺织工学院专业设置以纺织、印染、化纤、机械、电气自动化为主，改名为科技学院后，经过十余年的发展，已涵盖了八大学科门类46个专业。学生数也由原来的几千人发展到现在的3万人。

---

* 本文发表于2010年4月8日。

“改名后，学校的生源质量提高了，大家也都没有什么压力了。同时，与纺织行业企业的联系也淡了，不那么紧密了。”学校招生就业处原处长罗锦银说。

“去行业化”后的校名尴尬

和其他院校一样，武汉科技学院校名“去行业化”后，也带来了学校标志的模糊不清。据不完全统计，目前全国770所普通本科类院校中，冠以“科技”“理工”“工业”字样的高校有115所。仅就湖北高校而言，就有华中科技大学、武汉理工大学、武汉科技大学、武汉工程大学、湖北工业大学等9所。学校党委书记尚钢笑称，大家交换名片后，常常需要对校名进行“翻译”：“我们就是以前的武纺院，你们过去是干什么的？”

对于改名十余年的武汉科技学院，连许多跑教育口的记者，也搞不清楚它是一所什么样的学校，更不清楚它的特色在哪里。以2009年该校开设的“淑女班”新闻报道为例，许多媒体都把它与另一所高校混为一谈。

更让学校师生在意的，是校名中的“学院”二字。特别是同为武汉“东湖四院”的政法学院、民族学院、化工学院都更名为大学后，对起步并不低的该校形成很大的压力。环境工程学院大一新生王亚晶告诉记者，填报高考志愿时，家长就提醒她学院与大学的差别很大，来到学校后，才知道原来她所在的环境工程学院在业界的排名还很不错。人文学院法学专业的大一学生丁学武说，自己是山东考生，因为第一志愿没填好，才被调剂到了武汉科技学院。现在同学、亲友问他在哪里上学，他只说在“武汉科技”，希望他们认为他是在武汉科技大学。

可以说，把学校建成一所名副其实的“大学”，是武纺几代人的梦想和追求。

行业院校靠什么办出特色

从2009年学校酝酿改名为“武汉纺织大学”开始，围绕校名中的“纺织”二字，在学校内外引起了广泛的议论。

武纺校内的师生对此也有不同看法。一些人认为，好不容易把“纺织工学院”改成了“科技学院”，再改回到“纺织大学”，路越走越窄了。特别是一些非纺织类的院系担心，以后毕业生求职过程中可能因为“纺织”两字，会招致用人单位狐疑的眼光。

“作为一所省属大学，办学资源是极其有限的，特别是在高校林立的湖北，只有在某一维度上办出特色、办出水平，才会有自己的生存和发展空间。”党委书记尚钢认为，中国是一个纺织大国，湖北又是一个纺织大省，目前国家十大产

业振兴规划中排在第二位的就是纺织，湖北省六大支撑产业中也有纺织，无论是创新人才培养，还是行业的科技创新、产业升级，武纺都大有可为。“特色定位对一所高校来说有很重要的指导作用，行业特色高校一旦走出困境之后，发展的天地是很宽的。”尚钢说。

2008年、2009年连续两年获得三项国家科技大奖，更坚定了学校决策层更名为“纺织大学”的信心。以被誉为“棉花田里的袁隆平”的徐卫林教授为例，他发明的“嵌入式系统定位新型纺纱技术”，带来整个纺纱业的技术革命。目前我国纺织业大都采用的还是1828年美国人发明的环锭纺纱技术，该技术对纤维的长度和细度有严格的要求。采用徐卫林的技术后，原来一些不能用的纤维，如羽绒、木棉等，都可以用于纺纱，实现了纤维材料的充分运用。徐卫林因此也获得了2009年国家科技进步一等奖。就在记者采访期间，湖北省今年唯一的一个科学技术突出贡献奖，也授予了年仅42岁的徐卫林教授。按以往的惯例，只有武大、华中科大这样名校里的院士，才可能获得这一奖项。“如果不是学校这几年在人、财、物上聚集力量发展纺织学科，是不可能取得连部属院校都刮目相看的好成绩的。”尚钢说。

“大学的专业发展不能‘脚踩西瓜皮，滑到哪里算哪里’，特别是对行业特色大学而言，更要有自己的目标定位。”校长韦一良认为，更名为纺织大学后，作为一所多科性的大学，学校更面临着学科结构调整和学科资源整合的重任，要有所为有所不为。韦一良举例说，由于历史原因，目前经济管理类专业在学校的三个校区都开设，相互间的差别其实并不大；资源整合后，既有利于本专业的发展，也有利于集中力量办学。

对于非纺织专业学生就业的担心，经管学院电子商务061班的张欲平认为，现在企业更看重的是学生的个人能力，校名对就业的影响并不大。张欲平即将就业的单位是杭州传化集团，所在岗位是物流方面，年薪6万元。张欲平说，今年传化集团在湖北只要了22人，其中不乏武大、华中科大的名校生，但他的薪酬在22人中也算高的了。“和其他学校经管专业比，我们开设了纺织概论和服装概论课，这可能就是我的优势所在。”

纺织类大学的前途在哪里

“行业类高校只有密切与行业企业的联系，才会有更大的发展空间。”著名时装设计师、该校服装学院副院长孙菊香说。1989年孙菊香来到武纺院，因为归纺织工业部管，自然与纺织行业有很多的联系。学校划归湖北省、改名为武汉科技学院后，孙菊香觉得自己与服装行业的联系突然成了“地下行为”。高校和行业的这种状况,也影响到了彼此的发展。“服装行业讲的是品牌,要有本土的知名设计师。湖北服装界20世纪八九十年代曾经辉煌过,现在大都在为香港、深圳以及意大利的服装企业贴牌生产,基本上没有自己的知名品牌。”孙菊香说。

行业类高校的发展瓶颈,不仅在于疏远了与原先所在行业系统的联系,与其所在行业的兴衰关系更大。以纺织类院校为例,从世界范围来看,西方工业革命时期,由于纺织业一直领先于其他工业,许多国家都成立了纺织工业学院,但最后这些老牌纺织学院都消失了。2000年前后,我国纺织类高校纷纷改名,也与当时纺织行业的困境不无关系。改名后的武汉纺织大学,同样面临着今后如何发展的难题。

“西方纺织类大学消失最关键的原因,是过分强调了纺织学科的独特性,认为纺织就是纺织,与其他学科没有关系。”尚钢认为,现代纺织不再是服装的代名词,而是进入了社会生产生活的方方面面,已广泛应用于航空航天、农业、工业、土木工程、建筑、水利、交通、医药卫生等领域。如获得2008年国家技术发明二等奖的“优质天然高分子材料超细粉体化及其高附加值的再利用”项目,已经用于小口径人造血管的研制;获得2009年国家技术发明二等奖的“印染废水光化学脱色技术及设备研究”,也早已超出传统的纺织学科范畴。

即使是在传统的服装领域,也有广阔的开拓空间。孙菊香告诉记者,这些年服装学院不仅与全国各地的服装成衣企业密切联系,还与演艺团体、电视台等开展合作。湖北电视台春节联欢晚会主持人、演艺人员的服装设计,央视青歌赛湖北选手的整体包装,都是由孙菊香所在的团队一手操办的。最近,她们还在为湖北省整体形象的提升出谋划策。

“最近中央提出高校要‘有特色、高水平’,我们纺织学科在湖北省是独此一家,关键是要与国内、国外高校来比。”校长韦一良说,目前学校已经确定“一元领先、多元并进、突出特色、竞争发展”的办学思路,围绕纺织重点发展“六大学科群”,为行业类院校的成功转型探索出一条新路。

第四章　访　谈

大学校领导并不缺少发言的舞台。特别是一些名校校长，因为发言中的一两句话，常常会衍生出一些热门话题。

在这么多年的记者生活中，我很少与校长直接交流，尤其是名校长。一方面因为自己见识少，没有与校长直接对话的功底；另一方面，某些校长带有副部级、正厅级的标签，也往往缺乏和媒体记者对话的诚实。

我甚至会刻意回避采访校长，如果文章必须写到，也往往只是从他（她）的讲话中摘上几句。我的原则是，如果没有平等交流，就不会有真正的采访，也就没有必要刻意去追求形式。

本章所列的校长采访，有些是我出的题目，校长作答的；有些是学校受了其他媒体的委屈，主动找上门来的；还有些是校长希望发声，我主动配合的。可以告诉读者的是，在我采访这些校长时，没有想到他们多么有名，没有顾及他们是多大的官。我所提到的问题，都是社会公众想了解的，而没有过多顾及校长们想不想回答。从这些回答中，你也可以领略名校校长们的风采。

有交流甚至有交锋，才是一次真正的访谈。感谢校长们的信任。

北京大学党委书记闵维方：

北大精神是坚持真理、追求卓越*

2006 年暑假，被誉为我国最高学府的北京大学一直处于舆论的漩涡之中：先是有媒体惊呼，“北大将被香港大学扫为二流”；继而丘成桐教授向媒体爆料，“北大从海外引进的人才大部分是假的”。北大校长许智宏和党委书记闵维方日前先后接受媒体采访，直面这一问题，却在网络上遭到不少质疑。

2006 年 9 月 3 日是北大新生入学的第一天。带着诸多疑问，《中国教育报》记者采访了百忙当中的北大党委书记闵维方。

批评者其实并不了解情况

记者：丘成桐教授前些时候有关“北大这几年从海外引进的人才大部分是假的”的言论，引起了社会的广泛关注。按我的理解，这实际上包含两方面的问题：一个是“假人才”问题，一个是“假引进”问题。对此您怎么评价？

闵维方：世界一流大学最重要指标之一是世界一流的教师。越是好的老师越容易吸引优秀学生，实现教学相长，并教育和引导学生“青出于蓝而胜于蓝”。所以，我们将培养和引进优秀人才、加强师资建设作为建设世界一流大学的关键。我们从 1995 年开始就制定了一系列学术队伍建设计划。到 2000 年，我们按计划顺利实现了具有博士学位的教师达到 1 000 名的目标，其中 1/3 左右是引进全职的海归人士。

就我所知，不存在“假人才”问题。首先，海外“人才”的鉴定是由院系的学术委员会和教授会议进行同行评议，对其科研成果及所发表的论文和教学情况进行严格的审查，并且要有海外专家的评价和推荐信；师资管理部门还要严格把关，就连其在国外的毕业文凭和博士学位证书，都要拿来原件进行鉴定。有严格的程序保障，“假人才”一般是很难蒙混过关的。当然，也发现过极个别“漏网之鱼”，我们都立即解聘了。

也没有“假引进”问题。我们引进人才有多种模式：有的是 12 个月全职回来，有的回来 9 个月，有的回来半年，有的回来 3 个月，还有的根据需要可能只

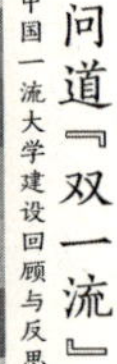

* 本文发表于 2006 年 9 月 4 日。

回来一两个月，这完全取决于各个院系的学科建设需要，也完全符合国家自然科学基金委倡导的“哑铃式”安排。在这方面，我们给各院系足够的自主权和弹性，但学校人事部门在操作程序上严格把关。如发现有违反程序的，立即予以查处。因此，总的来说，这些年来，我们从海外引进很多人才，我觉得都很优秀。像化学学院的赵新生、刘忠范、王剑波，物理学院的欧阳颀、龚旗煌，生命科学学院的朱玉贤，信息学院的彭练茅，环境学院的周力平和陶澍，计算机学院的梅宏，历史系的彭小瑜，哲学系的赵敦华、张祥龙，国际关系学院的许振洲、贾庆国、潘维，经济学院的林双林、刘民权，法学院的朱苏力，经济中心的林毅夫、周其仁、海闻、陈平、平新乔……我们光华管理学院有四五十名从国外回来的博士，等等。我是研究教育学的，对我的同行比较了解。在我这个专业里，陈向明是从哈佛大学回来的，王蓉是从伯克利回来的，马万华是从康乃尔回来的，丁延庆是从哥伦比亚回来的，现在都是北大的全职教师。像世界银行、联合国的大项目都邀请他们去做，并认为他们做得很好。可以说，他们是一流的。我觉得，有些批评我们的人其实并不了解情况。

有一些人误解了我们的善意

记者：有人认为，这与北大国际数学研究中心的建设以及丘成桐和田刚之间的个人恩怨有关。但丘成桐否认了所谓的“个人恩怨”。

闵维方：对这个问题，我不想发表评论，更不想就“个人恩怨”发表意见。我对田刚比较了解，他是北大重点引进的人才；我本人不认识丘教授，但知道他是一位有成就的数学家，还是很尊重他的。近一两年，丘教授发表了一些批评田刚和北大的言论，许多不明真相的人以为丘教授说的都是事实。无论是北大还是田刚，为了维护团结，顾全大局，始终非常克制。但是我们也注意到，有一些人误解甚至故意曲解了我们的善意，我们不作回应便说我们理亏，而我们出面澄清一些事实就说我们缺乏北大“兼容并包”的风度。俗话说，兼听则明，偏听则暗；既然丘教授、北大和田刚都是当事人，我希望大家应当站在客观的立场上理性地分析问题，而不要被一种声音所误导。

我要说明的是，北大历来坚持追求真理、追求卓越的办学理念，坚持海纳百川、有容乃大的原则，贯彻执行国家鼓励留学回国的政策，欢迎和支持海外学者回国服务。从 1998 年开始，田刚每年都带着一批优秀的青年数学家到北大来搞数学培训班。等到北京国际数学研究中心建好，他就会全职回来。在数学中心建好之前，他还是按着“哑铃式”的安排，根据研究进度、教学科研的需要来安排时间，我们给他弹性制。都说要“筑巢引凤”，你巢还没有筑好呢，就要求人家整个儿回来，实际上反而不利于他充分发挥作用。

最近，我看到两则材料，一则是伯克利的项武义教授的一个谈话。在丘成桐学生时代时项教授就认识他了，可以说对丘教授非常了解。另一则材料是上个星期美国很有影响力的杂志(*The New Yorker*)发表的一篇长篇报道，也有很多关于丘教授的内容。我想大家看过这两则材料，对丘教授与田刚和北大之间的争论就会有更客观、更清楚的认识了。

北大一贯提倡“兼容并包”

记者：北大这几年用长江特聘教授等方式从海外引进了人才，对于办学经费还比较紧张的北大，会不会因此影响了本土人才的培养？

闵维方：与发达国家的大学相比，我们的办学经费的确还是非常紧张的。美国的一流大学的经费是我们的十倍甚至几十倍。这些年来，我们通过长江讲座和特聘教授的方式，通过企业和社会捐赠设立专门教席等多种方式，引进一批人才。这些引进所需要的经费都是专款专用的，并不涉及培养本土人才的经费，也没有挤占本土人才培养所需要的资源，更没有用这些人去骗取或套取国家的什么几千万甚至上亿的经费。我们是国立大学，国家审计部门要定期对我们的经费使用状况进行严格审计的。在这方面想造假是要受到严厉处罚的。我们北大在人才队伍建设上一贯提倡“兼容并包”“五湖四海”，既注重从海外引进优秀人才，也注重培养本土人才，坚持两条腿走路，保护和调动好海外引进和本土培养人才这两种“积极性”。

记者：最近有媒体认为，丘成桐教授最恼火的是，在中科院数学院士评选等方面，北大实际上在打压其他高校？

闵维方：首先，北京大学数学学院同大多数兄弟院校的数学同行都有着非常好的合作关系与友谊，根本就不存在什么打压的问题。其次，据我所知，北京大学数学学院只有 6 位院士，而中国科学院在数学学科领域的院士有近 30 人。而院士的遴选是无记名投票的方式。因此，北大数学学院的几个人也左右不了院士的遴选过程。

“北大清华被扫为二流”言过其实

记者：丘成桐教授最近批评说，哈佛近几年接收的北大学生水平远不如 10 年前。前些时候也有“北大清华被扫为二流”的言论。您如何看待这种批评？

闵维方：北京大学根据国家“支持留学、鼓励回国、来去自由”的方针，不仅

吸引大批留学人员回国服务，而且每年也有不少人出国留学，许多都能申请到国外比较好的大学，包括美国的哈佛大学、耶鲁大学、斯坦福大学、普林斯顿大学、哥伦比亚大学、芝加哥大学、加州大学伯克利分校、加州大学洛杉矶分校、康乃尔大学，英国的牛津大学、剑桥大学、伦敦经济政治学院，日本的东京大学、早稻田大学，德国的柏林大学、洪堡大学等。有时我也为一些学教育经济学的学生出国留学写推荐信，经常接到对方学校的感谢信，感谢我们为他们推荐了这么多优秀的学生。总体来说，这些学校对我们的学生的评价都非常好。我本人从来没有听到这些学校说“北大的学生不如10年以前”之类的话。不同时代的学生有不同的特点，每个时代的学生都有出色一些的，也有较为一般的。即便有极个别的北大学生表现不佳，也不能代表北大学生的全体。我们不能只见树木，不见森林。

记者：我们注意到，最近您就有关问题接受了《21世纪经济报道》的采访，《人民日报》最近也发表了许智宏校长《招多少“状元”不重要》的文章。但网络上对你们上述的回应却并不都持赞同态度。您如何看待这种现象？

闵维方：我们并不认为所谓高考“状元”是衡量生源质量的唯一重要指标。高考“状元”只是一次考试成绩而已，只是生源质量的一个参数。我们要全面看学生群体的质量，就不能仅仅停留在一个参数上。其实，不论你是高考的第一名还是第二名，进了北大的门，就都站在同一个起跑线上了。在这个问题上，我们可以“仁者见仁，智者见智”。提出这个问题的起因是：香港的大学来内地招生，招到了一些省市的高考第一名，这本来是好事。我觉得一部分好学生去香港学习，对国家也有好处，从总体上来说有利于香港和内地的融合，增进互相的理解，这是好事情。但要因此说“北大清华被扫为二流”就言过其实了。如果像媒体炒作的那样，认为香港的大学今年招到了15名各省市高考第一名，就超过了北大清华，那是不符合事实的。我们北大今年招来的各省市高考第一名有40多名，比香港所有大学在内地招到的“状元”总数还多得多。当然，招来多少“状元”虽然很有意义但也不能过分夸大，我们要看到的是香港有实力的大学已经参与到优质生源的竞争中来了，这就激发我们要更加努力地工作，把北大办得更好。

清华大学副校长杨斌：

工程硕士教育的新引擎*

清华大学日前启动国内首个混合式教育的硕士学位项目——“数据科学与工程”专业硕士学位项目，首批 50 名学生将于明年春季入学。在招生录取上，该项目突破了以往学生参加完工程硕士的专业学位研究生考试后，需要进行专业笔试和面试的模式，以在线课程替代专业笔试，利用在线教育平台记录的学生学习行为大数据进行选才；在培养上，所有课程都采用“线上＋线下”相结合的模式，混合式培养大数据工程硕士。

这无疑是经济发展新常态下我国工程硕士教育的一个新尝试。本报记者就工程硕士教育的相关问题，对清华大学副校长、全国工程教育专业学位指导委员会秘书长杨斌进行了专访。

培养具备终身学习观的工程实践者

记者：自 1995 年设立工程硕士专业学位以来，我国高校培养了一大批国家急需的高素质工程技术和工程管理人才。在当前经济新常态的大背景下，工程硕士教育面临哪些挑战？

杨斌：在全球经济一体化的时代背景下，工程科技的发展水平体现着一国的核心竞争力。随着社会的发展，工程专业实践日益复杂化、全球化，新技术的广泛应用，专业知识不断加速更新，这些发展趋势给工程硕士教育带来挑战。与此同时，工程硕士教育存在一些内生性问题，如在职工程硕士因工作繁忙无法保证在校学习的时间和效果，全日制工程硕士因欠缺实践而偏离专业学位的应用本质，这两个问题如同“房间里的大象”，显而易见却总是被刻意回避，仅仅依靠传统的课堂教育来解决是远远不够的。

记者：像“数据科学与工程”专业硕士学位这样的混合式教育，能避免这种“房间里的大象”现象吗？

杨斌：近年来，在线教育以其便捷性、高效性和低成本的特征为人们提供了良好的学习平台和方式，突破了时空和师资等条件的限制，通过应用信息科技

* 本文发表于 2015 年 5 月 18 日。

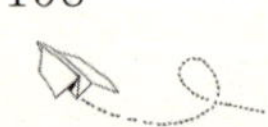

和互联网技术进行内容传播和快速学习。那么，在线教育带来的学习模式的变化，是否能够产生既能为全日制学习者提供基于实践的沉浸式学习，又能为在岗学习者提供高质高效的在线课程学习呢？不能否认，开放教育平台的建立和在线教育的发展必将促进新的工程技术的学习和应用，但是这当中需要克服目前在线教育模式中片面强调内容传授而不够重视学习社群价值，使之从单纯的知识传授逐渐转向具有挑战性和交互型的教学活动；利用信息和通信新技术来规划教学目标，为学习者建立新旧信息点间的连接；探索实施线上与线下教与学的协调配合、课程与训练有机结合的混合式教学模式、建立在线实验室环境等。

在线教育对于工程硕士来说，不仅仅是一种学习经历，更重要的是使他们养成在移动互联时代进行在岗学习、社群学习和终身学习的习惯，进一步拓宽职业发展空间，提高解决实际问题的能力，这是教育应能达成的高阶成效之一。

培养具备可持续发展观的工程管理者

记者：李克强总理在今年的政府工作报告中明确提出，“要实施‘中国制造2025’，坚持创新驱动、智能转型、强化基础、绿色发展，加快从制造大国转向制造强国”。这对今后的工程硕士教育有何影响？

杨斌：我国工程硕士学位设置于1995年，当时中国的经济发展模式、制造业水平、生态意识和质量观与现在相比不可同日而语。时代在变化，技术在发展，文明在进步，中国要在世界全球性问题中主动承担社会责任，以“绿色”为发展基调，进一步推进生态文明建设、引领经济社会的健康发展。因此，新时期的工程硕士教育需要在课程内容和培养环节中，增加对生产与生态，安全与健康，工程伦理与职业操守，全球气候变化与中国责任等学习和思考的内容。否则，培养出的工程硕士只是新世纪的“半人”，这样的人掌握的工程本领越强大，越有可能“为害”于社会。

“绿色”是一种看待传统工程实践的新视角，它一方面严格地应用科学理论，但同时要求在工程实践中考虑对环境的影响。工程硕士教育要在培养人才的过程中贯穿绿色教育，植入广义的绿色内核，注重建设“绿色化”的教师队伍，将课程体系染“绿”，在知识传授和能力培养的同时更加重视价值观塑造。其中，教师的“绿色化”非常关键，是项目绿化和课程绿化的基础，是培养对可持续发展具有强烈责任意识的工程管理者的关键，甚至关乎中国工程能否走向可持续发展的未来。

记者：会不会有学生认为，我到学校学习只是为了提高工程技术、管理等方

面的实际操作能力，谈“绿色”有些太虚了？

杨斌：值得注意的是，工程硕士教育作为一种专业学位教育，常常过分强调学习者的喜好和实际需求（在这里，学习者往往被视作消费者），模糊了教育与培训的界限，弱化了教育的育人功能，而绿色教育不是基于工程学习者的内生需求产生的，也就是说，绿色教育不是学习者主动意识到并表达的学习需求，而是产生于宏大的社会发展需求的图景中，是全球共同关注的议题，是教育者对世界负责、对未来负责、对学生长远负责的前瞻与使命意识。

培养兼具创业精神和能力的工程领导者

记者：“大众创业、万众创新”是新常态下中国经济发展的新引擎。在创新创业教育方面，工程硕士教育能做什么？

杨斌：工程硕士作为一种专业学位，一直以就业和职业发展为其导向。这种导向在一定程度上拘囿了工程硕士教育事业的发展，尤其是在当前许多行业正在或者即将面临解构的时期，专业型的工作岗位和种类在快速变化之中。因此，工程硕士教育的目标激发学生的学习成长动力，让专业硕士更能突破学科行业界限而具备能力意义上更大的普适性，

如今，创业已经成为国家或地区经济发展和科技进步的重要推动力量。创业不仅仅局限在自主创业上，更包括创业精神、创新精神和专业能力的发展和提升。工程专业具备天然的技术驱动优势和创业活动参与度，工程教育应该跟上产业发展的步伐，在科研领域成为引导技术发展方向的先驱者，成为创新和创业的教育基地。工程硕士的毕业生中，涌现出了不少创业有成的典型，但我们更要看到在工程硕士项目设计与课程环节安排中，有意识地激发创业精神与创业本领（这绝不等同于开办新企业），对于推动中国制造向中国创造，推动中国的传统产业的转型升级，推动工程硕士毕业生成为组织中的创新发动机，有着极为重要的意义。更“创业化”地培养工程硕士等专业硕士，对于学生的创新创业教育大有裨益。

记者：您认为工程硕士教育模式将随之发生什么改变？

杨斌：随着创业教育的深化，只注重学科知识培养的创业教育和只依靠技术驱动的创业教育都是不完全的教育模式，对于学生创新能力培养重视不足和对学生创业精神激发不足，已经成为制约工程硕士教育与创业教育融合发展的重要因素之一。创业教育应贯穿于工程硕士培养全过程，完整的创业教育模式是工程实践教育的进化，更是创业精神和素养的升华，培养兼具创业精神和能力、创业素养和技术特长并重的工程领导者，才能体现全面工程教育的精髓。

教育质量的优化与提升始终是工程硕士教育发展的重要任务,通过与创业教育、绿色教育和在线教育的有机融合,既是工程硕士教育建立开放性、重实践、综合型的新型培养模式的内生要求,也是对经济全球化、社会需求多元化和个性化、可持续发展观的积极回应。

浙江大学校长杨卫：

与世界一流差距最大的是教师队伍*

你看过哈佛大学教授迈克尔·桑德尔的《正义》课吗？你听过耶鲁大学教授雪莱·卡根的《死亡》课吗？刚刚过去的2010年，网上“淘课”正成为90后大学生的流行学习方式。与此同时，不少大学生也在感慨：中国的大学能否多一些这样的课程？

对此体会更深的可能是浙江大学校长杨卫。2010年，浙江大学实行了以教师岗位分类管理为主要内容的人事制度改革，其目的就是要缩小与世界一流大学的差距。并且，杨卫认为，经过近10年的“985工程”建设，中国顶尖大学取得了长足的进步，在某些方面甚至已经达到或接近世界一流大学的水平。但在师资的整体水平上，中国大学还有很长的路要走。

对于外界有关浙大人事改革的诸多评论，浙大校方和杨卫校长极少做出回应。这在某种程度上也显现出浙大的改革决心和信心。日前在京开会的间隙，杨卫校长接受了《中国教育报》记者的专访。

人事改革的想法由来已久

记者：有人说，您做了许多大学校长想做却不敢做的事。为什么选在这样一个时间点，是为了落实教育规划纲要和回答“钱之问”吗？

杨卫：2008年中央决定浙大作为落实科学发展观的试点单位，浙大当时确定要做8件实事，教师人事制度改革是其中之一。所有的改革中，人事制度改革是最为敏感的，学校有关部门进行了大量的调研，最后确定了教师岗位分类管理的改革方案。当然，2010年这项改革措施的出台，恰逢《国家中长期教育改革和发展规划纲要(2010—2020年)》颁布和“985工程”三期建设启动。我们的人事制度改革方向和国家有关政策导向是一致的，也得到了相关部门的支持。

记者：类似的岗位分类管理，在国外一流大学中有吗？

杨卫：对比浙大提出的建设世界一流大学目标，我们发现浙大差距最大的

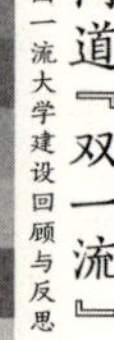

* 本文发表于2011年1月14日。

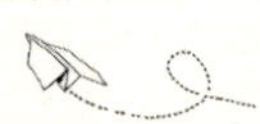

是在教师队伍建设方面。其中就涉及教师的岗位设置问题。比如英国牛津和剑桥,其师资结构大致分为三类:一类是学术性岗位,即 Academic;第二类是研发类岗位,即 R&D;第三类是行政管理的职员岗位。美国的情况大致类似。对于不同的岗位,他们有不同的评价标准。

目前国内大学的教师考评体系,往往是用一把尺子衡量所有的教师,没有很好地体现"人尽其才"的理念。甚至出现了擅长做基础研究的,不得不以应用研究来追求所谓的业绩。这也是我们这次改革想解决的主要问题。

记者:2002 年,时任浙江大学校长潘云鹤曾提出,浙大 25%的教师承担了 55%的工作量,另有 10%的教师只承担了 0.2%的工作量,必须解决业绩较低的人员"流出"问题。浙大此前不也进行了教师人事改革吗?

杨卫:1998 年浙大实施了具有重大历史意义的四校合并变革,经过十余年的改革创新,专任教师人数由四校合并之初的 4 488 人,减少到 2010 年 6 月的 3 416人,教师队伍的素质和结构得到了大幅度的优化。但我们也应该看到,这种改革创新是通过类似于"末位淘汰"的方式实现的,我们的学术领军人物数量远远不够,解决国家重大任务和从事重大科学发现的能力依然欠缺。

记者:作为"第一个吃螃蟹的",您对浙大的改革效果有多大的把握?

杨卫:我想可以用另一个视角看。中国科学院早些时候推出了类似的改革,让一部分人进入了"创新系列"。当时反对的声音很大,但他们做下去了。现在回过头看,整个科研队伍变精干了,相当于做了一次普遍的筛选。当然,大学主要承担人才培养任务,和科学院的情况不太一样。在教师分类管理方面,有些高校在小范围内也进行过。

让"名师不上讲堂"成为历史

记者:浙大此次改革把教师岗位分为 5 类,其中教学科研并重岗、教学为主岗、研究为主岗 3 类的区别在哪里?为什么要做这样的区分?

杨卫:浙江大学作为研究型大学,按理说教师应该是教学科研并重的。目前我们是约 2/3 的教师进入教学科研并重岗,要求这些教师在完成高水平科研工作的同时,必须完成规定数量的课程教学任务。所谓的高水平科研,不再是简单地看科研经费多少和发表论文数量,而是要以标志性成果和学术影响力为尺度。同时,这类教师一定要上课,否则就拿不到约占教学科研岗的岗酬一半的教学津贴了。

根据国内的实际情况,我们又设了另外两类岗位:一类是专搞教学的,比如外语、体育、思政等公共课教师;另一类是专搞研究的,主要是针对一些高水平的引进科研人才和以参与重大科研项目为主的教师。这两类岗位都是少数,各占教师岗位总数的5%左右。

这3类我们都归为学术型岗位。过去为了争取科研项目,往往是鼓励最好的教师只搞科研不用上课。对于以人才培养为主要任务的大学来说,这是不对的。现在我们的改革导向,就是要让本科生4年见不到知名教授的事情成为历史。

记者:浙大此次的教师岗位分类管理中,非学术型岗位如社会服务类岗位,可能是最受社会争议的,有些媒体称之为"教授下课"。是科研、教学都不行的人,才到这些岗位去吗?

杨卫:人才培养、科学研究、社会服务是目前公认的高等教育的三大功能。特别是当前我国正处于工业化、城镇化加快发展的阶段,面临着产业升级、体制转轨和社会转型,需要研究和解决的问题很多,迫切需要高校与社会互动,在服务社会方面作出更大贡献。把教师岗位分成学术型和应用研究型岗位,不是要把教师分为三六九等,而是要为教师提供不同的发展平台和通道。

对于第四类教师岗位,我们还没有一个特别合适的名称,目前称之为"社会服务与技术推广岗",国外也有叫做知识转化(Knowledge Transfer),能够把新知识转移到新领域,比如做培训、咨询、转化的,还包括研究开发的。我们为这一类教师设置了一系列平台。比如工科教师可以到工业研究院,农科有农业推广中心,文科可以做继续教育和社会咨询,医科也有和临床相结合的。另外还有教育培训、MBA、MPA等。第五类岗位,我们称之为"团队教学或科研岗"。主要是参与很大的科研项目,包括各类的创新团队。这两大类教师所占的比例大概是30%。

浙大地处长三角经济发达的地区,不少教师愿意从事一些市场有需求但属于应用性质的研究开发工作。过去我们的教师岗位设置是混合型的。现在做这样的分类管理,是为了鼓励一批人能够潜心从事重大科学问题研究,让教学科研人员能够把培养学生作为自己最核心的工作。同时,让一部分人能够专心从事社会服务,为社会创造价值。

记者:有人问,为什么改革只拿教师岗位"开刀",不针对行政人员进行改革?

杨卫:对照浙大10年前提出的在建校120周年(2017年)前后跻身世界一流大学的目标,我们最大差距在教师队伍建设。特别是在高端人才方面,无论是院士的人数,还是中青年优秀学者的人数,浙大在全国并不具有领先地位。这是这次改革的主要着力点。

另外,浙大整个行政人员的数量和国外比是偏少的。在国外,学校的教员

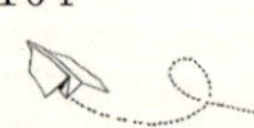

(Faculty)和职员(Staff)至少是1∶1的。行政人员现在主要的问题是“想当官”，学校一方面要求他们要增强服务意识，另一方面我们也适当增加了行政人员的薪酬。以前所有的改革都是给教师工资增加得比较多，行政人员基本不动，这样就不可能有很出色的行政人员。实际上是薪酬越少，行政人员越想当官。

业绩考核对大学是“双刃剑”

记者：教师岗位分类管理后，如何对不同岗位的教师进行考核？

杨卫：这5个类型都有自己的标准考核和绩效计算办法，希望大家各尽其才。否则，都用高水平论文来考核，对有些岗位不公平；按争取的科研项目来考核，对另一些岗位又不公平。不同类型的岗位实行不同的考核标准，学校的经济政策也有所不同。比如，对知识转化类岗位，学校就有比较好的经济政策。

记者：那些选择非学术型岗位的教师，会不会有低人一等的感觉？

杨卫：除了国家工资以外，浙大所有教师的岗酬都分成A、B、C三个部分：A是职称酬金，约占岗酬的20%；B是岗位酬金，约占岗酬的50%；C是业绩酬金，约占岗酬的30%。所有的“类型”都有到最高岗级的轨道，只是数量多少的问题，如教学科研岗的高岗相对多一点。非学术型岗位同样可以很出色，比如实验系列就设有“特聘实验研究员”，这个相当于二级岗位。在这之上只有一级，针对于院士和“千人计划”引进人才。

记者：有的人不想去“教学为主岗”，想去“教学科研并重岗”，怎么办？

杨卫：并不是所有的院系都有纯教学岗。教学岗位的数量是由本科生院根据需求设置的，作为研究型大学，我们也不希望有太多纯教学岗，研究和教学是要在一起的。在各类标准下，有针对不同类型岗位的遴选委员会，在尊重教师们自己的选择的基础上进行遴选。

现在又出现另一种观点，说有些人上课很好，学生很欢迎，但是学术可能一般。这样的教师适合纯教学岗。我们还是希望这些教师也做一些研究，这样可以去应聘教学科研岗。

记者：如何评价不同学科之间教师的工作业绩？

杨卫：以前薪酬统计很大一部分是研究业绩，多为定量指标。按这类定量公式计算以后，文科处于不利的地位。文科奖项少，专利也很少，发表SSCI论文也很难。这次我们降低了业绩岗酬在整个薪酬中的比重，加大了岗位薪酬的比重。前不久我和人文学院的教师座谈，教师们很拥护。现在的政策实行后，文科教师岗位津贴上升的幅度远大于学校的平均水平。

对研究型大学来说，研究业绩考核是“双刃剑”，有好的一面，也有负面影响。为了研究业绩，有的教师可能把一篇论文拆成几篇，分开发表；有的教师不愿进行长线研究，喜欢搞“短平快”的项目。实际上，对于那些具有研究惯性的教授来说，业绩考核反而影响了其科研自主性。

支持年轻教师建立学术人脉

记者：一些人抱怨，浙大一方面压缩现有教师编制，另一方面又在加大人才引进。会不会有“外来的和尚会念经”的错觉？

杨卫：目前浙大有些高水平教师已基本达到世界一流大学的水平，但低水平的教师与国外一流大学的起点水平却有很大差距。这从这几年的人才引进中看得很清楚。例如，同一个评审组，上午参加本校教师晋升教授的职称评审，下午参加引进人才晋升副教授的职称评审，感觉他们的差距并不大。

浙大是中组部海外人才的创新基地之一，包括“千人计划”人才，我们已经引进了 29 位。学校开辟了绿色通道，对于引进的海外人才讨论职称晋升每 3 个月一次，而学校常规讨论职称是一年一次。前一段时间浙大实行“三三制”，每个单位进来的新教师，至少有 1/3 要从海外优秀的学校引进，1/3 从国内“985 工程”大学招聘，还有 1/3 从本校的博士中选聘。

记者：这会不会让本土的博士有受挫感？

杨卫：我们有各种各样的计划，使得本土的博士任教以后能有一定的机会出国进行交流。我们规定，要提升职称必须要有比较长时间的国外交流或者进修的经历，现在的要求是半年，今后可能要延长到一年。对于年轻的教师，他们刚开始工作时往往还没有科研绩效，学校针对他们制定了任教前 3 年的专门补贴，每年两到三万元，使他们一开始不至于生活水平很低。这个阶段后，科研工作步入正轨，就会好一点。另外，我们有“新星计划”“紫金计划”“后新星计划”等来支持他们出国进修，支持他们建立自己的学术人脉。

记者：在职称、科研、住房等具体问题上，和引进人才相比，本土的年轻教师是否处于相对劣势？

杨卫：关于职称问题，我觉得中国的情况不是晋升职称太难了，而是实际上还不够难。国内一般来讲博士毕业 3 年以后，达到一定的业绩就可以申请副教授。国外来讲，这种情况刚刚能申请助理教授。经常出现这样的情况，在国外做助理教授的，到国内应聘教授；在国外做博士后的，到国内应聘副教授。

在科研方面，我觉得本土培养的人才倒不一定呈劣势。国内培养的人一般都参加了某个团队，他有一个团队可以依靠，无论申请项目，写论文找合作者，

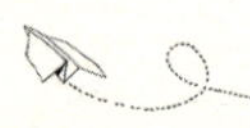

在这些方面，他们比国外新进来的人有一定的优势。

记者：如何促进本土教师和引进人才之间的和谐共处？

杨卫：目前浙大的薪酬体系是两种。一种是现在的组合薪酬制，另一种是对一些引进人才采用年薪制，一人一议。从长远来讲，两套体制并存并不能持久。因此，大批引进国外人才也是不可能的，工资水平还没达到。只能少量引进，把整体教师队伍的水平带动起来。在实行一段双薪酬体制的经验后，再看看有没有办法在宽带薪酬制的框架下把两者结合起来。

我们希望加大力度，吸引年轻人到浙大来成就事业，提升整个教师队伍的水平，同时希望他们能够和现有教师队伍和谐发展。

中国科学技术大学原校长朱清时：

过早“分类”制约了拔尖人才成长*

在日前举行的教育部直属高校咨询委员会第19次全体会议上，有关“人才培养是大学的首要任务和基本职责”的观点，成为与会大学书记、校长的共识。其实，大学本身也存在高层次师资缺乏的问题，这也是国内高校频频在全球高薪招聘学院院长、教授的重要原因之一。为此，本报独家采访了全国政协委员、中国科学技术大学原校长朱清时。

单靠引进解决不了高层次人才缺乏顽症

记者：您如何看待这些年国内高校纷纷从国外引进高层次人才的做法？

朱清时：目前国内高校面临的最大问题是高层次人才的缺乏，这一点大家认识得很清楚。但是如何解决这一顽症，大家比较关注的途径是直接从国外引进高层次人才。过去，国家和各部、省都制定了相关的人才引进计划，这一点毫无疑问是正确的。但是，光靠从国外引进人才来补充高校高层次教师队伍，有利有弊。

不可否认，从国外引进的高层次人才一来就是骨干，很快就可以“上手”。但也存在两大弊端：一是如果国内师资水平提不上去，没有好的团队，真正优秀的人才回来后很难开展工作。优秀人才选择去处时，首先关注的是工作梯队。二是在目前这种情况下，高校只有靠加大力度提高物质条件，比如，百万年薪、上千万的启动经费来吸引国外人才，这种待遇差别有可能造成“招来一个女婿，气走几个儿子”的后果，导致本土青年人才流失。因此，要根本解决高校教师队伍高层次人才缺乏的问题，还是要立足于自己培养，这是任何一个国家解决高层次人才缺乏问题都要走的路子，中国也不例外。

我们完全有可能自己培养出优秀人才

记者：这些年，不少国内青年学者也热衷于出国“镀金”。高层次人才的培

* 本文发表于2009年3月9日，署名为本报记者赵秀红、储召生。

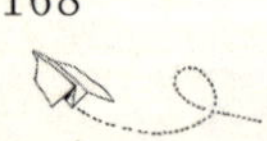

养，必须经过到国外留学这一程序吗？

朱清时：我想举两个例子来说明我们完全有可能自己培养高层次人才。一个例子是西南联大的办学经验。西南联大办学是在抗战时期，虽然只有七八年的历史，却培养出了中国科技、文化、教育等方面的大师级人才，很多人至今还在国内外起着骨干作用，你看这些年国家科技奖获奖者中有多少是西南联大毕业生？那时候的办学条件非常差，教授们有时候要靠摆地摊来维持家用，但却在国内培养了那么多高层次人才。西南联大能做到，为什么我们现在做不到？

另一个眼前的例子是中科大的陈仙辉教授。2008 年陈仙辉在国际权威学术期刊《自然》上发表有关高温超导的论文，他和团队的成果被国际上评为 2008 年十大科技进展之一。同时，在国内也入选科技部评出的 2008 年十大科技新闻。陈仙辉本科、硕士、博士都是在中科大读的，毕业后留在学校埋头苦干了 20 年。陈仙辉就是国内培养的优秀人才的代表，完全不逊色于国外的高层次人才。

记者：您认为目前国内高层次人才培养最短的那块“短板”在哪里？

朱清时：我想特别强调的是，对于培养高层次人才，要尊重教育与科研的规律，为他们创造一个长时间稳定的工作环境，让他们能够静下心来埋头苦干，不折腾、不干预。现在很多高校在评价人才时喜欢评论文篇数、论文影响因子，科研经费与待遇跟评审挂钩，几年评审不合格就不支持了。无论是国内培养的人才，还是国外引进的人才，在这种浮躁的评审制度面前，都很快沉不住气了，因为每年都要出成果，自己需要、学生和助手也需要，无法做需要投入长时间、花费巨大精力的科研工作。我国的科研院所和高校都存在这种现象，就是过分注重评价的指标化，以前把这些看作是管理的创新，现在看来，是好心办了坏事，这种做法亟待改变。国家要对高层次人才给予稳定的支持，让他们安心工作，要用平和的心态对待他们。像上面提到的陈仙辉教授，他的工作难度很大，不是很容易出成果，中科大国家重点实验室支持他，让他没有后顾之忧。20 年后，陈仙辉终于一鸣惊人。

过早“分类”制约了高层次人才成长

记者：既然我们完全有可能自己培养出优秀人才，为什么国内培养的高层次优秀人才还是零星的，没有形成规模和系统？

朱清时：原因不是我们没有钱，而是教育体制存在着结构性缺陷，它严重限制了我们自己培养的青年人成为优秀人才，也就使得高校缺乏高层次人才。我认为，国家制定中长期教育改革与发展规划纲要，要厘清这些问题，加以改进。

这种结构性缺陷主要表现在两个方面。一是我们的教育体制过早地把年轻人分类、分层次，而且一旦分了，就很难改变。现在的孩子只有上了优质小学，才能上重点中学，才能进入好大学，这样就卡掉了很多农村孩子，因为农村优质的中小学太少了。《国家教育督导报告2008》显示，全国有508个县，每县平均5所小学拥有不足1名外语教师，这样的农村教师队伍，导致大多数农村孩子不能上大学，即使上了大学，也进不了好大学，读到研究生的更少了。我发现现在的大学，尤其是重点大学的研究生中，来自农村和贫困地区的孩子越来越少。记得我读大学时，班里同学大多数是农村孩子。这种状况的后果是，现在能够一步步通过筛选读到研究生的少数学生，未必是最优秀的苗子，能否读研究生主要是取决于学生的家庭背景、社会地位、居住环境。这种分层不是人为的，而是教育体制自发造成的结果。这种体制是不公平的，使得很多年轻人失去了很多机会，如果这种状况不改变，培养优秀人才是很难的。

这使我想起邻国日本，2008年日本获得4个诺贝尔奖。日本获得过那么多诺贝尔奖，大家都不奇怪，原因在哪里？其实日本的教育并非完全西化，比如2008年诺贝尔物理学奖获得者、68岁的益川敏英，他不太会英语，甚至没有护照，没有出过国。重要原因是，日本为每一个适龄儿童都提供了良好的教育机会。为了消除地区间经济水平差距造成的教育水平差距，日本的教师享受公务员待遇，三五年定期轮换，任何一个农村孩子都可以很容易地转学到东京。基础教育保持同样的水平，这是教育公平很重要的一环，在这方面我们还有很大的差距。

第二个缺陷是过早地分专业，而且一旦分了，很难改变，使得年轻人失去选择机会。学生一进中学就分文理科，入了大学，专业就是固定的。我在美国工作时了解到，美国人平均一生要换三到四次工作，最后才稳定下来。而中国人相反，大部分人是一辈子只干一份工作。一辈子只做一件事，要靠碰运气，如果这个专业不是你感兴趣、可以发挥长处的，那你这一生不太可能发挥创造力，成为一流优秀人才更无从谈起。

记者：为什么我们会有这样的体制？

朱清时：中国目前的教育体制其实来自20世纪50年代的苏联模式，它强调专业化，学生年纪轻轻就必须选定专业，纳入培养计划，就像计划经济中按计划生产产品一样，后来证明苏联的这种体制有严重缺陷，因为它忽略了学生的天赋和兴趣，违反了人性的规律。世界上比较成功的教育体制应该是西方通才培养的教育体制，不强调专业。我在美国麻省理工学院工作时，哪怕化学系的学生，也只有1/3的课程是本专业的，他可以选择音乐、历史、文学、生物等，知识结构是多元化的，只要学分够了就可以毕业，专业的概念很淡。其实中国很

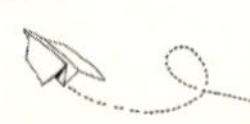

多文化名人，在大学时也都换过专业，最后才找到自己感兴趣的，成为该专业领域的佼佼者。

创造公平的机会是教育改革的方向

记者：国家目前正在制定《国家中长期教育改革和发展规划纲要（2010—2020）》，您觉得应该采取什么措施，改变上面所说的教育体制这两种结构性缺陷？

朱清时：第一个缺陷是由于基础教育的不均衡导致的，使得年轻人失去了公平的机会。要改变这一点，必须所有学校一视同仁，不能再分重点与非重点学校，人为制造不平等。

改变第二个缺陷，要从教育体制结构改起。比如，职业学校或者中专的毕业生必须有通道上大学，这些学生在作出选择时还不成熟，不知道自己的兴趣和特长在哪里，如果几年后想上大学或者读研究生，要让他们还有希望，这就要改革大学的录取制度，不能完全靠高考。我们可以参考美国社区学院的经验。美国社区学院介于大学和中学之间，只读两年，中学毕业没有考上大学、或者没有兴趣读大学的学生，可以读社区学院。社区学院不规定专业，可以选修各种课程，修够学分后授予副学士学位，相当于上了一半大学。这些学生可以以副学士学位申请读大学，如果通过考试，再读两年就能得到学士学位。这种体制的设计就是为了弥补这种缺陷，不让中学毕业生或者在社会上工作的青年人失去上正规大学的机会。过早地让年轻人选择专业，不利于民族的创新能力培养，不利于选拔优秀人才，当然也不利于高校高层次人才的培养。

还有一个要改革的是，应更加淡化大学的专业意识，瞄准提高学生的综合素质，培养全面发展的人才。上大学不是为了有个专业，而是为了有个文化基础能干各种各样的工作，当然，可以有所侧重。我们要立足本国培养自己的高层次人才，必须要走自己的路，重要的一点就是要总结苏联教育模式的经验和教训，学习和吸收西方成功的教育模式的优点。

华中科大校长李培根：

把学生培养成为“他自己”*

华中科技大学校长李培根院士的办公室异常简陋：屋子不到 20 平方米，一个书柜、两个沙发、一张办公桌就占了大半个空间。据说杨福家院士曾把它拍下来，和某地一处级干部的豪华办公室照片一起，寄给了国家领导人，反映当前高校办学条件的不足。

新学期一开学，就是在这间“著名”的校长办公室，李培根接受了《中国教育报》记者的独家专访。这也是 2010 年夏天广受媒体追捧以来，李培根校长首次接受媒体采访。

记者：最近校内都在围绕“一号文”讨论，为什么要把学风、教风建设摆在如此突出的位置？

李培根：我们把学风、教风视为学校的立校之本。目前评介一所大学的水平所采用的一些指标和数据，校风、学风、教风并不在内，但“本”是时刻不能忘的。我们关注那些指标和数据，但“本”没有了，代表水平的那些指标和数据也终究会掉下来。

记者：华中科大刚刚获得 6 项国家科技大奖，如此重视本科教学，会不会影响学校的科研成绩？

李培根：现在重点高校之间的竞争越来越激烈，这从社会广泛关注的高校自主招生联考就能看出来。校长们也很容易去关注一流大学建设最显性的一些指标。但校长必须有教育的内在理想，如果只为指标所驱动的话，学校不可能得到持续发展。

内在理想主要还是体现在培养人的问题上，包括培养什么样的人，怎样去培养人。我时时刻刻告诫自己，不要忘了自己的内在理想。对建设一流大学而言，尤其重要的是本科教育。我们 2005 年就提出了建设“一流教学、一流本科”思路。2008 年也出台了关于建设一流教学、一流本科的校发一号文。加强教学，短期内可能对科研项目和经费有所影响，但一所学校的科研水平和能力，不能简单以科研项目和经费来衡量。

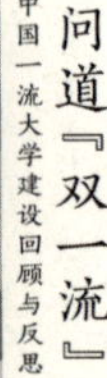

* 本文发表于 2011 年 3 月 9 日。

记者：在您看来，大学教师重视科研、轻视教学的根源在哪里？

李培根：这首先还是一个社会问题。目前国家对高等教育的投入还是较少，学校要改善教师的工作条件、学生的学习和生活条件，很大程度上还需要学校自己想办法来解决。目前在中国绝大多数大学，其教师的收入都和科研、教学工作量有一定程度的挂钩，这也是不得已而为之的事情。如大学一级教授（最高级别，基本上是院士）按国家规定的工资只有 2 800 元。如果教师的收入只是国家规定的工资，那是很不体面的。因此学校不得不想办法去提高教师的收入，其办法之一是对某些科研项目（主要是企业项目）的经费提成。因此，大学教师要想过一个体面的、有尊严的生活，不得已要走创收的途径。这也会使学校的科研和教学本身受到影响，因为有部分教师拼命争课题或者拿教学工作量，主要是因为利益驱动，而非兴趣和责任驱动。这种状况显然不利于人才培养和科研本身。发达国家就很少听说教授忙着搞创收的。

记者：我注意到，"改革"一词在刚刚颁布的"一号文"中分量不轻。您如何看待教育规划纲要颁布后国家大的教育改革背景下的学校学风、教风建设？

李培根：我认为，这些年我们进行的教学改革，主要集中在教学形式和内容增减方面，这样的改革也很有用，但意义毕竟有限。在教育的根本问题上，我们的改革还很少触及。根本问题是什么？就是教育要真正面向人。或者说，要实现从"以教师为中心"向"以学生为中心"的教育转变。

我们应该思考，教育有没有真正面向人？有没有真正对学生开放？现在我们实行的基本上是以教师为中心的教育，教学体系、课程设置等，都是以教师为中心的。"以教师为中心"的教育，教师是最轻松的；"以学生为中心"，教师就要动很多脑筋，思考如何启迪学生思维、挖掘学生的潜能。因为你面对的每个学生都是不一样的。

前年我接触到一位毕业才几年的校友，这名学生非常优秀，曾被保送为研究生，毕业以后在一家 IT 公司工作。几年以后，她把工作辞了，结伴到尼泊尔的贫穷乡村里，为那里的小孩子服务。她说了一句让我很感慨的话："教育就是要使学生成为他自己。"这句话让我震动，它很朴实，但是非常有哲理。其实就是需要"以学生为中心"的教育。

记者：您觉得"一号文"能在多大程度上解决目前存在的学风、教风问题？

李培根：我们去年搞学风教风建设年活动，组织师生学习研讨，搞活动是希望今后不搞活动，要让重视本科教学工作成为学校工作的一个常态，成为校长、院长的办学习惯。我们要采取相应的举措，要在"票子""帽子"等问题上，对教学工作有所倾斜。我们要尽可能在目前的条件下，把这项工作抓得好一点、实

一点。

学风、教风问题实际上是一个社会问题,社会问题是不可能靠单个学校就能完全解决的。即使是“一号文”中提到的学校内部问题,也不是一年两年就可以解决的。但华中科技大学总归希望做得尽可能好一些,我们应该有自己的理想和信心。

大连理工大学校长郭东明：

把准工科大学“双一流”建设坐标*

在东三省的高等教育版图上，伴随着新中国成长的大连理工大学始终占有举足轻重的地位。该校还是全国为数不多的不在省会城市的“985 工程”高校，其重要性和特殊性可见一斑。

但是近几年区域经济发展状况影响到大连理工大学的前进步伐。在著名的“四大工学院”(其他三校为华中科技大学、东南大学、华南理工大学)里，大连理工大学的发展势头也不占先。随着国家全面振兴东北老工业基地以及“双一流”建设的逐步深入，大连理工大学如何找准自己的位置？中国工程院院士、大连理工大学校长郭东明近日接受了本报记者专访。

“双一流”意味着一场深刻变革

记者：国家做出统筹推进“双一流”建设的战略部署，您认为其对大连理工大学意味着什么？

郭东明：“双一流”建设是由大国变强国的必然需要，与“两个一百年”战略目标紧密相连，体现了科教兴国战略和创新驱动发展战略的本质要求。“双一流”建设将进一步发挥高等教育在整个国家发展的“先发”和“前驱”作用，进一步彰显人才和智力的双支撑作用，这既是高等教育的历史使命，也是包括大连理工在内的各高校发展的重大机遇。

在“985 工程”“211 工程”的基础上，“双一流”建设将打破以往划定的学校资格界限，更加强调学科基础，绩效杠杆，动态考核和调整，对提高资源配置效益无疑是重大的改进。因此，我们大连理工大学应以深化改革为内生动力，以提高教育质量为核心，在服务与贡献中“争创一流”，完成新的跨越。

记者：大连理工大学会如何响应国家的战略部署？

郭东明：“双一流”建设也意味着一场深刻的变革。总书记的“办好中国的世界一流大学，必须有中国特色。没有特色，跟在他人后面亦步亦趋，依样画葫芦，是不可能办成功的”重要论述，强调了特色的重要性。高校同质化办学导致

* 本文发表于 2016 年 5 月 30 日，署名为通讯员吕东光、本报记者储召生。

大学核心竞争力不足，还造成资源的稀释浪费。“双一流”建设给了高校一个新的发展战略引擎。如何用好这个新引擎精准发力，各个高校都应有各自的深入思考。

大连理工大学的选择是“一体两翼四力”。“一体”就是一流大学、一流学科、一流人才一体考虑，特别是抓住学科这个龙头、人才这个根本，围绕立德树人，抓好汇贤用才；“两翼”就是强化办学特色、深化综合改革协调推进；“四力”就是办学能力、办学活力、办学实力、办学魅力建设互相统筹。

记者：现在网上有人担心，“双一流”建设会成为形象工程，很难取得实效。您怎么看？

郭东明：经过多年的建设，现阶段中国大学已经具备了向世界一流大学、一流学科发起冲击的实力和底气。我们在一些学科领域有影响、有地位，已经走在了国际前列，正从“跟跑”转向“并跑”甚至“领跑”。而且，随着我们国家创新驱动发展战略的深入实施，整个社会创新创业潜力的不断释放，将给“双一流”建设提供更大的机遇和更广阔的舞台。从大学角度看，“双一流”建设与经济转型、产业升级将相辅相成、互相促进，从这点上来说，我们进行“双一流”建设所依托国家强大的发展“势能”，是无可比拟的，这一点我们必须坚定信心。

“存量促升级、增量调结构”

记者：经过了这么多年的“211 工程”“985 工程”等建设，我们与世界一流大学还存在哪些差距？

郭东明：最明显之处是缺少享誉世界的顶尖学科。建设世界一流大学，归根结底要从一流学科抓起。事实上，之所以称得上世界一流大学，也一定有若干个一流学科是世界一流水平的才行。在“求全”与特色之间选择，无疑特色才是最重要的，高校要坚持围绕自身特色谋优势，加强统筹谋划，协同推进。因此，大连理工大学的“双一流”建设，提出的是“存量促升级、增量调结构”的思路。

记者：目前国内高校“跟跑”的学科比较多，“领跑”的学科比较少，具体表现在哪些方面？

郭东明：一是从发展状态来看，我们的学科优势还是局部的或点状分布的研究，整体的、系统的超越还需假以时日，需要不断把研究优势拓展为学科优势、学科群优势；二是从未来发展看，基础的、前瞻的科学研究需要大力加强，“下好先手棋”，以推动学科的超前布局；同时，学科和国家产业的高端优势相辅相成，推动国家由大到强的高端产业发展需要国际领先学科的支撑，为此学科

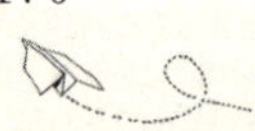

要在进一步调整结构、优化布局中，围绕产业链布局创新链，形成多学科多领域创新优势。

记者：变“跟跑”为“领跑”，大连理工大学会从哪里突破？

郭东明：我们主要强化两个导向：一是服务国家重大需求和东北振兴，强化问题导向。“双一流”建设，高校应贯彻创新驱动发展战略，构聚创新源泉，提升创新能力，统筹好与面向科学前沿、面向经济建设主战场的关系。比如，我们紧密围绕产业发展，通过深化体制机制改革，加强产学研深度融合，将国家战略、国际前沿、东北振兴一体考虑，搭建产学研协同创新新模式，催生了由大连理工大学牵头的国家级“辽宁重大装备制造协同创新中心”，并且，成立几个省级协同创新中心和多个地方研究院，助推企业自主创新能力和核心竞争力得到大幅提升。

二是面向学科前沿，强化目标导向，特别强调理科与工科的高水平协调发展。比如我们从瑞典皇家工学院全职引进了千人计划学者、人工光合作用领域的权威专家孙立成教授，就是围绕基础研究布局基础学科，力求超前布局，抢占制高点。再比如我们在精细化工领域，基于彭孝军教授团队原创性成果研发的喷墨打印染料，不仅占据了国内绝大部分市场，而且在国际市场上也占有了一定的份额，这在20年前还是不能想象的。我们的程耿东院士在国际结构与多学科优化学会换届选举中以最高票入选为学会执委，并在新一届执委会会议上被推举为学会主席，这是首次由亚洲学者当选，不仅反映了他个人的成就，也反映了我校力学学科的实力。

有序扩大高校办学自主权

记者：有人认为一流本科教学是一流大学成熟的标志。大力加强学科建设，会不会顾此失彼，影响人才培养特别是本科生的质量？

郭东明：办学质量的最终标志是人才培养质量，一流大学最本质的成果是培养出引领未来发展的一流人才；而学科建设与人才培养相辅相成，学科建设是龙头和基础，是队伍建设、人才培养、科学研究、社会服务等各项工作可持续发展的载体和保障，学科声誉度高，师资队伍雄厚，科研能力强，才是培养出一流人才的重要条件和保障。特别是工科大学，没有一流的师资和高水平的科研，就无从谈起一流人才的实训和培养。所以，人才培养特别是本科教育也要坚持围绕自身特色，调整优化学科专业结构和人才培养类型结构，形成区别于其他学校的人才培养模式和独特优势。

记者：高校深化供给侧结构性改革，和“双一流”建设是什么关系？

郭东明:“双一流”建设对高校自身来说是一个全局性的系统工程,需要实施以构建完善的学科体系为目标、以协调机制体制与人的关系为主线的综合性改革。在经济全球化、人才竞争尤为激烈的当下,我校坚持学科龙头与人才强校相促进,大力推进人才强校战略,强化高层次人才的支撑引领作用。

一是创新人才培养和引进机制,推动人才政策与国际接轨,通过人事制度改革,采取资源优先保障、开辟绿色通道、设立人才特区等超常规举措,培养和引进一批能够服务国家重大战略需求、活跃在国际学术前沿的一流科学家、学科领军人物和创新团队。二是汇聚培养优秀青年人才,通过前瞻布局,及早发现跟踪,重点遴选并培养一批基础扎实、潜质突出的青年杰出人才。三是完善岗位分类管理及评价体系,实现在岗人员能进能出、能上能下、岗变薪变,激发办学活力和学校发展的内生动力。四是深化薪酬分配制度改革,构建以岗位绩效工资为主体,协议工资制、项目工资制等并存的多元化薪酬分配制度和动态激励机制。

记者:作为一校之长,您认为政府和社会还应该同高校一起做好哪些工作?

郭东明:首先是加大资金支持力度,不只是国家和地方财政资金的支持,也包括社会资金的支持。资金支持要体现出鼓励和引导不同类型的高水平大学和学科差别化发展的多领域协调、多层次支撑的结构样态,体现公平竞争、扶优扶强扶特,促使高校建设“人无我有,人有我强,人强我优”的学科发展新布局,推动高校综合改革走向深入。

其次要加强政策和资源支持,有序扩大高校办学自主权。现在从中央到省市,政府分权、放权,扩大高校办学自主权,都已达成共识,但一方面放权不等于放任,政府在放权的同时,要加强和改善宏观管理,引导和支持学校发展;另一方面,要遵守办学规律,避免高校的行政化。此外,还要完善评价机制,推进管办评相对分离;强化协同创新,完善政府、社会、学校相结合的共建机制。

南方科技大学人文中心主任陈跃红：

一流理工大学须有一流人文教育*

继北京大学原副校长陈十一2015年就任南方科技大学校长之后，又有一位北京大学名教授选择了南下。他就是陈跃红，原北大中文系主任，曾任北大校务委员、北大本科教育改革战略小组召集人，新学期刚刚走马上任南方科技大学人文中心主任。

如今大学名牌教授多校任职并不鲜见。不过令人好奇的是，在北大中文系这样的人文教育殿堂担任十多年系领导，他为什么会选择转战南方科技大学？日前在京参加活动的间隙，陈跃红教授接受了《中国教育报》记者专访。

人文与理工的融合难题

记者：您在北大中文系做副系主任、系主任13年，长期参与招生、本科教育改革、学校发展规划等工作。为什么选择到南科大？

陈跃红：如果你深入到中国的高等教育改革当中，就会深刻意识到中国的高等教育正面临着从数量型往质量型、从一个相对封闭的体系向全球化时代的发展转型。中国的高校既受到中国古代书院传统和现代西方高等教育传统的影响，同时也处处可以感觉到苏联高教体制和当下市场急功近利的市场经济的制约，四重体制精神层层覆盖，给我们带来了沉重的"负担"，使得今天的高等教育改革总是步履维艰，而学界又都希望高等教育改革尽快有比较大的突破。

南科大地处改革开放前沿的深圳，又是得到国家批准的高等教育改革先行先试学校，为创新性、突破性的改革提供了理想的平台。这是我选择南科大的最重要动因。譬如我们希望加强"2＋2模式"的通识教育，希望实行跨学科教育，希望从教师为主变为学生为主……南科大就提供了这样一个机会，她可以在别的学校改革一步都很艰难的情况下，迅速实现"631"招生模式，实现"2＋2模式"的通识教育等，让人很振奋。她如同一张白纸，没有"负担"，比较容易实现高等教育国际化、通识加专业化，突出跨学科和创新创业教育等目标。

记者：南科大是一所理工科大学，人文学科会有大的发展空间吗？

* 本文发表于2016年9月12日，署名为通讯员余引、本报记者储召生。

陈跃红：一流的理工科大学一定要有一流的人文教育，不然所谓创新性人才的培养就无从谈起。改革开放以来，中国的理工科大学做过许多尝试，然而，人文学科如何和理工教育融合，这个难题一直都没解决。一流理工大学的一流人文教育应该办成什么样的模式，这是一个挑战。在南科大我觉得完全可以尝试。未来我有一个重要思路，就是想为理工科学生提供最好的人文教育，探索理想的学科发展范式和科学的课程教育途径。

"最好的人文教学"长啥样

记者：南科大发展人文学科，会和其他高校有什么不同吗？

陈跃红：我们要打破国内目前综合大学普通的文学院或者人文学院的文史哲分科格局，在南科大先不成立什么人文系，只成立一系列教研工作室。我们计划首先成立4个具有研究、教学和实践功能的工作室，综合性、跨界性地整合全部教学研究工作。

记者：能具体透露一下吗？

陈跃红：第一个是经典深读和现代阐释工作室。开设有代表性的深读和理解中外经典的课程，同时做相关人文研究，给学生提供中外经典的教育。不仅讲中国的经典、四书五经、唐诗宋词等；也提供西方的经典，讲亚里士多德和黑格尔。我们要求学生在大学四年，必须要对中外有代表性的经典进行深入的阅读学习，并拿到学分。

第二个是人文学术方法论与批判思维工作室。相关课程包括思想史、学术史、学科史和专业史的内容。思想史比如说中国思想史，它不仅覆盖文史哲，也覆盖其他社会科学，覆盖整个中国文化的思想。这些学科的方法论建构也尤为重要，它会教你批判思维，研究的逻辑路向，如果你有学术史、学科史、方法论的基本知识的话，那么你再重新来看学术发展，你就会有一个批判的思维。

第三个是研究性写作指导与提升工作室。在本科和硕士生教学实践中，我们会发现，现在学生的中文写作能力普遍较弱，文体、叙述、雅俗不分的大有人在，从而导致一个好的研究做出来，却无法很好地表达出来。所以世界一流大学多数都有一门研究性写作的指导课程或者指导中心。我们把它做成一个工作室，希望我们的学生在毕业的时候，既能写很好的英文，也能写很好的中文。

第四个是多媒体与跨学科工作室。工作室将来会开设不同人文学科的跨界课程，当中包括艺术设计、建筑设计、现代媒体研究、青年亚文化研究等课程，然后推送给南科大的各学科学生，不管你是物理、化学、数学还是工商金融专业的，在4年内，都应该结构性地、有学分标准地完成上述相关人文课程。

给学生营造氛围、创造空间

记者：不少人总有一个印象，就是理工科比较“硬”，人文学科比较“软”。

陈跃红：我希望把人文中心办成师生互动、开放性的一个公共空间。老师的办公室要小，公共的空间要大，然后让学生把这里当成家。如果你在宿舍里面待得烦了，你可以跑到人文中心去跟老师喝咖啡，然后一起读书、谈论、设想，甚至玩泥巴、玩造型、做设计，让学生在里面自由发挥。学生可以采取注册制，喜欢来的同学就注册，跟着老师的项目或者老师的想法做成研究型课程。

记者：对南科大乃至全国理工科大学的校园文化建设，您有什么建议？

陈跃红：对南科大校园文化建设，人文中心最好能够有建议、督导的力量。南方的大学校园，我们至少应该解决两个问题：第一个是亚热带的天气太热、太潮并多雨。因此无论是从学生宿舍，到教室，到实验室，到食堂，到超市，到图书馆，到办公楼，整个过程应该是互通互联的回廊式的建筑结构。第二是要给学生创造合适的交流环境，提供聚会的 Public Place(公共空间)，让学生可以情不自禁和自然而然地开展活动。

校园文化建设最重要的是营造优良的校园人文氛围，要不断组织各种各样的活动，包括读书沙龙、读一本经典之作、举办读书会；做校园的编剧大赛、多媒体大赛、音乐大赛等；打造各种文化创意坊，学生一起做一个创意的视频、节目，甚至创意实践项目等。这样相互交流，同学之间和学科专业之间的“壁垒”全部打开，大家会变成一个新的知识共同群体，做新的创造，开辟新的生活，让校园成为文化和心灵安顿的“家”。

华中师范大学校长马敏：

大学不能只是钢筋水泥中的绿地*

胡锦涛总书记在庆祝清华大学建校100周年大会上的重要讲话中指出："全面提高高等教育质量，必须大力推进文化传承创新。"这是继人才培养、科学研究、社会服务三大功能之外，国家和社会对大学提出的新要求和新期待。

如何理解"文化传承创新"这个大学的第四大功能？在推进文化传承创新方面高校应如何有所作为？记者日前对华中师范大学校长马敏进行了专访。

新要求提出的社会背景

记者：任何一种新要求和新期待的提出，都会有其鲜明的时代背景。您如何看待"文化传承创新"的社会背景？

马敏：纵观人类历史的发展，每一次社会的转型，都伴随着巨大的文化变革，而每一次文化变革中，大学都发挥着巨大的推动作用。当今世界正处在大发展大变革时期，文化传承成为经济社会发展的重要因素，知识创新成为国家竞争力的核心内容。

在新的历史时期，胡锦涛总书记对高校的这种新要求、新期待，有着深刻的社会背景：

一是当前我国的经济发展方式正在发生深刻变化，社会正在转型，各种文化碰撞和交融日益频繁，大学不仅要满足社会大众对各种文化的需求，更为重要的是要告诉社会应该需要什么样的文化、成为建设先进文化的中坚力量。高校有责任通过文化思想的创新实现社会先进文化引领和辐射作用。

二是随着高等教育的发展，我国已经进入高等教育大众化阶段，接受高等教育正越来越成为大多数公民的权利，高校应当通过知识传授方式的转变使优秀的传统文化在普通民众中更易得到传承和弘扬。

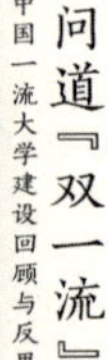

三是在世界文化交流和交融中，大学是借鉴并传播异质先进文化的重要基地。高校有必要通过借鉴并与本民族文化的融合使本民族的文化更加优秀灿烂，从而使本民族的文化在世界文化发展历史中占据应有地位。

* 本文发表于2011年8月24日。

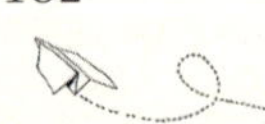

高校面临四个方面挑战

记者：高校在推进文化传承创新方面，面临哪些挑战？

马敏：从高校自身来讲，这种挑战主要来自四个方面，即学校、学者、学生和学风。过去蔡元培对大学有一个说法，叫做“大学是研究高深学问的地方”。虽然不是太全面，但指出了大学不同于一般的社会组织，它应该有不一样的价值追求和责任担当。大学发展到今天，已经具备了四个功能，即人才培养、科学研究、社会服务和文化传承创新。但遗憾的是，有一些学校在定位上出现了偏差，在价值追求上偏离了本位。如前一段时间有一例，国内某著名高校将培养了多少千万富翁作为办学成就来宣扬，这种宣扬受到社会广泛关注。所以说，高校要推进文化传承创新，首要的就是高校自身要有清醒的认识，不跟风，不盲从。

第二个挑战来自学者。高校要推进文化传承创新，学者是主体。他们的素质和精神状态如何，至为关键。现在有一些学者在价值追求上出现了迷失，进而对学生产生不好的影响。如今年媒体就报道了几例学者“雷人”语录：北京某高校教授发微博称“当你 40 岁时，没有 4 000 万身价不要来见我，也别说是我的学生”，上海某大学教师宣称“没有 iPad 的学生就不用来上我的课”，等等。这样的学者如何能担负推进文化传承创新的重任呢？

第三个挑战不得不引起我们的重视，那就是学生。今天在校的大学生都是“90 后”的年轻人，他们从小就在一种开放、多元的文化中长大，特别是受西方文化的影响比较大。他们思想活跃，富有创新精神，学会了欣赏和选择。如何让他们接受社会主流价值和传统文化，这是我们不得不认真思考的问题。

最后一个挑战就是学风。高校的学风总体上是好的，但也要看到存在的问题，那就是诚信缺乏，学术不端屡禁不止。没有了对学术、对真理的敬畏之心，谈文化传承创新只能是一种奢望。

记者：相对于其他社会组织，高校在文化传承创新方面有哪些优势？如何才能有所作为？

马敏：从本质上讲，高校是一个学术组织，这是它有别于政府、企业等组织的地方。正因为是一个学术组织，高校在推进文化传承创新方面可以大有作为，可以从价值、时间和空间三个维度来大力推进文化传承和创新。所谓价值维度，就是在文化价值取向上要大力弘扬社会主义核心价值体系。多元社会中价值也是多元的。高校对于社会价值的贡献一方面在于教育学生如何消除价值冲突，即教会学生如何选择主流价值，另一方面在于不断为社会塑造代表先进文化前进方向的新价值。所谓空间维度，就是在文化交融上要注意突出民族文化这个重点。要在坚持吸收人类一切文明成果的同时,坚持自身的文化主导权,保持对我们民族文化的自信。这就要求高校要有高度的历史责任感和一种敢于担当的宏大气魄。所谓时间维度,就是在文化发展上要始终坚持与时俱进。就是要在掌握前人积累的文化成果基础上的不断扬弃和创新。充分借鉴人类历史文明有益成果,继承传统而不保守,视野开阔而不盲从,始终坚持与时俱进。

一定要有一种文化自觉

记者:当前是个价值取向多元的社会,学生面临着多元价值的冲突。高校如何消除这样的冲突,教会学生选择主流价值?

马敏:这涉及学生的培养问题。我觉得,关键是要抓住两个环节。首先是课堂教学环节。高校要通过课堂知识的传授,把社会主义的核心价值体系融入学生成长的全过程,渗透到每一门课程之中,从而使学生在潜移默化中认识、了解和接受主流价值。

第二个环节就是实践。应该看到,学生面临的多元价值冲突无所不在,也许他们在课堂上接受了一种主流价值,在现实中受到多方面的影响后又改变了这种选择。因此,实践环节在学生成长中格外重要。这种实践是多方面的,可以是社团活动,也可以是社会服务,形式多种多样。高校要通过加强实践环节,引导学生参加弘扬主流价值的活动,使学生在进行多元价值比较的过程中加深对主流价值的认识,进而选择主流价值。这里举我校的一个例子。我校有一个很有名的社团叫圣兵爱心社,每年新生进校后有很多的学生申请加入,他们中很多人一开始只是好奇或者是为了锻炼自己的某一方面能力。但这些学生在社团老师的指导下,参加很多的爱心活动以后,他们就真正从内心认同爱心、奉献这样一种主流价值了。

记者:高校不是象牙塔,也会受社会各种思潮、观念的影响。在这种压力和挑战下,高校如何引领社会,塑造代表先进文化前进方向的价值观?

马敏:在各种影响和压力下,高校一定要有文化自觉,要自觉担负起推进文化传承创新的责任。为此,高校要始终保持敏锐的洞察力和独立的判断力,激励创新,鼓励实践,不断成为创新文化的开拓者和发源地,始终辐射、影响、引领着社会文化的再创造。经验告诉我们,一种新的价值观、思潮、理念的形成,往往要克服各种困难和挑战,经常会被不理解,甚至被误解、嘲笑、打压,但越是这个时候,越需要一种责任来支撑。如果将新的价值观、思潮、理念比作一棵树的话,那么这棵树的成长就需要优良的土壤、充足的雨水和阳光以及精心的呵护,

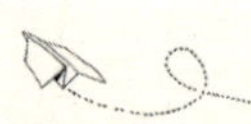

这三者缺一不可。身处闹市的大学,不能只是钢筋水泥中的绿地,还应是孕育人类文明的摇篮、引导社会良好风气的风向标。今年年初,我校对校园加强管理,采取校园中心教学区机动车辆禁行的举措,旨在营造安宁、静谧的环境。我们的这一举措受到各方好评,《湖北日报》两个记者来学校办事体验了优美安宁的校园环境后,专门写了一篇评论对这一做法进行肯定,认为具有社会示范意义。所以,有时候,高校一个很小的观念创新、管理举措,只要进行适当的引导和倡导,就有可能对社会产生积极的影响,甚至因而成为社会普遍遵循的一种价值观、思潮和理念。

记者:在国际交流日趋频繁、师资学生日益国际化的当今社会,高校在文化交融方面如何突出民族文化?

马敏:全球化越发展,文化交融越频繁,越显示民族文化的重要。只有在对其他文化开放的同时,保持自己的文化传统和历史根基,才能使民族文化免于在全球化的巨流中随波逐流,失去自我认同。大力推进文化传承创新,高校首先要有高度的历史责任感和一种敢于担当的宏大气魄,自觉承担起一个大学对于民族的使命,勇于创造一种新的精神,养成一种新的风气,以守望民族精神,传承民族文化。

具体到在文化交融中突出民族文化,关键是要做到两点。一是文化的内核要突出中国元素,二是文化的呈现形式则要具有世界性。2008 年北京奥运会开幕式之所以很成功,就在于张艺谋将中国的琴、棋、书、画等中国元素用世界性的方式呈现出来,因而备受各方称赞。只有中国元素却没有被世界认同的形式,这种民族文化就很难走向世界。只有世界性而没有中国元素,我们就会在文化交融中迷失自我。这两点结合好了,民族文化就会在文化交融中大放异彩。

中国地质大学(武汉)校长王焰新:

跨学科教育:一流本科的必然选择*

参加中国高教学会举办的学术会议并发表主题演讲,对中国地质大学(武汉)校长王焰新来说是第一次。作为地下水污染与防治方面的知名专家,王焰新说他更擅长在自己的专业领域内发表观点。

在“一流大学本科教学建设高峰论坛”上,王焰新提出创建一流大学必须高度重视跨学科教育的观点,引起了广泛关注。会后王焰新接受了本报记者专访,所谈论的话题,还是没有离开他的环境科学专业。

跨学科教育为什么会“火”

记者:最近总能听到人谈论跨学科或交叉学科,它是新生事物吗?

王焰新:跨学科(Interdisciplinary,亦译为“交叉学科”)最早出现于20世纪20年代中期西方文献中,指的是超越一个单一的学科边界而进行的涉及两个或两个以上学科的知识创造与传播活动。美国国家科学院促进跨学科研究委员会认为,跨学科是指通过“整合两个及更多学科或专业知识体系的信息、数据、技术、根据、视角、概念以及理论,以促进基础理解或解决单一学科或领域难以解决的问题”。可见,跨学科的本质特点是打破学科界线,它既包括自然科学、人文科学、社会科学各自学科领域内的交叉,也包括三类学科之间的交叉。

跨学科不是新生事物,比如我们熟知的物理化学、生物化学,就是典型的跨学科。我现在提出这个问题,重在强调跨学科教育(Interdisciplinary Education,以下简称IDE)的至关重要性。

记者:和传统的学科专业相比,IDE有什么样的特点?

王焰新:传统的大学学科专业教育是一种纵深式的教育,其教育内容是探究该学科自身的客观规律,研究方向是线性式的,教育目标是培养某一领域的专门人才。IDE则是一种横向式的教育,是具有应用问题定向性质和理论研究纵深性质的多学科教育。它虽也有一定的学科立足点,但发展方向是横向式的,是在相关、相近学科中寻找共同点或矛盾统一点,以建立联系、解决问题和

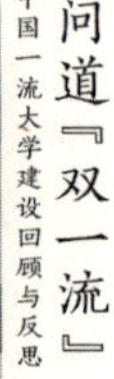

* 本文发表于2016年5月23日。

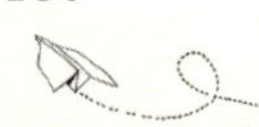

发展新的增长点。

一般而言,IDE 可以分为两类:一是学科的生长点,体现了学科发展的内在逻辑,如物理化学、生物化学,可归为基础研究领域的 IDE;二是解决自然、社会现实问题的着力点,横跨了自然科学、社会科学等领域,如环境法学、环境社会学、环境生态学等,可归为应用研究领域内的 IDE。

记者:为什么会"忽然"重视起 IDE 呢?

王焰新:过分强调专业的细分化,使得培养出的专门人才知识构成相对单一,缺乏从比较广阔的视角思考和处理问题的知识基础和创新能力。单科性的"专才"教育模式容易忽视把学生作为一个完整的人全面发展的需要,难以适应社会问题复杂化、知识应用综合化以及促进知识创新等新情况。

有人统计了 20 世纪获得诺贝尔自然科学奖的 466 位顶尖科学家们所拥有的知识背景,可以清楚地发现具有学科交叉背景的人数,占总获奖人数的 41.63%。特别是 20 世纪最后 25 年,交叉学科背景获奖者占当时获奖总人数的 49.07%。这有力地证明了,多学科的知识结构正是创新型人才素质的核心要素和显著特征。

从世界范围来看,IDE 可谓方兴未艾。如麻省理工学院专门成立了"科学、技术与社会规划"(STS)学院,有组织有计划地在自然科学、技术科学与人文科学、社会科学间进行 IDE。比较而言,目前我国大学 IDE 总体上尚处在探索和逐步推广阶段。

中国大学 IDE 改革明显滞后

记者:据您所知,中国大学 IDE 的现状如何?

王焰新:当前,我国越来越多的高水平大学也正采取开设跨院系、跨专业的课程,改革教育教学模式等举措,来解决学科专业壁垒森严、文理互通不够等弊端。如南京大学秉承"拓宽基础、鼓励交叉"的办学理念,2009 年以来,推出了"三三制"教学改革,对现有本科教学体系进行全方位改革与创新。全面推进由"新生讨论课程、通识教育课程、学科前沿课程"构成的"三层次批判性思维训练课程体系",推广互动式、研讨式、研究型教学理念和方式,激发学生的问题意识,培养学生的批判性思维能力。但总体上看,与国外大学相比,我国大学 IDE 的改革还是滞后于传统分科大学向跨学科大学转型的实践需求。

记者:问题主要表现在哪些方面?

王焰新:首先体现在对传统本科专业性人才培养模式的固守。目前,大学里 IDE 试点并没有得到普遍的认可和推广,长期固化的学科界限还难以突破。

同时，一些教师和学生还依然固守着在未来职业选择中专业对口的观念，在专业和课程选择中往往抱有实用的目的，缺少全面和长远的规划。

其次是课程设置缺乏科学合理的规划与举措。其主要表现为：任课教师自身不具备跨学科知识结构，导致原本追求整体化和整合化的跨学科综合课程最终名不副实；跨学科综合课程开发面临困境，学生也只是在选修课上或参与课题项目的过程中依靠自身对跨学科的理解慢慢成长起来。此外，学生被授予多方面学科视角之余，却没有得到足够的指导，以克服学科间的冲突，获得对知识的综合认识。

记者：表现在大学组织结构方面有什么问题吗？

王焰新：由于专业组织的实体化、学院化，人为设立的学科壁垒，使得学科专业碎片化、孤岛化，缺少交叉性和综合化。一方面，学院内的学系设置和学科分布分散，学科专业缺少交叉性和综合化。据统计，国内外研究型大学的学院数量平均近20个。相比之下，发达国家大学的学院设置比较强调囊括学科的多样化和综合化，近70%的学院是按照学科门类或学科群设立的，近30%的学院是按照一级学科设立的。而我国高校只有28%的学院是按照学科门类或学科群设立的，66%是按照一级学科设立的，还有6%是按照二级学科设立的。

另一方面，诸多大学由于学院壁垒坚固，没有真正形成资源整合、资源共享、信息互动的局面。同时，由于专业的实体组织仍然处于强势地位，学生一进入专业学习，就按照专业开展教学科研活动，专业所拥有的教学资源也只提供给本专业的师生使用。学校向学院划拨经费时，也往往依据专业数、教师数以及学生数来确定经费额度。这种做法强化了院系专业实体的作用，于无形中不断强化以单一学科专业为主体的教育模式。

跨学科改革理念如何体现

记者：您本人的学术研究涉及环境科学，它本身就是综合性交叉学科的典型代表。从环境科学专业来看，如何体现IDE的理念？

王焰新：整体上看，世界各国大学环境科学专业教学各有侧重，各具特色。比如，美国大学的环境科学专业多具有地球科学、资源科学或工程科学背景，英国大学的环境科学专业多具有地理学背景，中国大学的环境科学专业背景复杂，分别来自化学、地学、生物学等，多具有环境化学背景。不同的侧重和特点，无疑会引导各国大学环境科学未来的发展与人才培养的方向。

记者：具体到教学实践中，如何落实这一理念？

王焰新：两个方面最为活跃：一是通过专业设置、课程结构、教材教法体现

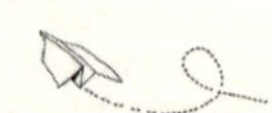

的跨学科改革。如美国国家科学基金会曾支持印第安纳大学和普林斯顿大学的教师联合开设了一门以环境学科为中心的课程——“从臭氧到石油泄漏:化学、环境和你”,这门课程不仅涉及环境科学,还涉及化学及一些人文、社会科学等方面的内容。二是通过各类研究中心,将科研与教学合为一体的跨学科改革。如东京大学大学院新领域创成科学研究科中的环境系统学系,将21世纪的环境视为与大气、海洋、地球密切相关的系统,以材料、能源、过程与风险的观点,致力于以综合工程学与技术进行教育与研究,所涉及的主干学科主要有工程学、经济学、政策科学、公共卫生、生态学,横跨自然科学、工程与技术与人文社会科学领域。

记者:中国地质大学(武汉)是如何具体实施的?

王焰新:我校环境学院是于2003年按照地球系统科学学科架构设立的、以解决日趋复杂而紧迫的环境问题为导向的研究型学院。基于IDE的具体教学实践改革包括三方面:一是强化学科内核,拓展学科外延,淡化学科边界,建立“大环境学科群”的学科生态系统;二是依托大项目、大平台,组建大团队,开展跨学科研究;三是推进IDE与跨学科研究的融合,注重寓教于研,科教结合,协同育人。

目前该院依托水文地质学、环境地质学、生物地质学等传统优势学科不断向环境科学与工程、水利工程、大气科学、生物学、生态学拓展,初步构建起了涵盖水、土、气、生、环的“大环境学科群”。依托生物地质与环境地质国家重点实验室,催生了地质微生物这一新的学科生长点。重点设立了水资源与环境实验班、环境菁英班、地质环境卓越工程师班等,注重培养跨学科拔尖创新人才。

北工大校长柳贡慧：

仅靠学术逻辑难建一流大学*

北京城东南的北京工业大学和城西的北方工业大学，许多人都称之为“北工大”。并且，北方工大在京外的招生比例和影响力，甚至超过了正宗的北工大。作为北京市属的唯一一所“211 工程”高校，北工大觉得这多少有些不公平。

柳贡慧担任北工大校长时间还不到一年。此前他曾先后在中国石油大学(北京)、北京联合大学、北京信息科技大学长期担任领导职务。谈起眼下热门的首都功能重新定位和“双一流”建设，柳贡慧觉得地方大学发展的许多理念，需要重新认识和梳理。

首都功能重新定位是第三次机遇

记者：京津冀一体化发展以及首都功能的重新定位，是近两年北京市民关注的热点。这对北工大会有什么影响？

柳贡慧：从 1960 年建校至今，北京工业大学有三次大的发展机遇。一是建校之初。随着国家第一个、第二个五年计划的实施，从一个农业大国向工业化国家发展过程中，需要大批有特殊技能的工业性人才，北工大应运而生。当时学校的专业设置，汇聚的各路人才，都符合国家经济建设的需求，因此有了一个很好、很快的发展阶段。

二是改革开放初期。随着经济全面振兴，我国已经从简单的工业化向工业信息化方向发展。北工大不仅在土木建筑、工程、机械等学科专业有了较快发展，而且对重点科研领域进行了调整。比较有代表性的是在信息人才培养、信息产业化方面，影响了整整一代人。1986 年我上研究生的时候，单板机用的就是 TP801，当时并不知道这就是北工大生产的。

现在随着首都功能的重新定位，以及京津冀一体化发展，我认为第三次发展机遇已经摆在我们面前。

记者：北工大在京津冀高校中处于什么样的位置？

柳贡慧：京津冀地区汇集了不少“985 工程”“211 工程”高校。从全国的范

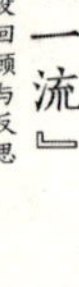

* 本文发表于 2016 年 5 月 16 日。

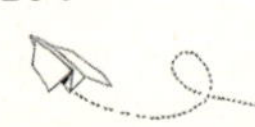

围看，京津冀的科研、教育都具有很强的竞争力。但是和行业院校、央属院校相比，我们实际上处于一个不利的竞争地位。

我本人在行业院校、央属高校、地方院校都工作过。行业院校往往独占鳌头，有得天独厚的行业优势；央属院校有全国的影响力和长期发展的积淀。比如在行业领域，我们很难与北航、北理、北邮、矿大等竞争。清华、北大、人大、北师大等央属高校，包括中央财大、对外经贸等，他们又在全国范围内有非常大的影响力。

记者：目前学校发展最大的问题是什么？

柳贡慧：回头审视一下，尽管北工大和自身纵向比发展很好，但横向一比我们发展未必很快。特别是当前首都经济社会结构发生了比较大的变化，客观上说，我们服务首都的意识和能力有所下降。有的时候我们会提醒自己：我们能做的事情，别人是否都能做；我们过去做得很好的事情，现在别人是否做得比我们一点都不差，甚至还更好。

北工大的学科专业设置、科研领域聚焦，和北京的经济建设发展吻合度也不是特别高。建校之初，北京最需要工业性人才的时候，北工大培养了大批非常契合首都发展需要的人才。20 世纪 80 年代初期，信息产业开始蓬勃发展的时候，我们做得也不错。现在首都是个多元化的社会，经济结构繁杂，人才需求的种类多，需求量也大，并且其他院校发展也非常快。北工大作为一所市属院校，服务首都的影响力和能力要紧跟社会发展步伐。

国际化办学不能脱离办学定位

记者：作为校长，您下一步的工作重点是什么？

柳贡慧：对北工大而言，将来必须围绕首都四个功能的重新定位，来设置学科专业、聚焦科研领域。前段时间中央提出要解决“大城市病”，北京作为一个国际化的大城市，当前最突出的问题就是交通问题、环境问题、资源问题、社会管理问题等。这都是大城市中需要解决的问题，北工大的学科建设、科学研究、人才培养就得放在这儿。

北工大共有 57 个本科专业，18 个一级学科博士点，31 个一级学科硕士点。前段时间我把所有学科专业重新捋了几遍，先后调研了浙大、复旦、上海大学、吉大、大连理工五所高校。我们迎来了第三次机遇，同时也给我们提出了新的挑战，北工大要研究到底该如何作答。

记者：国际化办学被列为北工大的三大战略之一。一个地方大学为什么要如此重视国际化呢？

柳贡慧：我们所说的国际化办学理念，是要培养具有国际视野、掌握国际准则、具备处理国际事务能力的人才。北工大70%以上的生源来自北京，毕业生有80%要工作、生活在北京，这些人实际上决定了北京未来人口素质。没有一个国际视野，将来可能无法在北京这个国际化大都市生活、工作。

记者：*北工大的国际化办学，和清华、北大的国际化办学，和一些高职院校的国际化办学，有什么不同吗？*

柳贡慧：从清华、北大到高职院校，都重视国际化办学，总的理念、方法都有相同之处，但具体内容肯定有所不同。作为北工大，我们的国际化办学就要和同类的、同层次的国际院校进行国际化办学合作，国际化最终还是要归结到人才培养上。北京很多高职院校这几年国际化发展特别快，他们也没有脱离学校的办学定位，只不过在人才培养过程中更多地揉入了国际的因素。

记者：*在国际化办学方面，北工大还存在哪些问题？*

柳贡慧：北工大与国外、境外200多所高校有过合作协议，有实质性合作的高校有40多所，包括学生交流、教授互访、合作研究。每年接受来自70多个国家和地区的1 000名留学生。2012年我们和都柏林大学合作建立了北京工业大学都柏林国际学院，至今已经培养了4届学生。

从我个人角度来看，存在的问题：第一是层次还不够高，第二是不够实。很多国际合作协议签了，内容也定了，到执行层面就没人去做了，或者做着做着就黄了。现在每年1 000名留学生里，只有300名左右在读学位。下一步我们要扩大来华留学生的数量，成立正式教学单位的国际学院。同时，根据国家的发展战略，将把"一带一路"作为国际化合作的重点，而不像过去那样只盯着欧美国家。

"双一流"建设的三个逻辑

记者：*您怎么看现在的"双一流"建设？*

柳贡慧：我个人认为，判断一个大学或者一个学科一流与否，首先是看学术逻辑（或标准），其次是社会逻辑。就中国现实来说，还有一个政治逻辑。现在大家更多关注学术逻辑，这当然没有错，因为大学是学术的天堂，是自由探索的地方，大学理应追求学术和卓越。学术逻辑之外，还需要考虑社会逻辑，也就是为什么要办这所大学。

对中国大学而言，还有一个政治逻辑。我们是要建设中国特色社会主义的大学，除了给学生知识、能力之外，还要培养学生人生观、价值观，树立中国特色社会主义核心价值观。这也是中国大学和国外大学的区别所在。因此，衡量

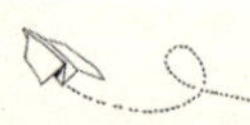

“双一流”的标准就不能单单是学术标准。

记者：这对地方大学来说会有什么冲突吗？

柳贡慧：前段时间我们一位从事生命科学研究的教授找我，说自己的实验多么多么重要，希望我给予支持。教师们思考问题更多的是学术角度，但学校和校长还要考虑社会问题。从学校来看，首医大、北大医学部在这方面可能会研究得更好，北工大可能就不会重点投入。

北工大从1960年成立到现在，都在为首都服务，现在还要为京津冀服务，为全国服务。因此，学科专业的设置就必须聚焦在北京城市发展、京津冀协同发展和国家未来发展需求上。不能追求学术卓越，就两耳不闻窗外事，一心只读圣贤书。北工大重点支持的学科专业，还是要集中在交通、环境、能源等领域。

记者：这会不会影响北工大在大学排行榜上的位置？

柳贡慧：大学排行榜很大程度上确实影响一个学校的形象。在QS大学排行榜上，我们2014年是118位，2015年是132位，“十三五”规划中我们目标是进入前100位。我觉得现在的定位，对我们学校不仅没有下降的影响，可能还会有提升。

突出服务地方，并不意味着学术研究能力和水平下降。实践证明，我们在服务地方、解决实际问题的过程中提炼了科学问题，既能申请高水平项目，也能写出高水平论文。比如去年的新增中国工程院院士彭永臻，他们的研究聚焦北京水资源的浪费、污染和城市污水处理，有理论研究还有实践，他的一些论文引用率能达上千次。

我是搞石油钻井的，很多实际问题好像不会出学术成果，但最后解决的都是科学问题。比如搞钻井工具，表面上研究出一个工具就可以了，但实际上是流体力学、机械学、工程学的综合运用，气、液、固、油的流动问题，有很多都是非常深入的理论问题。

记者：北工大的“双一流”建设前景如何？

柳贡慧：一个学科的建设，它是一个百年老店的事，找准方向以后，要耐得住寂寞。对于“双一流”，我前面说了三个标准。我认为，三个标准同等重要。我们要做的是，在不同的层面去创一流，在不同的评价体系中去创一流。我相信北工大在服务北京城市发展领域，在应用型创新人才培养方面，通过长期的、坚持不懈地努力将取得被国家和社会认可的成就。

安徽省教育厅厅长李和平、
苏州大学校长熊思东、
教育部学位中心主任王立生：

有了“施工图”，如何加油干*

2017年1月底，教育部、财政部、国家发展改革委发布《统筹推进世界一流大学和一流学科建设实施办法(暂行)》，被媒体称为我国高校“双一流”建设的“施工图”。有了施工图，下一步该如何撸起袖子加油干？高校如何避免建设过程中的蛮干和瞎干？

2017年3月3日晚，全国政协常委、安徽省教育厅厅长李和平，全国政协委员、苏州大学校长熊思东，教育部学位与研究生教育发展中心主任王立生做客中国教育报刊社“两会E政录”，围绕“双一流”建设的热点问题接受了中国教育报记者专访。

统筹推进“双一流”建设是历史的必然

记者：欧美国家一流大学的形成，往往都有一个缓慢的、甚至上百年时间的发展过程。因此有学者认为“双一流”这种大力推进的建设方式不太可取。我想请教三位嘉宾，我国“双一流”建设的重要性和必要性到底在哪里？

李和平：我国正面临新的历史机遇和挑战，要想在世界范围内占领制高点、经济社会和谐有效地发展、实现两个“一百年”的目标，必须要实行创新驱动的战略，必须要靠创新、靠技术的引领推动经济的发展，其中一流大学在创新人才培养、创新成果研究等方面有不可替代的作用。

在经济建设上，我国用50年时间走了美国200年走过的路，主要是因为我们有规划的引导、有政府强有力的支持，从内部和外部共同推动。因此，统筹推进“双一流”建设是历史的必然。

熊思东：我国在建设“985工程”“211工程”的过程中，摸索到一些规律，也取得了一些成绩。面对国际国内的新形势，面对创新人才和创新成果的大量需

* 本文发表于2017年3月6日，署名为本报记者储召生、徐倩，通讯员余敏。

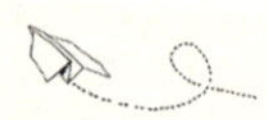

求，教育先行是必需的。“双一流”建设集中全社会的智慧、力量办好一些大学，培养更多创新人才，是符合大学发展规律的举措。

王立生：重点建设实际上是我国高等教育发展的一个特点。前些年我们搞的“985工程”“211工程”建设，就是根据我国国情和发展需要而实行的有效做法，外国很多的政府部门和高校都很羡慕我们。无论是“985工程”“211工程”，还是“双一流”建设，我认为都是党中央围绕着“两个百年”宏伟目标对整个教育战线提出的战略性任务。“双一流”建设必将发挥引领、示范作用，带动整个教育向着更高的目标发展。

记者：“双一流”建设很重要的是学科建设。教育部学位中心目前正在进行第四轮学科评估，和前三轮评估相比有什么不同？它与“双一流”建设有直接的关联吗？

王立生：现在这也是一个敏感话题。第四轮学科评估正紧锣密鼓地进行，从去年启动之后一直在努力推进。第四轮学科评估最大的不同，在于坚持问题导向，针对我国高等教育学科建设方面存在的现实问题，设计了评价指标体系。比如师资队伍建设，不只是看师资队伍的多少，而是看师资队伍的整体情况、可持续发展能力，以及年轻学者、教师的发展空间。

我也听到一些关于学科评估与“双一流”建设关系的议论，有的甚至说是直接挂钩。实际情况是，教育部学位中心的学科评估，从2002年到现在已经是第四轮了，基本定位是为高校和学科建设服务，不是为某一个项目量身定做的。第四轮学科评估赶上“双一流”建设这个重大战略任务。学科评估工作要围绕中心、服务大局，其中当然也应该包括“双一流”。

熊思东：从大学的角度来看，我认为有三点不同。一是价值的取向和导向，不是数个数、数帽子、数头衔，而更重视质的问题，重视学科发展过程中的评价。二是评估方式虽然还是自选模式，但是有限度的自选，使得第四轮评估更全面，反映了学科特色。比如“捆绑式”评价，不可以把学科拆散或者是重新组合，更大程度上反映了学科建设的原生态。三是采用双向沟通式评价，评价方式越来越科学，越来越真实，参考价值越来越大。

记者：目前有20多个省份已经公布了“双一流”的建设方案。有人算了一笔账，到2020年全国拟建成世界一流大学10所，到2050年达到21所。不算中央财政投入，各地财政前期需要投入400亿元。这里面有两个问题，一是钱的问题，400亿元是多还是少？二是量的问题，我们需要多少世界一流大学？

我想先问熊校长，钱对一流大学建设的重要性有多大？苏州大学取得今天的成绩，与地处经济发达的苏州市有多大的关系？

熊思东：对于中国高等教育的发展，毫无疑问钱很重要。但钱不能解决一切问题。大学发展既要有一定的经济实力,也要符合高等学校发展自身的规律。“双一流”建设一方面需要国家集中投入,另一方面也要在提升大学内涵上下工夫。中国大学的发展在发达的东南沿海相对快一些,在相对落后省份发展相对迟缓一些,我想经济发达的地区不仅是经济上支撑大学的发展,更多是民众对大学的发展有共识——这就是科教能兴国、能兴省、能兴家,甚至能兴个人。

记者:请问王主任,中国需要多少“双一流”的高校,判断这个的依据主要是什么?

王立生:这个问题很有意思。国务院总体方案中并没有具体数字,而是用了“一批、若干”。我们当然希望有更多的高校、更多的学科能够进入世界一流,但还需要根据中国的国情和发展水平,不能揠苗助长,让大学实实在在建设,达到国际认同的世界一流水平。否则,我们自己说是世界一流了,人家就会说你是自娱自乐。

“双一流”建设同样是示范和引领的工程

记者:这两年高校里有一些改革引起了社会的关注,比如说像有的综合性大学撤销了教育学院,有的学校主动取消一些博士点和硕士点,还有像最近某“985 工程”大学要新建一个主校区。媒体报道时都说这是为了“双一流”建设。抛开具体学校不说,大家认为这些改革和“双一流”有多大的关系?这些措施对于“双一流”建设来讲是不是必要的?

王立生:根据学科建设的需要进行调整是正常的,我们也鼓励学科动态调整。这是因为学科建设一定要适应经济社会发展的需要,在推动学科调整的过程中,教育部下放了学校很多的自主权。在“双一流”建设大的背景下,学校考虑对原有一些学科从总体布局上做一些调整,结构上做一些优化,我觉得这是很正常的一种现象,无可厚非。

熊思东:我们无论做什么样的调整,有一个基本原则是要符合学科发展的规律,符合人才培养的规律,符合大学来履行大学职能。只要把握住这个大的方向,我们所有的调整、改革,对大方向是有利的,我觉得我们都可以去做,都可以把它做好。包括苏州大学在内,我们也在不断地调整学科结构,有增加也有减少的,有合并的也有缩小的。一个基本的思路、基本出发点,就是为了促进我们学科发展得更好。

李和平:据我所知,确实有少数学校为了学科评估绑定这件事,采取了临时性的措施,我认为是短视的甚至是危险的。比如从长远看,学校需要某个学科

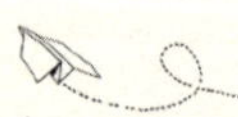

的发展，但是现阶段它的腿比较短，因为捆绑评估就把这个短腿学科砍掉，将来你再把它装上，代价可能会更大。所以我觉得一定不能做一些违反科学的事，一定不能做一些揠苗助长的事。

记者：现在有些新建本科院校和高职院校也提出了“双一流”建设目标，教育部部长陈宝生曾经说过“双一流”建设逻辑起点是“985 工程”“211 工程”建设。这两者是否矛盾？

李和平：“双一流”建设从国家层面来说是“985 工程”“211 工程”高校的重大机遇，但同时也是地方高校的机会和责任。我赞成部长说的“双一流”建设以“985 工程”“211 工程”为起点，通过引导分层分类去建设不同类型一流大学和一流学科。比如安徽省刚刚出台《一流学科专业与高水平大学建设五年行动计划》，计划的基本理念是以“双一流”目标推动全省高等教育的改革发展，在这个过程中明确有部分学校的部分学科要重点建设，不排除我们会重点投入。

熊思东：陈部长所说的是指“逻辑起点”，有的人会误解为“双一流”就是在“985 工程”“211 工程”高校里进行一些缩小范围的遴选。我理解“逻辑起点”应该包括三个方面。一是格调逻辑起点。“985 工程”“211 工程”都是致力于建设中国高水平的大学，致力于使中国的大学在世界舞台上能够有更大更强的竞争力。二是基础逻辑起点。“985 工程”“211 工程”经过三轮的建设，为中国高等教育的发展、为今天提出“双一流”建设，提供了扎实的基础。第三是经验逻辑的起点。“双一流”怎么搞？“985 工程”“211 工程”确实为我国办好大学提供了可参考的经验。我们既要借鉴国外好的做法，同样也要总结中国高等教育发展好的经验。

王立生：“985 工程”“211 工程”建设高校的过程，同时也是示范和引领的工程，带动了整个高等教育的发展。现在的“双一流”建设依然要扮演这样的角色，要走在高等教育发展的前列。“双一流”建设不仅是高校的事情，各级各类的教育都应该有追求一流的理想，在日常建设当中都应该把它作为一个目标坚持不懈地去追求。我们有一流的大学、一流的学科、一流的高职、一流的高中，整个中国的教育实现世界一流的水平，才是中国教育的最佳状态。

记者：现在的“双一流”建设，跟过去相比在哪些地方有了改进？或者说，解决了原来“985 工程”“211 工程”里的哪些问题？

熊思东：仔细研读“双一流”建设的总体方案和实施办法，会发现从具体做法上是有别于“985 工程”和“211 工程”建设的。第一是切入点和路径产生不一样。“双一流”建设是以学科建设为基本抓手，路径包括人才队伍建设、学科建设等方面。第二是“双一流”实际上是一种开放的体系，这种开放一方面体现在进入的高校，并没有说就是“985 工程”和“211 工程”的捆绑，排除了身份的限制。第三是绩效为先,效率为主。“双一流”建设特别强调建设的效率,用效率来判断建设的效果,进而来确定它的去留。

王立生:我理解的不同之处是,由于“双一流”建设得到了全社会更多的关注,所以“双一流”建设不仅是教育部门以及高校的事情,实际上是全国人民的事情,是大教育概念。所以从中央到地方都在积极地推动这件事情,关注的人更多,层次更多,相应的投入也会更多。新时期“双一流”建设起点高,相信将来目标也会更高。

李和平:我认为,想要把“双一流”建设推动起来,首先必须打破原有的学科体系;其次核心点是开放。不开放就会造成封闭、造成以某些人或某个人为中心,学科的边界就会越来越小,学科的壁垒就会越来越深,这样学科协同交叉的相容性和互补性就会减弱。不开放就无法绕过“985 工程”“211 工程”的怪圈。

“双一流”建设不能变成“挖人”建设

记者:现在社会高度关注到底有哪些学校进入“双一流”建设的名单,假设最后公布名单里绝大多数还是原来的“985 工程”“211 工程”高校,会不会让人们认为“双一流”建设的方案没有突破?

王立生:从逻辑上来看,多数出自“985 工程”“211 工程”高校是很正常的现象。“985 工程”“211 工程”经过多年的建设,已经具备相当的实力,但是发展并不平衡。因为这些年地方及中央政府的投入力度非常大,地方高校进步也非常快。如果有一些不是“985 工程”“211 工程”的学校能进入建设名单,也是可以理解的。

李和平:无论什么遴选都有一个基础,否则在国家层面建设一流大学和一流学科就不现实。这次遴选使我想到一件事,教育部前几年搞了一个协同创新中心,当时也担心会不会都是“985 工程”高校。但结果并不是,一些地方学校,包括苏州大学也进去了。我相信只要有科学的方法和科学的价值理念,就能遴选出好的结果。

记者:有一位网友想给李厅长和熊校长提问,怎么样避免苏州大学从安徽高校挖人?同时我也想问王主任,很多中西部高校都很担心,“双一流”建设会不会引发新一轮的挖人大战?

李和平:人才在某一个区域乃至全世界范围之内有序地流动,我认为这是一个文明的象征,是进步的标志,不要把它作为一种很异常的情况,特别去限制。现在有一些人才引进是非常不正常的,甚至包括最顶尖的人才,在许多地方都有任职,在许多地方都拿钱,在许多地方都有工作室。他每天只有 24 小

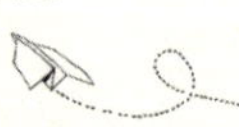

时,他不可能因为在几所大学任职就能做出更多的贡献。这对我们国家的资源配置是一种极大的摧残,对于这样的人才,我理解他的行为,但是我认为这种现象是不正常的。

熊思东:恶性的挖墙脚式引进人才,不仅对被引进单位是一种伤害,对引进单位也未必是一件好事。作为一名校长,我最担心哪位长江学者来找我,哪位万人计划人才来找我,找我基本上都是让我签字,“某某某给出一个很高的条件”,给我两难选择——要么让他走,要么重新配置提高他的待遇。我们是深受其害,不能把“双一流”建设变成“挖人”建设。

王立生:评价机制等外部环境,对人才合理流动也能起到重要作用。学位中心在学科评估中,不断凝聚共识,完善了师资评价机制。一是克服“以学术头衔评价学术水平”的片面性,不直接对师资队伍进行“数帽子”“论牌子”,重点考察“代表性骨干教师”以及科研团队的结构质量,避免高校在学科建设中追逐资源、追逐有头衔教师上过于功利。二是强调淡化条件资源,重点评价学科建设成效。对师资规模、重点实验室等“条件资源类”指标,适度降低权重分量。三是采用基于客观事实的同行专家评价方法,综合考察学科师资队伍水平、年龄结构、人才梯次、国际影响力和可持续发展能力等综合情况的评价。目前,学科评估权重征求意见和师资评价等具体评价工作正在准备,即将启动。

汕头大学执行校长顾佩华：

走出“重金挖人”的路径依赖*

谈到重金挖人，就不能不提到汕头大学：早在1993年，汕头大学以月薪1万元的“天价”引进了中国科学院院士、北京师范大学原校长王梓坤，在知识界不亚于引发了一场地震。彼时，王梓坤从北京师范大学拿到的月薪只有400元，是汕头大学的1/25。

汕头大学是国内唯一由李嘉诚基金会长期支持的地方大学。建校30多年来，汕头大学取得了不俗的成绩，但离“世界一流大学”还有相当大的距离。

加拿大工程院院士、汕头大学执行校长顾佩华日前接受本报记者专访时表示，现在才是汕头大学发展的“最好的机遇”。在顾佩华的字典里，似乎并没有“重金挖人”。

群众基础很重要

记者：最近两年围绕“双一流”建设，一些地方大学开出了很高的价码以吸引人才，很多人担心会引起“挖人大战”。您怎么看这个问题？

顾佩华：没有一个国家不希望有自己的世界一流大学。目前公认的世界一流大学，都是研究型大学，用的都是西方的考核指标。中国搞“双一流”建设，首先要明确的是，我们是根据自己的历史和现状，做自己应该做的正确事情。对学校来说，我们也不可能根据某一个指标去办学，否则大家都搞成一样了。

当前值得注意的是，一些学校为了追求指标漂亮，就把钱集中起来，搞几个人才。“重金挖人”就属于此类。培养人才是大学最本质的属性，对一所大学而言，每一个学生都是“最重要的”。建设世界一流大学，广大学生和教师的群众基础很重要，国家和高校都要重视人均教学资源的提升，不能把有限的办学资源给学校的几个人才，而生均的教育资金却非常低。

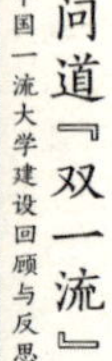

记者：2017年1月，教育部财政部发展改革委出台了实施办法，以5年为一个周期提速“双一流”建设。但也有学者认为这样有些操之过急，因为欧美“双一流”高校都有长期渐进的过程。您怎么看这个问题？

---

* 本文发表于2017年4月24日。

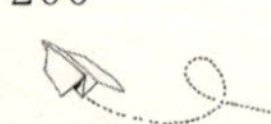

顾佩华:《建设世界一流大学面对的挑战》一书中,世界银行有个统计,20 世纪 30 年代,世界 500 强企业的平均寿命是 90 年;到了 2006 年,变成了 15 年。不是这些企业做得不好,是整个时代变了。谷歌、脸书、苹果、阿里巴巴等企业,把整个商业体系都改变了。

一流大学建设也一样。哈佛、耶鲁、牛津、剑桥等都有几百年的历史,考察其世界一流大学的形成,确实是一个自然演变的过程。但这对中国国情和当今教育发展的现实来说并不一定很合适,因为需要等太长时间了。我认为国家推进"双一流"建设是非常正确的。中国现阶段的发展,需要自己培养各方面的精英人才,比如优秀的科学家、工程师、医生、律师、企业家、各类领袖人才等,不能让青年人都到国外去学习,我们必须自己培养,也一定能够培养。此外,国家经济社会发展需要大量的一流创新和颠覆性的成果以及伟大的思想。

记者:我注意到汕头大学提出建设"国际知名高水平大学",你们会如何做?

顾佩华:国情不同、校情不同,一流大学建设的过程应该是不一样的。政府所能提供的,主要是大学发展的外部条件,比如资金、政策等方面的支持。大学建设的内部条件,比如优秀大学文化建设、战略规划制定等,显得尤其重要。特别是,每个大学都要有自己的定位,办出自己的特色和水平。

汕头大学被誉为中国高等教育的"试验田"。2001 年以来,汕头大学的阳光财务制度改革、系统整合医学教育改革、CDIO 工程教育改革、年薪制改革等,在全国产生了较大影响,得到了推广和借鉴。世界一流大学都在探索新的教育模式,如斯坦福首创"开环大学"模式、麻省理工学院激励校友和学生创新创业,下一步汕头大学也要探索新的教育模式,通过国际合作如与 GTIIT(广东以色列理工学院,简称广以)双聘等,创造高水平科研成果,建设高水平教师队伍,培养高水平人才。

向以色列理工学什么

记者:汕头大学给人感觉是一个很洋气的学校,不仅教师和学生中有很多外国人,执行校长、学院院长都可以由外籍人士担任。这样做的目的是什么?

顾佩华:全球化是一个大趋势。世界一流大学都是国际化的大学,都是在全世界找最好的老师和最好的学生。汕头大学这些年一直强调要给教师和学生一个"走出去"的机会,学生有一个短期境外访学的经历,教师有一个短期访问和国际合作的经历,再回来学习和工作,效果是完全不一样的。让教师和学生"走出去",去了解别人的文化和社会实情,对于增强我们自己的文化理性和文化自信,非常重要。

同时我们也要善于利用全世界的资源包括人才。比如中国高铁的发展,就是一个活生生的例子。引进后再创新,做成世界上先进的技术和产品,很多国家都需要我国高铁。国际化必然会带来多元化,在汕头大学校园里,说英语的就有美国人、英国人、以色列人、德国人,等等。各种口音的英语,是一个非常好的现象,除了使我们师生员工能够和各国文化背景的人打交道,国际化的办学环境还能给汕头大学带来更多的东西。国际化办学不是把别人变成我,也不是把我变成别人,而是要有意识地增加对多元文化了解和理解。因为现在大学生毕业以后,参与的竞争都将是国际的竞争。

记者:汕头大学和以色列理工学院合作建设的GTIIT,今年就要招收首批学生。现在中外合作办学这么多,为什么还要引进以色列理工?

顾佩华:以色列理工学院创建于1912年,是全世界诺贝尔科学奖得主最多的大学之一,美国工程院外籍院士的数量排名第二。以色列理工的创新创业意识特别强,在人们还没有汽车的时候,他们就在从事航空研究。他们的毕业生有23%至少创办了一家公司,在美国纳斯达克上市的以色列公司,有一半是以色列理工校友创办的。

犹太人骨子里面都是创新和创业。我想,这也是2013年李嘉诚先生和李嘉诚基金会倡导引进以色列理工的主要原因。GTIIT是我国第一所以工科为特色的、具有独立法人资格的中外合作办学机构。汕头大学将与GTIIT互聘高水平教师,更重要的是学习以色列理工在创新创业人才培养方面的成功经验。

办学不要小家子气

记者:8年前,我来汕大采访时有一个感受,与深圳、浦东等特区相比,汕头的发展速度太慢了,甚至比不上内地一些地方。这会影响汕头大学的发展吗?

顾佩华:这涉及大学与地方的关系问题。最近一年来,汕头市发生了可以说是翻天覆地的变化,固定资产投资增速在广东省排名第一,GDP增速排名第二。汕头已经成为一个文明、开放的宜居城市,房价低、空气好、水质优,轻轨等交通也得到了发展,这些都有利于我们吸引人才。

在城市发展的某一个阶段,大学会起到一个非常大的促进作用。汕头大学也是汕头市的一个组成部分,我们必须做到与汕头市共成长。比如练江的水污染治理,我们应该引进、组建最先进的团队,建设练江治理中心等科研平台,聚集一大批企业和行业的力量,为潮汕地区水污染治理提供服务。练江的问题解决了,我们的学科发展和科研创新水平也就上去了。全国还有那么多的江河湖

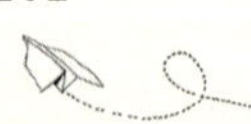

海需要治理，我们不愁没有项目可做，也可以去争取国际项目。

记者：今年也是您全职回国到汕头大学的第 11 个年头。您对地方大学的“双一流”建设有什么建议？

顾佩华：地方大学特别是公立大学的存在，主要是要为地方经济发展服务的。像李嘉诚先生之所以支持汕大，包括新建的 GTIIT，也是为了增强潮汕地区的经济社会发展活力、培养地方发展的急需人才。因此，地方大学的“双一流”建设，要纳入地方创新发展的大系统中，把地方发展中的问题，作为大学科研的动力。

国家创新体系中需要各种人才，每个大学都要有自己的定位，都可以办出特色。国家的“双一流”建设、GTIIT 的建立加上汕头市的发展，我认为这是汕头大学的一次大的机遇，我们一定要抓住这次机遇。

我在汕头大学十多年了，感觉到现在是汕头大学发展的机会，我们要有“大格局”，不要总是纠结过去的汕头发展中的问题，而是站在历史发展的新起点上，抓住新机遇，与汕头市共同发展。

安徽农业大学校长程备久：

发挥大学特色，才有教育精准扶贫*

打赢脱贫攻坚战，全面建成小康社会，是以习近平同志为核心的党中央作出的庄严承诺。教育精准扶贫，也是党的十八大以来教育系统的一项重点工作。

安徽农业大学自1985年实施校地合作、科技扶贫的“大别山道路”以来，着力发挥人才科技优势，全力服务全省精准扶贫战略，走出了一条服务地方、特色发展的办学新路。

精准扶贫，学校育人也要精准

记者：很多农村孩子上大学，是为了走出大山、离开农村。您怎么看待这种现象？

程备久：缺少人才、留不住人才，是制约农村发展的重要原因。我们始终认为，为农村培养人才是扶贫“造血”的根本。因此，1985年安徽农业大学在金寨开设大专班，在全国率先开展了校地联合培养农村适用人才。这就是安徽农大“大别山道路”的开端。30多年来，这条道路不仅为农村发展做出了贡献，也为学校的特色发展走出了一条新路。

记者：安徽农大在全国率先提出实施“现代青年农场主培养计划”，是基于什么样的考虑？目前进展如何？

程备久：精准扶贫，学校育人也要精准。安徽农大紧贴地方需求，把产业导向贯穿于人才培养全过程，坚持校地联合、产学结合、科教融合，大力推进精准育人。首先在培养“全科”农业人才上下工夫。在全国率先提出并实施“现代青年农场主培养计划”，着力培养一、二、三产业联动和覆盖产前、产中、产后的“全科”人才。

同时围绕农业供给侧改革，我们不断优化专业结构，较好地满足了农业物联网、农产品电商、循环农业、精准农业对人才的需求，加快了“互联网＋”脱贫的步伐。

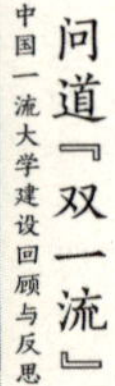

* 本文发表于2016年11月14日。

记者：和普通本科生培养相比，培训新型职业农民有什么新要求？

程备久：我们主要在培训农村实用人才上下工夫，坚持新型职业农民培训与扶贫干部、村干部、专业技术人员培训有机结合，丰富培训内容，创新培训模式，提升培训的针对性和有效性。制定了精准扶贫培训清单，以“菜单式、分段式、模块化”培养为主，因人施训。近 5 年累计培养各类新型职业农民 20 多万人次。“一村一名大学生培养工程”先后为 72 个县区输送“乡土大学生”1 万多人。学校还在全省建立了 12 个远程信息服务终端，开展在线教育、交流互动和技术指导。

其次在精准资助上下工夫。我们启动了“贫困学子关爱行动”，每年拿出 300 多个指标用于贫困地区专项计划，拿出 2 000 多万元用于减免学费、勤工助学、特困补助和奖励，做到精准识别、精准资助困难学生。贫困生的学习动力更大，回报社会的责任感更强。学校每年近 60％的毕业生主动到基层创业就业，成为农业发展的生力军。

扶持产业好比拨亮一盏灯，照亮一大片

记者：安徽是农业大省。对那些未脱贫的农村地区而言，您觉得主要问题在哪些方面？

程备久：对大别山区而言，从农业生产的角度看，一方面是由于可用于生产的土地少，“七山一水一分田、一分道路和庄园”；另一方面是因为光照时间少，不利于农作物的生长。未脱贫的农村地区，基本上没有什么工业，这在目前来看也是一个优势：污染少，可以发展生态农业。

比如大别山区岳西县主簿镇，那里的冷清水田，平均每天日照时间不足 3 小时，土壤积温达不到要求，种植水稻往往灌浆不充分、颗粒不饱满。但是，这种冷清水田种植的茭白，20 世纪 90 年代就远近闻名，远销上海等长三角地区。目前当地茭白种植面积达 6 万亩，还发展了休闲旅游等相关产业，较好地实现了产业脱贫。

记者：传统农业确实面临转型升级。在与革命老区金寨县的合作中，你们的成功经验是什么？

程备久：扶持一个产业好比拨亮一盏灯，照亮一大片、致富一方人。近年来，学校依托新农村发展研究院，牵住产业的“牛鼻子”，发挥科技引领和示范作用，形成了“学校扶产业，产业聚企业，企业带大户，大户联贫户”的产业扶贫模式。2013 年，学校与金寨县合作共建新农村发展研究院大别山综合实验站，联合组建了茶叶、毛竹等十大产业联盟，共同成立现代农业技术合作推广服务中

心，探索建立了“一站一盟一中心”的新型农业推广服务平台。

通过这一平台，学校选派的65名产业联盟专家，主抓品种选育和技术推广应用，培育科技示范户，大力发展特色产业，有效增加农民收入。有机稻产业联盟解决了绿色防控、地力提升、机械化育秧等三大技术难题，两年里就使亩均效益提高了1 500元。学校将“金寨模式”“嫁接”到其他贫困县区，组建了73个县域农业主导产业联盟，派出了350多位专家教授，扶持了大别山区及皖南山区茶叶、经果林、毛竹、畜禽、食用菌、高山蔬菜等特色产业，打造了岳西茭白、六安瓜片、砀山酥梨、皖西白鹅、定远黑猪、霍山毛竹、舒城油茶等一大批品牌产业，推动了农业产业结构的调整，带动了当地农民去脱贫致富。

帮助农民自我发展、主动脱贫

记者：近几年教育部和各高校都在开展扶贫的“对口帮扶”。在精准扶贫上，您认为高校对口帮扶的重点应该在哪里？

程备久：大家都说“扶贫先扶智”，我觉得还应该加上“扶贫先扶志”，“志气”的“志”。要增强农民自我发展、主动脱贫的动力与信心。现在还未脱贫的农村地区，也是各方面发展条件最差的地方，对扶贫工作来说是“硬骨头”。因此要特别重视致富带头人的作用。结合“两学一做”，安徽农大开展了“党支部对接帮扶”，每一名干部、党员都有具体的帮扶对象。

记者：在具体的“对口帮扶”中，安徽农大发挥了哪些专业特色？

程备久：按照安徽省委、省政府的统一部署，我校对口帮扶金寨县双河镇大畈村、颍上县红星镇吴寨村两个重点贫困村。学校高度重视，党政主要负责同志多次带队，深入到村、走访到户，研究制定帮扶措施，力求精准施策，精准发力。学校先后向2个村派出了4位扶贫工作队长，2位村第一书记，累计送去20万元困难救助资金和100多万元产业扶持资金。

2016年春节前，学校投入20万元，帮助吴寨村5户贫困户建立酥瓜大棚，5月份每亩产值已经超过1万元，现在该村酥瓜大棚面积已达20多亩，2016年10月份，我校按照“扶上马、送一程”的思路，再次投入20万元，帮助吴寨村发展设施、高效农业。对大畈村，学校制定了三年脱贫帮扶措施和全村2018年率先脱贫实施方案，凝练了“美丽乡村示范点”“千亩茶园低改工程”以及流域治理等十多个项目，争取各类资金1 000多万元。学校坚持生产、生态、生活相结合，大力支持开展农村文化和精神文明建设，提高了贫困农民的幸福感与获得感。

记者：在实施精准扶贫工程中，还存在哪些困难？对搞好精准扶贫，您有什么建议？

程备久：我们调查发现，现在农村贫困户中，因病致贫、因残致贫较为多见，这也增加了脱贫的难度。一些慢性的非传染性疾病，比如心血管疾病、高血压、高血脂等，往往是因为农民不健康的生活方式引起的。但一旦丧失了劳动能力，脱贫就会成为一句空话。现在开展精准扶贫的大多是农业大学、工科大学，建议医科大学也能更大程度参与进来，对农民进行普遍体检，加强早期干预，通过改变生活方式、改善饮食结构，达到科学预防的目标。

产业扶贫离不开技术和人才。不少农村地区往往大棚建起来了，却不知道种些什么，造成了不必要的浪费。因此，要重点加强对贫困地区的技术和人才支持，特别是做好农产品的开发、加工、贮藏、销售等环节的配套服务。在这方面，农业高校具有很大的优势，应进一步疏通农业高校广泛参与脱贫攻坚的渠道，充分发挥农业高校在打赢脱贫攻坚战中的特殊作用。

杭州师范大学校长杜卫：

师范院校天然缺乏“双创基因”吗？*

教育部近日公布首批 50 所“2016 年度全国创新创业典型经验高校”名单，北京大学、清华大学等高校榜上有名。值得一提的是，杭州师范大学这所马云眼里“最好的大学”，成为其中仅有的一所师范院校。

师范院校天然缺乏创新创业教育的基因吗？且听杭州师范大学校长杜卫如何解答。

师范院校的困难与突破

记者：在首批 50 所“2016 年度全国创新创业典型经验高校”名单中，贵校是唯一入选的师范院校。为什么会出现这种情况，师范大学创新创业教育难在哪里？

杜卫：由于种种原因，地方师范大学转型发展做得较迟。师范大学的学科专业特点就是这样：中学一门课，大学一个系。并且多是基础性、长线类专业学科。长期以来，师范大学习惯性传授已有的知识，它教给学生的是可靠的知识，做实验也以验证性为主，探索性实验很少甚至没有。长期以来，地方师范大学办学主要面向教育系统，对于社会的经济、社会发展对人才需求的敏感性较弱，导致学校学科专业应用性不强，同时对经济社会发展的回应较为缓慢、迟钝。这是师范大学开展“双创”教育困难之处。

当前，在很多地方，上级主管部门可能更倾向于在财经类、管理类等各工科院校实施“双创”教育改革。另外在欠发达地区，基础教育师资还有缺口，师范毕业生找工作相对不愁，当地师范大学“双创”欲望往往也不够强烈。

记者：你们是如何解决上述困难的？

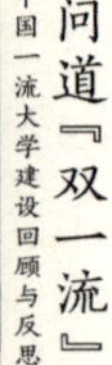

杜卫：2010 年以来，杭师大在大学生“双创”教育方面有所收获，共培育“挑战杯”创业竞赛全国金奖 5 项、银奖 3 项，是浙江省“互联网＋”大学生创新创业大赛的秘书长单位。2015 年被标准排名研究院列入全国高校创新创业百强。学校还是首批“国家级大学生创新创业训练计划实施高校”“全国高等学校创业

* 本文发表于 2016 年 9 月 19 日。

教育研究与实践先进单位”。

现在看来，杭师大能有这些收获，一是得益于上级主管部门的重视。2008年以来，杭州市委市政府大胆提出杭师大要建设一流综合性大学，这为学校转型为地方综合性大学指明了方向。在杭州市的大力支持下，学校先后创建了阿里巴巴商学院、杭州国际服务工程学院、文化创意产业学院等，大力培养电子商务、信息技术、文化创意等地方产业紧密对接的应用型人才。二是杭师大自身在布局上也比较重视。2014年起，学校启用重点学科建设经费，支持电子商务、服务工程等一批试点学院和应用型学科专业建设，并出台了一系列举措。2015年，试点学院和电子商务、信息技术、经济管理、应用化学、文化创意等5个应用型专业被列为首批浙江省应用型建设示范点。

记者：师范大学的院系设置、学科布局、专业结构等如何适应“双创”教育要求？

杜卫：以2008年与阿里巴巴集团合作成立的阿里巴巴商学院为例，该学院由知名校友马云任院长。多年下来，阿里巴巴集团全程参与了商学院电子商务、国际商务、跨境电子商务等应用型专业人才培养方案制定、课程建设、教材编写、实训实习指导、招生就业等工作。学院与集团发布中国高校第一份《大学生网络创业研究报告》，出版《电子商务服务》《网络零售》等7部教材。学生就业创业率连续多年达100%。

我们认为师范大学要适应要求，就必须瞄准地方战略新兴产业来设置学科专业。这当然会有阻力，最大困难来自传统学科专业转型。

地方师范院校如何转型

记者：目前面临转型的地方院校，有不少是从师专升格而来。作为较早进行转型试点的高校，杭州师范大学有哪些成功的经验？

杜卫：首先，要清醒地认识到地方院校的使命是为地方服务。为地方服务得好，学校获得的支持就多，发展就快；反之亦然。地方院校要清楚掌握当前地方在大力推进战略新兴产业时对高校的迫切需求：一是希望提供相关专业人才，二是希望能协同创新，大力开展相关科学研究、应用开发和提供决策支持。

其次，在做法上要坚定地把办好学科专业瞄准到地方主导产业和战略新兴产业的需求上，培养相关人才。如学校的阿里巴巴商学院、杭州国际服务工程学院等，尽管博士、教授没有传统学院多，但获得地方的各类支持、项目很多，学生在全国各类学科竞赛中获得很多荣誉。这充分证明，适应需求是高等教育的最根本规律。

最后，要坚决打破高校内部对教师业绩的传统评价办法，要大胆引进、培养地方所需要的各类应用型教师。

记者：地处杭州是贵校的优势。对地处中西部地级市的院校，他们的转型发展可以从杭师大学到什么？

杜卫：杭州师范大学地处杭州城西科创大走廊腹地，紧邻浙江海外归国高层次人才创业园、阿里巴巴集团等创新创业高新人才集聚区，受创新创业氛围熏陶较深。但中西部地方高校同样可以积累自己的地域优势，建议尽可能不要只把精力投入到争取国家基金、在权威期刊发表论文的比拼上去，这样的投入可能难有持续性，还是要瞄准当地人才需求来办学。

记者：杭师大的转型发展还在探索之中，未来发展的方向是什么？

杜卫：杭师大未来要发展成为高水平的地方性综合性大学。具体在人才培养上要形成三类人才：一是传统类教师教育人才。作为一所有百年教师教育发展历史的高校，要以培养教师教育硕士博士为主，为中小学教育、学前教育输送优质师资；同时为基础教育中的骨干教师、教育管理者进行高端职后教育和培训。二是大力发展浙江省、杭州市主导产业相适应的应用人才。这类人才本科毕业直接就业或者通过专业硕士培养后再就业。三类是培养部分学生直接进入硕博学习的基础类优秀人才。当然，这三类人才比例分配中，第一类、第三类各20%左右，第二类最多，应占到60%。

师范特色如何传承创新

记者：目前国家已经放开教师职业的入口。作为地方师范大学，我们应该如何应对？

杜卫：首先要提升学生学科与知识能力水平，改变近年来师范院校毕业生在学术上相对较弱的局面，让未来教师有较强的发展后劲。其次要发挥教师教育传统优势，在未来教师的专业理想、职业技能、师德水平等方面培养学生的竞争优势。第三要发挥地方师范大学优势，与中小学名校名师进行协同育人，把基础教育改革发展的最新成果及时转接为高校教育教学资源。另外，要大力发展教育科学研究，特别是课程教学论学科研究，使学校始终处于引领基础教育发展的位置。这是地方师大的传统优势特色，不能丢。

记者：包括前面所说的创新创业教育、转型发展等，师范大学如何坚持和发展自己的特色？

杜卫：教师教育是一种特殊的职业教育，既要求学生有深厚的人文底蕴，又要有较强的实践能力。既要传承千年师道，又要能够面向创新的时代。地方师

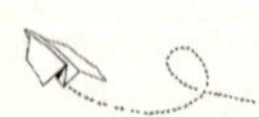

范大学既要坚持自己的传统教师教育特色,又要有创新。当前,杭师大是把“双创”教育作为地方师范院校转型发展过程中的重要任务,所以在实施中不是额外简单地搞创业学院,而是在好几个学院、在一批专业中分类实施创新创业教育,进而在全校推进这项工作。

记者:杭师大在发展过程中遇到哪些困惑?具体需要国家和社会对师范大学什么样的支持?

杜卫:师范大学应认识到创新创业教育是大学的应有之义,要落实到每个专业,渗透到每门课程,而不是权宜之计、应急之举。因为一方面师范生在专业需求上要有较强的实践创新能力,另一方面师范院校还有大量的非师范学生,他们毕业后可能就直接参与到社会的创新创业工作中去。

首先希望国家政府在宏观政策上有较大的变化。如教育主管部门要对地方大学的专业设置进一步松绑。以本科专业目录设置为例,前后制订时间较长,制订目录的专家也多来自高水平大学,对地方经济社会发展对人才需求相对不够敏感。建议教育部门对本科专业设置可提基本要求,而不用规范名称与课程,有利于地方院校根据地方需求来调整专业。其次对一所高校的设置以及培养质量的评估,要充分考虑其对地方经济社会发展的贡献度,而不是孤立地看教授、博士、课题论文的数量。第三还是要努力提高教师的薪酬标准和建立灵活的机制,吸引优秀的、急需专业的年轻人加入到地方高校转型发展中来。

第五章　人　　物

当前推进“双一流”建设最缺的是什么？当然是人才。前文已经提及，中国的社会制度和高校的管理体制，在我看来并非像某些人所说的制约了一流人才作用的发挥，相反，我认为这可能还是一种优势。

高校最缺什么样的人才？这是一个见仁见智的问题。本章所选的四位学者，实际上就代表了我对这一问题的理解。

张伯苓的名字大家都很熟悉。在民国时期的老校长里，张伯苓也是一个另类，一些人甚至认为他“用办职业中学的方式办大学”，不配做一名大学校长。在普遍崇拜美式教育的今天，如果张伯苓还当校长，还会办出一个南开吗？

杨承宗一生没有评上中科院院士，许多人认为不公平。我却不这么看，和院士要求的科研原创性相比，杨先生的研究或许更多在于精进。我之所以选择写杨先生，主要因为他所倡导和实践的人才培养理念。在我的采访历史中，杨先生是少见的对“钱之问”本身提出质疑的名人。

王澍成为本土第一位普利兹克奖获得者，曾有过铺天盖地的报道。我所关注的王澍，不仅在于他成长过程中的叛逆和传奇，更在于他的成长土壤和环境。一个优秀建筑师的出现，离不开一个好

的“甲方”。高校培养人才、留住人才，道理与此相同。后来，王澍缺少论文和课题评不上长江学者，我也曾发文打抱不平。

孙宝国是地方高校土生土长的院士。北京工商大学是由轻工业部和商业部所属的两所大学合并而成。写孙宝国时，我更关心的是行业类高校的发展问题，特别是那些下放到地方的原部委所属高校。孙宝国的出现，也给那些热衷于“买院士、借院士”的地方高校提了个醒。

这四位大家的身上，都散发出迷人的“泥土气”。这正是推进“双一流”建设所稀缺的。

“土货校长”张伯苓*

题记:他本一介武夫,没有名校教育背景,却让私立南开大学成为国内一流名校;他几乎没有教育理论著述,很多名人却愿意把孩子送进他的学校。

1904 年 8 月 3 日,花了两个多月时间考察日本学校教育的清末翰林、直隶学校司督办严修,刚登上开往中国的轮船就大发感慨:“吾安得于吾津试办民立中学一处,以作中学之模范?”

陪同考察的严家私塾教师张伯苓回答道:“是不难,所虑者无地与钱耳。苟有此二者,吾极愿效绵薄。”

一诺千金。此后四十多年,张伯苓一直为“学校之模范”而操劳,终成一代教育大家;慧眼识才的严修,也被尊为“南开之父”。

“对教育之信心”

年轻的张伯苓并非一帆风顺:19 岁以优等生第一名的成绩从北洋水师学堂毕业,正赶上甲午海战,中国海军已没有可供训练的舰船,他彻底无事可做了;20 岁他回天津结婚,没过几天新媳妇便因病去世;22 岁随海军同济轮到威海卫,亲历了“国帜三易”的耻辱,刚从日本人手里收回的港口,第二天又被迫租借给英国人。张伯苓感到整个国家已腐败透顶,习武救国之梦彻底破灭。1898 年 11 月,严修邀请 22 岁的张伯苓担任家塾的新学教师。

两年后,张伯苓又受天津盐商王奎章之请,到王家塾馆教西学。这样的家庭教师角色持续到 1904 年。

严修和张伯苓从日本考察归来后,一直为在天津建立一所日式的民立中学而奔忙。1904 年农历九月初八,在合并严、王两馆的基础上,天津第一所民立中学堂成立。第一期招收了梅贻琦等学生共 73 人,张伯苓任监督(民国后改称校长)。这便是私立南开学校历史的开端。

值得关注的是,私立南开学校建校之初就与私塾做了较为彻底的切割,严修和张伯苓也不再是东家与伙计的关系。在这所学校里,校长有了相对的办学自主权,学校的课程设置、教师聘任,也都依照官方《奏定中学堂章程》执行。

---

* 本文发表于 2013 年 4 月 7 日。

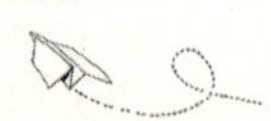

更为可贵的是，南开从一开始就确定了“私立而非私有”的理念。从开始的严修到后来的张伯苓，都没有把南开当作自己的私产。甚至后来有了南开大学、南开中学、南开女中、南开小学、重庆南开中学这样大的私立学校系统，张伯苓仍然拿的是属于自己的那一份校长工资。以至于张伯苓去世后，夫人王淑贞的生活拮据，得靠身为南开校友的周恩来总理拨出专款接济。这或许也是南开能成为一流名校，并且延续至今的原因之一。

南开建校40周年时，张伯苓总结其成功的首要因素便是举办者“对于教育之信心”。张伯苓清楚，一个“富豪张伯苓”对社会的意义并不大，相信只有发展新式教育，才能救中国于水火之中。也正是这种对于教育事业的热爱，甚至宗教式的崇信，最终成就了一代教育家。

天津城南原来有一个叫“南开洼”的小地方，南开校名因此而来。今天的天津市南开区，却是因为南开学校而得名。这段先因地名校、后因校名地的佳话，就是对教育家张伯苓最好的肯定。

“面必净，发必理”

毋庸讳言，和陶行知、晏阳初等注重平民教育的教育家不同的是，张伯苓创办的南开学校是一所贵族学校。因为南开的学费较高，一般人家根本就上不起。这些富贵人家子弟，“衣锦绣，食膏粱，骄奢性成，任意挥霍”，给学校管理带来诸多难题。但在张伯苓眼里，学生就是学生，没有贵族与平民之分，他甚至不承认南开是一所贵族学校。

清末的中学堂和现在的中学不同，学生的年龄普遍较大。中国人又有早婚多育、追求儿孙满堂的传统，富家子弟更容易沾上嗜赌、好嫖的恶习。南开附近就是天津有名的“三不管”地带，有很多赌场、妓院。因此，南开建校伊始，张伯苓便将饮酒、吸烟、赌博、早婚、冶游（嫖妓）等悬为厉禁，犯者退学，绝不宽假。张伯苓认为当时社会缺少的是领袖人才，创办南开是为了“痛矫时弊，育才救国”。这多少有点精英教育的味道。

那时南开一进校门就有一面一人高的穿衣镜，镜额上刻有严修题写的40字《容止格言》：“面必净，发必理，衣必整，纽必结……”用张伯苓的话说，人越是倒霉的时候，越要注意穿戴，让别人不能轻视你。后来有学生回忆说，那时南开学生很讲姿态、仪容与神气，甚至于说话，都有一套南开的口语，在任何场合都如鹤立鸡群，让人一看就知道那是“南开的”。

张伯苓认为，中国的落后主要在于中华民族的“愚、弱、贫、散、私”五病，因此南开的教育方针都以治此五病作为出发点。后来，他又将“允公允能”作为南开的校训。直到今天,“公”“能”二字仍被认为是南开学校的DNA。

“公”就是公德教育。张伯苓曾说,中国人清楚你的是你的,我的是我的,而把公家的东西认为不属于任何人。南开有一个特别的规定,学校里所有物品都明码标价,学生损坏要照价赔偿。从这一细节上也可看出南开对学生公德的培养。

“能”就是能力建设。张伯苓认为,中国落后的原因在于不能合作,缺乏组织能力。因此,学校对于学生课外活动,包括各种学术研究会、讲演、出版校刊会刊、话剧等,无不协力赞助、切实倡导。当时还没有“课外活动”一词,许多南开学生后来回忆时,甚至分不清哪些算课内,哪些算课外。

张伯苓自己更是身先士卒。他和学生一起表演自编、自导的话剧《用非所学》,在清末社会甚至被斥为有悖师道尊严;他剃掉了时髦的一字须,“面必净、发必理”伴随了他的一生。当时许多人想从退还的庚子赔款中分一杯羹而争相办学,张伯苓却坚持育才救国的初衷,不挣那些“混账钱”。

张伯苓的办学理念,逐渐得到了社会的认同,也赢得了“得入南开,便可放心”的口碑。1922年,黄炎培和胡适曾有一段关于教育质量的著名对话:黄炎培认为,判断一所学校好的标准,是“肯把自己的子弟送进去”;胡适老实回话,“我自己的子弟都叫他们上南开了”。

“土货化”

南开最早的办学思路是以美国为蓝本,所用的教材多为英文,教师也大都有留洋背景。1913年考入南开中学的周恩来后来回忆道:“从中学二年级起,耳朵里不大听中国话了。”

这势必会导致水土不服。1924年,《南大周刊》发表了署名“笑萍”的《轮回教育》一文,指出南开教育实际上是个回路:教员们课上讲的是美国的政治、经济、商业等,学生们“姑妄听之”;毕业后到美国去,回国当教员再唬后来的学生。作者发出质问:这样便算救国吗?《轮回教育》事件最终引发教授和学生的严重对立,也促使张伯苓思考学校改革的大问题。

随后,南开大学一连串的本土化改革举措出台:1925年,规定除英文外,所有功课一律改为国语讲授;1927年,不再使用美国课本,自行编辑教材;1928年,《南开大学发展方案》最终出台。

张伯苓在南开发展方案中认为,“已往大学之教育,大半‘洋货’也”,提出今后南开发展的基本方针是“土货化”,即“以中国历史、中国社会为学术背景,以解决中国问题为教育目标的大学”。这种战略调整,开辟了南开发展的另一

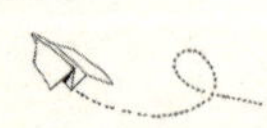

走向。

1927年，南开大学经济研究所成立。研究所广泛开展经济和社会调查，对外发布华北批发物价指数、天津工人生活费指数、上海外汇指数等，经济研究所成为独具特色、驰名中外的研究机构。“南开指数”也成为后来人们了解那一时期中国经济活动的重要资料。

南开大学成名后，人们总是处处拿它与北大、清华等名校相比。张伯苓很坦然，认为私立大学肯定比不过实力雄厚的国立大学，但南开要想在国内占有一席之地，必须利用地处天津卫的优势，把重点放在培养实用性人才上。张伯苓曾把大学比作“造人才的工厂”，把学生比作“货”。他把南开的发展和学生的培养质量紧紧连在一起，“工厂造人才，在社会有用，前途就很大了”。

这样的办学思路，当时教育界的许多人士并不认同。有人认为南开有文学院却不设中文系，是由于张伯苓自己文法不通，整个学校也“鄙俗不堪”；有人认为南开以实用为科学的重点，是把科学“从崇高的地位拖到尘埃”；更有人认为南开是用职业培训的方式办大学，“张伯苓只配做一所职业中学的校长，不配做一个大学的校长”。

“南开货”应该没有让张伯苓失望。据中科院院士、南开大学教授申泮文统计，南开大学和南开中学毕业生中，不仅有共和国总理等国家领导人，还有名作家、名医生、名大学校长，仅两院院士就超过百人。

“家庭学校”

名气很大的南开，其实学校规模并不大。张伯苓一直担任南开校长，职员也大多毕业于本校，并且几乎终生在南开工作，因此社会上也称南开为“家庭学校”。实际上，张伯苓也在处处创造“家庭学校”的氛围。

塾师的经历让张伯苓认识到，教师应该是校长的伙伴，而不仅仅是雇员。每有新教师到校，张伯苓总是立即接见。张伯苓坚持从全国聘请好的教师，一入学就让他们有一个属于自己的书斋，避免校外琐事的干扰。在声望、规模、待遇都不如一些名校的情况下，南开吸引了一批有为的青年学者。

南开有一支精干、高效的管理团队。张伯苓知人善任，即使学校经济困难也很少解雇，许多人终其一生都为南开服务。被称为南开“四大金刚”之一的华午晴，协助张伯苓管理财务，不仅在资金项目上精打细算，为了节省开支甚至自己设计教学楼。这种行政的高效率和廉洁的风气，也使私立南开学校较容易得到政府、团体以及海外基金的长期资助。

从1904年到1948年，张伯苓担任南开校长长达40余年。张伯苓曾总结

南开发展的原因在于“能务实，不尚空谈”，其实这也是作为教育家张伯苓一生的行为准则。

1950 年 5 月，张伯苓将重庆南开中学交给国家后北返，在北京小住后回到天津，直到 1951 年 2 月病逝。

由于担任过 3 个月的南京政府考试院院长，张伯苓这位在南开校长任上 40 余年的老教育家，中华人民共和国成立后却一度成了不受欢迎的人。张伯苓的名字，一度被人们遗忘；他的许多教育思想，直到今天也没有引起足够重视。

【张伯苓生平】

张伯苓(1876—1951)，名寿春，天津人，是我国近代著名爱国教育家。1894 年毕业于北洋水师学堂。1898 年在天津爱国士绅、清末翰林严修家设馆，1904 年，在严修的协助下，创办了南开学校(南开中学前身)，1919 年创办了南开大学，以后相继创办了南开女中、南开小学、重庆南渝中学等，使南开成为一个系列完整的著名学府。1948 年辞去南开校长。后来他将私立南开全部交给国家。

“不拔尖人才”杨承宗*

作为大学教师，他曾临危受命，负责为第一颗原子弹试爆提炼浓缩铀。但“两弹一星”勋章里，并没有刻上他的名字。

作为新中国放射化学的奠基人，他的同事和学生都已名满天下。但他自己却并不是两院院士。

约里奥·居里夫人的学生，参与研制首颗原子弹的科学家，新中国放射化学的奠基人，自费走读大学的开创者……杨承宗先生的每一段经历，都是一个传奇。

法国居里实验室的“中国杨”

谈及与放射化学的缘分，杨承宗笑着说，他总能在需要的时候，遇到最需要认识的人。这让人很容易联想到英文里的“Right Time，Right Person”。其中最为重要的两个人，都与法国居里实验室有关。

1932 年杨承宗从上海大同大学毕业后，就赶上了淞沪战争，“毕业即失业”。刚开始他回江苏老家找了份中学教员的工作，没多久就重新失业。正好大同大学校长的儿子想到美国去留学，但又不好意思撂下国立北平研究院物理镭学研究所的挑子，听说杨承宗正失业呢，校长便向所长严济慈推荐杨承宗去顶他儿子的缺。杨承宗就这样阴差阳错知道了镭，也从此与放射性元素结下了不解之缘。

在北平镭学研究所，杨承宗认识了第一位“贵人”郑大章。那时，郑大章刚从法国回来，他的老师就是镭的发现者居里夫人。杨承宗开始向郑大章学习放射化学，那段时间，师生二人整日痴迷于铀、镭等放射性元素的研究。铀矿附近的温泉中常含有高浓度的氡，郑大章带着杨承宗测量了我国各地著名温泉水中氡的浓度，以便在国内寻找铀矿石。两人在 1935 年发表了论文《西山温泉水所含氡量之测定》，这也是杨承宗在放射化学研究方面的第一项科研成果。

北平被日军占领后，镭学研究所南迁到了上海租界，所长却换成了一个汉奸。正在杨承宗在汉奸所长手下工作感到痛苦不堪之时，1946 年初夏的一天，

* 本文发表于 2010 年 9 月 16 日，原标题为《“不拔尖人才”同样需要培养好利用好》。

杨承宗忽然收到了一封用法文写的信。信是居里夫人的女儿伊莲娜·居里(即约里奥·居里夫人,诺贝尔化学奖得主)写来的,说是因为严济慈的推荐,邀请他到巴黎大学居里实验室工作。约里奥·居里夫人就是杨承宗科研事业上的第二位“贵人”。

1947年春节,杨承宗登上了战后上海开往法国马赛的第一艘法国大客轮“香波利翁”号,开始了留洋求学的生涯。居里实验室几乎集中了当时世界上最优秀的原子能专家,简直就是一个“小联合国”。放射化学实验要求操作者不能有半点闪失,杨承宗做实验的本领在那里得到了很好的发挥,人们也开始喜欢上这位小有名气的“中国杨”。在导师约里奥·居里夫人的悉心指点下,杨承宗独辟蹊径,采取离子交换法,系统研究了元素周期表中第Ⅲ、Ⅳ、Ⅴ、Ⅵ族较难分离的一些化学载体元素。1951年6月,杨承宗的博士论文《离子交换法分离放射性元素的研究》通过了答辩,获得了巴黎大学理学院的博士学位。

拿到了博士学位的杨承宗,也收到了法国国家科学研究中心为期两年的聘书。但他还是选择回到新中国。至今那张标有“年薪为555300法郎,另加补贴”的法文聘书,还在中国国家博物馆里展示,成为中国科学家热爱祖国、不为国外优厚生活条件所诱惑的见证。

1951年10月,杨承宗带着十几个大箱子,里面装满了国内急需的实验器材和珍贵资料,历尽周折经香港回国。此外,杨承宗还带回了两件“宝贝”。一件是10克碳酸钡镭的标准源。这是镭的发现者居里夫人亲手制备的国际镭标准。这个标准源,后来成为我国开展铀矿探测的唯一标准计量实物。另一件是约里奥·居里先生的一个口信:“请转告毛泽东,你们要保卫和平,要反对原子弹,就要自己有原子弹。”后来人们才知道,正是这个口信坚定了中国领导人发展核武器的决心。回国之后的杨承宗,仍然默默地从事着放辐射化学研究,没有因为自己在著名的居里实验室镀了金而沾沾自喜,更没有打着“师从诺贝尔奖得主”的旗号谋取虚名。即使是在接受记者采访时,杨承宗也没有主动提及自己师出名门。但他早已是名声在外。

1986年金秋时节,北京召开国际核化学和放射化学会议,不少知名科学家应邀从世界各地飞到北京,闻名世界的法国居里实验室主任莫尼克·帕杰丝教授也在邀请之中。

35年前杨承宗在法国居里实验室时,莫尼克·帕杰丝才18岁,一直是杨承宗的助手。站在庄严的北京科学会堂讲坛上,莫尼克·帕杰丝教授向来自不同国度的科学家详细介绍了她最前沿的研究成果,之后激动地说:“我的第一个启蒙教授是中国人,是个真正的大专家。他现在就在会场,他叫杨承宗!”

在法国巴黎大学居里实验室留学的5年,给杨承宗留下了终身的印迹。熟

悉杨承宗的人,都直接称呼他为“法杨”,以区别于“英杨”——中科院另一位读音相近、留学英国的科学家杨澄中。

进入“原子能反应堆”的十年

1961 年 4 月 4 日,一辆小汽车把杨承宗接到了二机部。二机部是中国为研制原子弹专门成立的机构,而杨承宗此时已调任中国科学技术大学放射化学和辐射化学系系主任。二机部部长刘杰寒暄了几句,忽然问他:“杨教授,你看什么原因导致我们中国的原子能事业不能大步前进?”杨承宗一下子被这个大问题问蒙了。但他心里明白,那时苏联专家已经全部撤走,除了一些半途而废的工程,什么都没有留下。这次谈话后不久,杨承宗就被抽调到二机部铀矿选冶研究所任业务副所长。铀矿选冶研究所位于北京城东 35 公里外的通州,对外称作“五所”。

为什么刘杰会找到大学教师杨承宗呢?对于记者的好奇,杨承宗哈哈大笑:“我也不知道。那得问刘杰,他前两天也来看我了。”

值得关注的一个细节是,当时国内懂放射化学的教授可谓凤毛麟角。据清华大学教授朱永贝睿回忆,1955 年中央决定在北大、清华创办原子能专业,但清华当时没有一个人接触过放射化学。1957 年工程物理系开设相关专业时,就聘请杨承宗来讲放射化学课。

此前在中国科学院近代物理研究所(原子能研究所,简称近物所),杨承宗就是出了名“实验高手”。1953 年,近物所急需中子源,杨承宗知道抗战前北平协和医院曾向美国买了 507 毫克镭源及配套提氡设备,在安全防护严重不足的情况下,杨承宗带领助手冒着危险修复了被日军破坏的装置,之后又制成氡-铍中子源。这是中国最早得到的人工放射源。但他的右眼因为超剂量辐射,逐渐恶化直至彻底失明。1954 年,有犹太商人向我国兜售硝酸铀酰,说是浓缩铀 235。周恩来总理要求近物所尽快确定该样品质量。杨承宗巧妙运用简单测量仪器,就揭穿了犹太商人的把戏,避免了上当,也维护了国家的尊严。

“五所”的科研设备非常简陋,防护条件极差,许多非标准设备和部件都要靠自己设计和加工。当时正值三年困难时期,粮食不够吃,不少人得了浮肿病。然而,就是在这样的条件下,杨承宗带领一群 30 岁左右的青年人,年复一年、日复一日地开始铀的冶炼提纯。经过两年多的日夜苦战,纯化处理了上百吨各地土法冶炼生产的重铀酸铵,生产出了符合原子弹原材料要求的纯铀化合物 2.5 吨,提前 3 个月为我国第一颗原子弹的成功试爆准备好了原料物质。

1964 年 10 月 16 日下午,五所的科学家们接到二机部的通知,要到部里开

会,一个都不能少。“全部人马都到了大礼堂,原来不是开会,哈哈,是看电影。电影一部接一部地看,中间没有一点休息时间。到 12 点钟还在看,大家都困了,回家闷头就睡了。第二天清晨,我们还在睡梦中,我国第一颗原子弹爆炸成功的消息,就已经传遍了全世界。”杨承宗谈起二机部领导的这个特殊安排,还是十分激动。

在荒郊野外的“五所”,杨承宗前后工作了近 10 年时间,他认为那是他一辈子干得最得意的工作。杨承宗告诉记者,他用的还是离子交换法提纯铀。在居里实验室时,用于实验的离子交换柱直径不到 1 厘米、高不过 1 米;在“五所”的水冶厂,交换柱一下子变为直径 2.7 米、高 6 米有余,人都可以在里面游泳。能把自己在国外学到的知识应用于国家建设,杨承宗十分得意。

原子弹爆炸成功后,二机部下文给研制原子弹有功人员晋级嘉奖,杨承宗却因人事关系在中国科学技术大学而不能享受。每当有人为他没有获得“两弹一星”勋章而打抱不平时,杨承宗本人却毫不在意:“事情做出来就好,别的什么也没有去想。”

杨承宗对第一颗原子弹成功爆炸的贡献,却不时被人们提起。曾任中国科学院党组书记的张劲夫在谈到原子弹研发这段历史时,就讲了这样一段话:“‘法杨’是搞放射化学的,当时放射化学很关键。我们最重要的措施,是把杨承宗等一批科学家放到原子能所原子能反应堆那里去。”

愿做放射化学的形象大使

杨承宗是中国科学技术大学的创建元老,曾任中国科大副校长、安徽省科协主席。杨承宗自己却说,他只是在中国科大“办了一个专业”。

1958 年 9 月中国科大成立时,杨承宗担任校务委员会委员、放射化学和辐射化学系系主任,同时兼任其他几个系的化学基础课和专业课教学工作。当时,他白天忙于原子能研究所的科学研究,晚上写讲义编教材,每周三准时到中国科大讲课。放射化学和辐射化学系所有的教学大纲、教学计划以及任课老师的选择,都是杨承宗亲自编写、亲自确定。

中国科大化学物理系教授俞书勤至今还记得,他们 58 级放射化学专业学生进校的第一堂课,就是杨承宗上的。杨承宗详细地介绍居里夫人从铀矿中分离钋和镭的方法,还在黑板上写下了分离流程图。这些在当时国内外任何教材中,都是不可能有的。把国际化学界前沿科学知识和科学创新的思维方法传授给学生,强调学生的动手能力,培养和训练他们独立思考的能力,是杨承宗教学工作的一个特点。他经常对学生们说:“科学就是前沿,科学就是尖端,科学就是创新。”

或许是受老师伊莲娜·居里的影响，杨承宗特别注重培养学生的质疑精神。1963年上半年，60级08系物理化学课的期中测验，年级课代表祝振鑫发现试卷上有一道题的图画得有问题，便在主讲教授上课时指了出来。那位主讲教授十分生气，一连三天不出家门，不上班也不上课。系里教学干事找祝振鑫谈话，但祝振鑫拒绝因此写检查。为了给这位教授台阶下，系务委员会决定给予祝振鑫处分。杨承宗知道这件事后，高兴地一连说了几个“好极了”。他严肃地找那位教授谈话：“当教师的最大心愿不就是希望‘青出于蓝胜于蓝’吗？看到学生超过自己，应该感到很高兴，怎么会觉得丢自己的面子呢？你教的学生一代不如一代，那才丢面子呢！”杨承宗公开表示：“学生敢于指出老师的错误，这种风气应该提倡。你们要处分这位同学吗？我还要表扬这位同学呢！”

1970年，杨承宗奉命随中国科大南迁，携家带口来到合肥，是屈指可数的几位随迁的老科学家之一。但他并没有因此懈怠化学教学和科研工作。1973年，杨承宗主持了全国火箭推进剂燃烧机理学术会议，与兄弟单位建立了科研协作关系，使科大的相关研究成果在国内占有重要的一席之地。1977年，由杨承宗首提的同步辐射加速器项目在中科大立项成功。后来，他又直接领导利用同步辐射装置200MeV电子直线加速器，作中子源和伽马射线源，为我国内地的核科学研究开辟了一条新途径。

尽管已经脱离科研一线多年，百岁老人杨承宗仍然关心着放射化学的发展。杨承宗认为，放辐射化学在军事方面有了很好的应用，在其他方面的应用开发得还很不够。最近他正在考虑，能否用同位素示踪原子的办法，把中药中的有效成分标示出来。对于现在不少年轻人不愿意学习放射化学等实验性学科，杨承宗有些忧心忡忡。杨承宗说：“科学是有规律的，放射化学并不可怕，更不会影响到学生的身体健康。如果需要，我愿意当放射化学的形象大使。”

“花生油好，花生酱也很有价值”

现在杨承宗的作息十分规律。他每天都会听广播，社会上发生的新闻大事，包括最近颁布的教育规划纲要，他都略知一二。对于人才培养模式的改革，杨承宗说，他有一个“歪理论”：最优材料固然很好，次优材料同样具有使用价值。人才就像花生一样，花生油大家都欢迎，但花生油下面的花生酱也很有价值。

合肥学院的校史里，记载着杨承宗70岁时的这个“歪理论”。那是1979年深秋，时任中国科大副校长、安徽省人大常委会副主任的杨承宗，去学校的路上，看到马路边围墙底下有不少年轻人围聚在一起，觉得奇怪，就问司机他们在干什么。司机告诉他说："小孩子们在打台球呢。他们没有考上大学，都没有事干，就在这儿打球。"杨承宗心里咯噔一下：这么年轻的孩子就无所事事，正是应该受教育的时候呀。

转过年来，也就是1980年春天，杨承宗参加安徽省高教局的一个会议。休息期间，他听到有人议论，一位考生仅仅因为0.2分之差，不能进入大学校门。杨承宗再也坐不住了，会议一开始就举手要求第一个发言，把自己几个月深思熟虑的想法和盘托出：创办一所改革的大学，招收落榜生，自费上大学。"他们没有想到我放了那么一炮。"杨承宗回忆道，那天的会议因为他的发言甚至改变了议题。

1980年8月，杨承宗自任校长的"改革的大学"真的诞生了，共招收了320名高考落榜生。学校由中国科学技术大学、合肥工业大学、安徽大学等8所高校联办，联想到抗战时期的西南联大，杨承宗将校名定为"合肥联合大学"。那时候大学生由国家统一招生、统一分配、免费培养，而合肥联大采用的是收费走读、不包分配的方式。那时高考制度刚恢复不久，合肥联大的出现，让人不由得想起同在安徽的小岗村。

"适当收费，不包分配，专业设置按市场需求，后勤服务社会化，师资队伍聘任制，学生就业自主化"，合肥联大30年前的办学模式，今天几乎已成为中国大学通行的做法。在管理上，合肥联大还有个创新，就是实现"董事会领导下的校长负责制"，时任合肥市委书记的郑锐担任合肥联大董事长。校长杨承宗管教学，对招生、专业设置、课程安排等全权负责；董事长郑锐主要解决学校的后勤保障问题。那个时候自行车还是紧俏货，需要凭票供应，合肥联大却享有特权。"只要是联大的学生，郑锐就批给一张自行车票。"杨承宗说。

"董事会领导下的校长负责制"还体现在专业设置上。合肥联大的专业分为两类，一类是常设专业，主要培养省市长期需要的机械、化工、电子、建筑、经管、职教师资等专门人才；另一类是应变专业，主要培养地方经济建设急需但数量不大的人才。合肥市计划、人事、经济、劳动等政府部门的负责人都是合肥联大的董事会成员，每年应变专业的招生人数，都要在合肥市分管市长的主持下，董事会进行充分论证，上报批准后实施。这样就减少了招生的盲目性。"这就叫船小好调头。虽然我们实行不包分配、择优推荐，但实际上我们也在找，找到了婆家我们再招学生。"杨承宗说。

合肥联合大学创办成功、受到社会的认可之后，北京、上海、南京、西安、广州、杭州等地也相继成立类似的大学，有些甚至直接套用了"联大"的名字。杨承宗并没有因此满足。1985年，德国下萨克森州政府想在中国联合办学，杨承

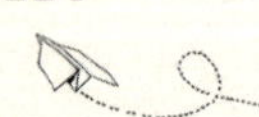

宗从时任安徽省长王郁昭那里听到消息后，积极争取，使合肥联大成为德国在中国重点援建的两所示范性应用科学大学之一。2002 年，合肥联大与合肥教育学院、合肥师范学校组建为合肥学院。更值得一提的是，合肥联大第一届学生蔡敬民，后来留学德国，如今已是合肥学院院长。2010 年，合肥学院被确定为全国 61 个“卓越工程师”试点院校之一。可以说，杨承宗的办学理念在这里得到了继承、升华。

担任过中国科大副校长和合肥联大校长的杨承宗，对于创新人才培养有他自己的看法。杨承宗认为，社会上的人才结构应该是金字塔形的，位于塔尖的“拔尖人才”和位于塔基的“不拔尖人才”，都是社会的有用之材，都应该把他们培养好、利用好。在目前社会上热衷于讨论拔尖创新人才之时，杨承宗似乎更为重视“不拔尖人才”的培养问题。杨承宗自谦地认为，与约里奥·居里夫人、钱学森等相比，他应该归为“不拔尖人才”一类。

如何更好地培养“不拔尖人才”？杨承宗没有正面回答记者的提问。留给人们思考的，是他 30 年前在合肥联大进行的那场改革。

【采访后记】

放射化学家的百年人生

2010 年 9 月 5 日采访杨老时，正赶上他 100 岁(虚岁)生日。那是一个阳光明媚的下午，看见年轻的客人来了，杨老第一句话就是让女儿拿糖给我们吃。那也是我听过的最为爽朗的笑声，甚至我们对于他没评上院士的疑问，也被他的笑声所溶解。

杨先生出生于辛亥革命那一年，大半生都是在不正常的社会混乱中度过。这可能也是他后来讨厌各种运动、珍惜平静生活的一个重要原因。

在江苏同里上高小时，受校董章太炎的影响，杨先生有着深厚的国文基础。到上海大同大学附中上学时，他的国文水平达到了大学二年级，英文水平却是“一塌糊涂”。好在大同大学及其附中都实行学分制，他那时的同学年龄跨度很大，从初中到大学都有。幼年的教育经历，给杨先生留下了深刻印象。以至于创办合肥联大时，他就率先恢复实行了学分制，对教师来讲可以因材施教，对学生来讲就是鼓励冒尖。

杨先生是一个重实践的人。他这一辈子大部分时间都是在与化学实验室里的瓶瓶罐罐打交道，注重实验改进甚于理论创新。杨老告诉笔者：中国人做研究过去有个毛病，重理论轻实验；在实验科学中，又是重物理轻化学。实践证明，杨先生在许多方面都取得了卓越的成就。我想，杨先生是在用自己的一生，来纠正人们对于化学学科的偏见。

杨先生是一个有远虑的人。第一颗原子弹爆炸后不久，担任“五所”业务副所长的他就提出“五所”要转型。他曾多次说，世界上没有哪个国家有像“五所”这样上千人规模的铀矿选冶研究所，中国的铀矿资源并不丰富，总有挖空的一天，到时没有饭吃就来不及了！他建议“五所”要改变单一方向，要注意应用。然而，这些远见卓识，成了他在“文革”被批判的口实。改革开放初期，他在合肥联大采取了一系列改革措施，其对于中国高等教育改革和发展的意义，至今仍值得去好好总结。

杨先生是一个不迷信的人。杨先生过去对中药没什么好感，但是中药治好了他的某种疾病，现在他经常服用中药。杨老甚至认为，没有中药，中华民族五千年的文明都不可能延续。但他并不迷信中药，甚至要用放射化学的方法，标示出中药中的有效成分。

这种生活的态度，与他以前所从事的铀提纯又有什么不同呢？

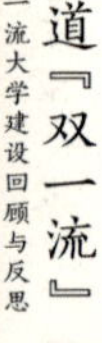

"瓦爿之上"王澍*

"五一"小长假，杭州南宋御街。身着蓝色对襟短褂的中国美术学院教授王澍，正接受一家法国电视台的采访，照例吸引了许多游客围观。游客们惊讶于法国女记者娴熟的普通话，完全没有注意到被采访的主角。即使是得了被称为"建筑界诺贝尔奖"的普利兹克奖，即使是在自己设计的南宋御街，王澍仍然不为普通百姓所知。

不仅如此，许多搞建筑的人此前对王澍也并不熟悉：在国外他没有任何建筑作品，没有出过任何作品集，这在普利兹克奖历史上绝无仅有；在国内他的作品也仅限于江浙一带，没得过全国性大奖，按常规的评价标准甚至进不了一流。普利兹克奖评委会主席帕伦博勋爵说："当我们来到中国深入考察王澍的整体作品，毋庸置疑，我们所见证的是一个建筑大师的作品。"然而自 2012 年 2 月底该奖公布至今，围绕王澍及其建筑的争论一直没有停息。王澍说，无论在国内国外，他都属于"体制外"的建筑师。这样的建筑师获得建筑学最高奖，争论也是必然的。

2012 年 5 月 25 日，普利兹克奖颁奖仪式在北京人民大会堂举行。作为首位获奖的中国人，王澍的名字进入了贝聿铭、库哈斯等大师的行列，也走到了一个建筑师荣誉的顶峰。此前，这位 49 岁的"体制外"建筑大师接受了中国教育报记者的专访。

"造反派"王澍

当王澍获奖的消息传到东南大学中大院的建筑学院时，据说院内顿时"一片欢腾"。"热烈祝贺杰出校友王澍荣获建筑学最高奖"的大红喜报张贴在醒目的位置，甚至有人建议在楼内建一座王澍的塑像。然而学生时代的王澍，留给东南大学的却是一个叛逆者的形象。

公开资料显示，王澍 1963 年出生于乌鲁木齐，母亲是北京人。幼年的王澍常常坐火车往返于乌鲁木齐与北京，4 天 4 夜的旅程，据说增加了他不少的阅历。他的姥爷是个手艺不错的木匠，或许由此打下了王澍日后特别尊重民间匠

* 本文发表于 2012 年 5 月 25 日，原标题为《"瓦爿之上"的建筑大师》。

人的根基。

1981年，王澍进入南京工学院(今东南大学)建筑系学习。彼时的王澍，留着长发，言行激烈，很快就成为学院的风云人物。大二的时候，他就成了"造反派"，声称已无课可上，没有老师能教得了他。还有一个更著名的段子，说他宣称中国只有"一个半建筑师"，他自己算一个，系里最权威的老师只能算半个。

让同学们记忆深刻的，还有一次他对建筑设计作业的"叛逆"。按照惯例，当时建筑系学生常常要做1∶500的平面设计图。但王澍交上去的却是1∶100的总平面图，除了房屋设计、道路系统外，所有的景观他全部作了设计，甚至设计了一个带有完善灌溉渠道的农业种植系统。这在学校历史上从未有过，"连很多老师也画不出来"。

本科毕业后，王澍继续留校攻读硕士研究生。研二时，他写了一篇一万余字、题为《中国当代建筑学的危机》的长文，从梁思成开始，对中国近代建筑史上的著名人物一个一个地批判，一直到他的导师齐康院士。文章不可能发表，他便自己募钱印了150本，广为散发。据说，这篇长文曾在建筑学界广为流传，也真正刺痛了很多人的神经。

这还没有结束。研三时，王澍用陀思妥耶夫斯基的小说《死屋手记》为自己的硕士论文命名，继续对建筑学现状进行批判。论文答辩时，王澍和评委们发生了激烈的争论。评委们或许一方面觉得这个学生太狂了，另一方面觉得这个学生讲得有道理，论文答辩虽然是全票通过，但希望他对论文作出修改。王澍一个字也没有改。有人提醒他这样就拿不到硕士学位，王澍回答："萨特人家颁给他诺贝尔文学奖，三次他都拒绝了，我拿不到一个学位算个啥?"

1988年，没有拿到硕士学位的王澍，毕业后来到浙江美术学院(今中国美术学院)，没有当上教师，进了当时美院的一个公司。很快他就主动挂职，成了一个不领工资、没有社会医疗保险的自由职业者。直到1995年他到同济大学读博士，结束了长达7年的蛰居生活。王澍说，那是他人生中极度贫寒的一段时光，常常发现自己的周围都是农民工。

和导演李安的经历有些相似，这段蛰居的日子里王澍无事可做，也不愿做乱七八糟的事，全靠同为建筑师的妻子陆文宇的工资生活。或许这也悄悄改变了他的处世风格，那个叛逆张狂的"造反派"王澍不见了。巧合的是，2000年他长达30余万字的博士论文《虚构城市》又遇到麻烦，许多评委都不知道他在说什么。王澍也没有再拿萨特来说事，而是找了几个国内有名的专家来评判，中国美院院长许江就是其中之一。

为什么一个学校教育的叛逆者，7年后又回归课堂？王澍告诉记者，他只是想找一个稳定的学习环境，并且，他从来都认为大学里主要是靠自学。但他在

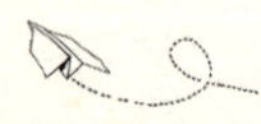

一次和友人的聊天中曾说，选择到同济读博，与其说是回归建筑的教育系统，不如说是回归正常的社会系统。

回顾在东南大学的“造反”时光，王澍告诉记者，他从未因此有过任何不愉快，相反，至今他仍很怀念那个时代。“那是一个先生可以和学生因为观点而较真的时代，姑且不论谁对谁错，老先生们都坚持自己的信念。现在，一切都变了。”王澍说。

系主任王澍

2000年博士毕业，王澍到中国美术学院任教。许江说，是他执意把王澍“要”过来的，目的就是让他在美院开建筑系。这也是1952年院校调整之后，中国美院再次设立建筑系。

中国美院的前身是蔡元培先生创建的国立艺术院。据说当初学校选址时，蔡元培故意避开了北京和上海，希望能在杭州，远离官气与商气，建一个不一样的美术学院，真正实现“以美术代宗教”的愿望。许江告诉记者，他看好王澍的原因，也是希望中国美院能有一个不一样的建筑系，重建当代中国本土建筑学。

建筑系成立之初，教师只有王澍一个，学生有近20人。王澍开玩笑说，那基本上就是个“村小”。对于如何重建本土建筑学，王澍认为，热衷于做一些庞大而复杂的东西，但却做不好，粗制滥造，这不仅是建筑教育的毛病，也是当时建筑师的通病，“那就不如从最简单、最直接的东西开始”。从此他们开始了从材料、构造、模型开始造房子的建筑教育新路子，王澍称之为实验建筑学。这在当时是独树一帜的。人们发现，在中国美院建筑系，学生们不仅要学做泥瓦匠、木匠的活儿，还要练习书法。

2003年王澍担任建筑系系主任。之后随着规模的扩大，他又担任建筑学院院长。在建筑学院，王澍对教师素质的要求极其严格。王澍看不起那些因袭成见、人云亦云的教师，认为那是一种混日子的教学态度；他同样看不上那些制造复杂、故弄玄虚的教师，认为他们不断向“建筑”二字中填内容，诸如政治的、经济的、文化的、历史的……好似一个填不完的字谜游戏，每填一处似乎就填上了一个“学术空白”。王澍认为，知识在于使用，兴趣促生认知，情趣则影响着生活价值的取向。他告诫学院的教师和学生：“不要先想什么是重要的事，而是先想什么是有情趣的事，并身体力行去做。”令王澍不满的是，现在有不少教师迷失在建筑行业的浮躁喧嚣之中，甚至拿一些不上台面的商业设计来充当学术研究。

每年春天，王澍都会带学生去苏州看园林。王澍认为，古人的造园，代表了我们今天熟知的建筑学之外的另一种完全不同的建筑学，是特别本土、也是特别精神性的一种建筑活动。园林以某种哲学标准，体现着中国人面对世界的态度。课堂上，王澍常常会让学生从宋元的山水画中体会建筑精义。近几年，王澍在国内外高校举办讲座，常常会从元代画家倪瓒的《容膝斋图》讲起。那是一张典型的中国山水画：上段远山，一片寒林；中段湖水，完全留白；近处平坡，几株老树，树下有亭，极简的四根柱子，顶为茅草。王澍想告诉学生们的是，如果人可以生活在这张画里，画家宁可让自己的房子小到只能容下自己的膝盖，这才是“容膝斋”的含义所在。王澍说，画中的房子只占了很小的比例，在中国本土建筑学里，有比造房子更重要的事情。

25 年前，王澍写了长文《中国当代建筑学的危机》，今天这种状况发生转变了吗？王澍认为，25 年来中国当代建筑学谈不上有什么进展，有的话，也是对西方建筑学模仿甚至抄袭的手段娴熟了。他曾看到建筑系二年级学生的作业，已能娴熟地模仿极为复杂的解构做法，但作者却回答不了一些最基本的构造问题。一次他在北京一所著名的大学演讲，台下就有学生质问他：为什么我们一定要盖中国风格的房子？美国式的房子不也很好吗？

今年普利兹克奖首次花落中国，能给大学的建筑教育带来多大影响？王澍对此并不太乐观。他认为，中国建筑学界时常有一些思想火花产生，但缺少持续的讨论，缺少其他人应和，最后都归于沉寂，“它总让人觉得已处在一个出发的状态，却从来没有真的出发过”。目前中国许多大学都开设了建筑设计类的专业，红红火火的背后，隐藏着很多危机。王澍甚至认为，现在许多工科和综合性大学的建筑系，走的还是技校的路子。“大学建筑系的设计水准，如果都超不过建筑设计院，那还能叫大学吗？”王澍问。

建筑师王澍

作为一位建筑师，2001 年王澍遇到了一个最重要的“甲方”——中国美术学院。王澍几乎所有重要的设计作品，都是在这之后完成的。并且，据本报记者了解，在很多项目的申请、建造过程中，例如著名的宁波美术馆、杭州中山路保护与更新工程，中国美院都给了王澍大力的支持。

中国美院象山校区，是迄今为止王澍设计的体型最大的作品，也是能够全面体现他的设计思想的作品。普利兹克奖评委会在评审词里说：“中国的城市化进程正在引发一场关于建筑应当基于传统还是只应面向未来的讨论。正如所有伟大的建筑一样，王澍的作品能够超越争论。”王澍自己在分析获奖原因时猜测，可能因为评委们发现，这种原本只能设计艺术家工作室、茶室等小型建筑

的艺术探索，竟被如此大面积地实现了。

象山位于杭州西郊转塘镇，山并不大，据说这里是钱塘江故道所在。许江告诉记者，寻找到这样一个地方建新校区，他们颇费了一番周折。许江引用上海大学老校长钱伟长的话来批评当前大学校园建筑的“高度功能化”：宏伟的大门，宽阔的大道，花坛紧凑；38 级台阶之上，是一座巍峨的图书馆……许江说，千方百计找到象山这个地方，他们就是想重构传统书院色彩的大学，建设一个与众不同的校园。

象山校区的设计、建造过程中，作为“甲方代表”的许江，专门写了三首诗给王澍，其余的都交给了这位年轻的建筑师去尽情创造。王澍说，这些年全国近千所大学建了新校区，没有一个像中国美院这样信任一个 40 岁不到的年轻教师，认同他的设计理念，给予他充分的设计自由。

王澍是通过公开竞争的方式赢得象山校区设计机会的，与他同时入围的还有本校的另外两位教师。“外来的和尚会念经”，一开始很多朋友都劝他千万不要碰，都认为设计本校校园是件得不偿失的事，很难做好。王澍说，中国美院是美术家集中的地方，他们看重的是设计的“气息”，所谓意在笔先，对建筑本身反而不太重视。这或许就是王澍最后中标的原因所在。有意思的是，在接受本报记者采访时，许江和王澍都用宋元山水画来描述心中的象山校园。所不同的是，许江用的是范宽的《溪山行旅图》，王澍用的是倪瓒的《容膝斋图》。可以说，在校园设计理念上，甲乙双方互相高度认同。

象山校园所有建筑的设计，王澍都是围绕不大的象山进行，因为“山先在那里”。山北，山势峻峭，所有的建造以四合院为原型，或切一角，或切一边，总有一个切口与青山相对，营造出“悠然见南山”的意境。山南，山势平缓，所有的建筑都隐在荷塘田陌上筑起的“八”字长堤后，或爬屋，或重檐，营造与青山携行的多重视域。建造过程中，王澍更是利用了从华东各省拆房现场收集过来的 700 万块旧砖弃瓦，运用了民间泥瓦匠人的原生态工艺。王澍说，像象山校园这么大的面积，别的学校可能四五栋建筑就足够了，为了与周围环境相适应，他只好打散了，设计出数十栋建筑。同样的设计费用，工作量却多了好几倍。“没办法，山先在那里，你是改造建筑还是改造山？”王澍笑问。

宁波历史博物馆是王澍单体设计体量最大的作品。博物馆位于宁波新的市中心，周围便是由国内一位著名的建筑师设计的“小曼哈顿”。王澍说，他想做的博物馆，就是要让普通老百姓知道，他们生活的城市曾经是什么样子。据说博物馆刚建时，甲方曾对着王澍怒吼：“在这么一个现代化的小曼哈顿市中心，你做一个这么脏、这么旧的小博物馆，你什么意思啊？！”今天，这个样子古怪的博物馆，已成为普利兹克奖获得者的代表作；其外立面的瓦爿墙，借用了宁波地方特有的建筑技艺，这也成为王澍设计的个性化标志。

作为实验建筑师，王澍不仅对当前建筑乱象提出批评，更通过自己的作品提出解决的办法。王澍说，好的建筑师应该有一个长期坚持的思想，并且通过不同的建筑机会来表达。在他唯一的商业设计作品“垂直院宅”（钱江时代）里，王澍为每 4 户人家设计了一个公共活动区，类似于北方四合院，希望能借此打破城市邻里间的冷漠。在中国美院象山校区，王澍设计了各种形状和大小不一的窗户，走廊走向也稀奇古怪，他希望通过这种设计，让学生们有不一样的生活体验，有所发现、有所体悟。

近几年国内很多城市兴建超大型、超豪华的标志性建筑，包括一些普利兹克奖获得者在中国的作品，王澍在理念上并不认同。王澍说，他至今没有在北京、上海、广州等大城市设计作品，更不会涉足什么标志性建筑。在接受《洛杉矶时报》采访时，王澍说：“希望我的获奖能影响年轻一代的建筑师关注中国本土建筑学，无论大型项目还是小型建筑，都能放慢建设的速度。希望年轻一代的建筑师能够明白，中国的发展不能以拆除历史为代价。”

文人王澍

“在作为一个建筑师前，我首先是一个文人。”这是王澍时常挂在嘴边的话，也是他生活中坚守的信条。

中国古代多的是四体不勤的文人，要么愤世嫉俗躲进自己的小天地，要么曲意逢迎与世俗同流合污。王澍特别欣赏的文人，是清代随园主人袁枚。袁枚 35 岁辞官后在南京购得一随氏废园，并不大兴土木，也不另赋新名，只是伐恶草、剪虬枝，因树为屋，顺柏成亭，不设围墙，向民众开放。袁枚园居 50 年，绝意仕进，著作立身，刻意与当时主流社会拉开距离，却树立了文人的另一种生活风范，真正影响了社会。王澍告诉记者，中国文人造园是一种特殊的建筑学活动，人在园在，园子成了有生命的活物，这和今天房子建好后建筑师就掉头不管有着本质的区别。王澍认为，今天的建筑缺少园林的诗意与情趣，根本原因就在于缺少文人与建筑的融合。

当今中国现代化进程中，出现大规模造城运动，这对建筑师来说是难得的机遇，作为文人的王澍却痛心疾首。他甚至认为，全中国的旧建筑都到了要彻底保护的时候，要立即停止拆迁行为。王澍不仅反对所谓的“异地重建”，也反对将老建筑孤零零地设为博物馆。王澍觉得房子和人一样，要活着才有生机，因此他在设计南宋御街时，特意要求保留原住民。在南宋御街陈列馆，王澍特意给民间手工建造留下了一席之地，比如水泥砖墙夯造、木结构桥梁的搭建等。

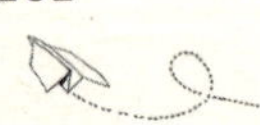

王澍说，这种手工制作方式在欧美已不可能做到，一是造价太高，二是会这种手艺的人越来越少。面对传统与现代、保护与拆迁的冲突，王澍有时也很无奈。王澍指着南宋御街一栋漂亮的老建筑告诉记者："像住在这样房子里的人，早已不是当初的主人，他们对它其实没有什么感情。旧城改造时政府想拆，开发商想拆，住户也想拆，唯一想保护的，也就是我们这些文人。"

许多人都认为王澍运气好，每次都能遇到一个好甲方。中国美院也有不少人认为，没有院长许江的支持，就不会有今天的象山校区，也就没有王澍的今天。许江在接受采访时并不否认对王澍的欣赏和钟爱，但他同时认为，象山校区的设计机会给了校内每一位教师，只有王澍做好了准备。记者把这个问题抛给王澍时，他很自信地说，他为这个校区已准备了 10 年。以前的设计体量都很小，凭什么能驾驭这么大的校园？王澍以古人能画小景也能画出《千里江山图》为喻，给出的是一个文人式的回答："我从来不以大小来衡量我的设计，造房子，就是造一个小世界。"

"他们是做奢侈品的，我是做手工艺的。"和鸟巢、首都机场 T3 航站楼、中央电视台新大楼等国外建筑大师的作品不同，王澍的作品大多是低造价的。中国美院象山校区的造价，大约是国内同类高校的一半、国外高校的 1/10。许多建筑利用了大量废旧的砖瓦，墙面都不抹灰，地面、屋顶等都裸露着水泥，以致许多来此参观的人问学校：你们是不是没有钱了啊？王澍告诉记者，建设节约型校园是一个方面，同时他也想借此表达一种"贫寒的美学"，这也是中国文人的安身立命之本。"无论国家还是个人，都不可能永远有钱。况且，光有钱又怎么样，不就是个暴发户吗？"王澍反问。

有人认为，王澍此次获得普利兹克奖，在某种意义上比获得诺贝尔奖更有意义，因为这标志着世界对中国本土建筑文化的认同。相对来说，文化上的认同比起科学研究上的认可要困难得多。王澍自己倒没有想这么多，但也不否认他的建筑里有普世价值的存在。"在这个浮躁喧嚣的时代，有些安静的事得有人去做。"王澍说。

【小贴士】

普利兹克奖

1979 年，美国人杰伊·普利兹克和他的妻子辛迪创立了普利兹克奖，每年授予一位在世的建筑师。普利兹克建筑奖在许多程序上以及奖金方面都参照了诺贝尔奖，获奖者可获 10 万美元和一枚铜质奖章。

每年约有500多名建筑师被提名，但获奖者却只有一两位。普利兹克奖像一架选拔建筑大师的机器，下手精准，且极富前瞻性。在短短30多年里，普利兹克奖快速崛起，其声势压过了百年老店“英国皇家建筑师金奖”、奖金更丰厚的“日本国家艺术大赏”等权威大奖，成为建筑界公认的至高无上的奖项。

“香料院士”孙宝国*

中国是最早使用食品香料的国家之一，花椒、大料、桂皮等中国传统香料的使用有几千年历史。然而，20世纪90年代以前，我国食品加工业所需的关键肉味香料却完全依赖国外生产，有的进口价高达每公斤十余万元，与当时黄金的价格相当。

打破这一尴尬局面的人叫孙宝国。由孙宝国负责研制的含硫食品香料和咸味食品香精，不仅打破了国外大公司的垄断，每年为中国香料香精企业创造几十亿的产值，而且还出口到国外，使我国一跃成为国际上重要的食品香料和咸味食品香精生产国。2009年，孙宝国成为中国工程院环境与轻纺工程学部最年轻的院士。他是目前我国食品行业仅有的两个院士之一，同时也是在一所地方本科院校——北京工商大学“土生土长”的院士。

孙宝国“香”在哪里呢？

由臭变香的“孙宝国味儿”

20世纪80年代，制约我国方便食品、肉制品、仿肉制品、速冻食品、膨化食品、调味品等咸味食品发展的关键问题，是缺少代号为“030”(2-甲基-3-巯基呋喃)和“719”(甲基(2-甲基-3-呋喃基)二硫醚)的肉味食品香料。它们最初是从畜禽肉中发现的关键肉香味物质，美国国际香料公司在20世纪70年代合成并率先实现了商业化生产，卖价奇高，我国进口价每公斤曾分别高达9万元和14万元，后者跟当时黄金的价格差不多。通过控制关键香料的品种、技术来保持其领先地位并获得垄断利润，是世界香料大公司的普遍做法。解决食品企业不得不从国外购买高价“030”和“719”香科的困境，成为当时轻工领域香料研制的重点，并且列入了国家“七五”攻关项目。

1984年从北京轻工业学院(北京工商大学的前身)毕业留校的孙宝国，学的就是精细化工专业。面对国外大公司的垄断，孙宝国暗下决心，要研制出中国自己的香料。1986年读研究生后，孙宝国确定了香料研究的主攻方向，把研制“030”作为自己硕士论文的选题，并于1987年7月开始实验。

* 本文发表于2010年3月22日，原标题为《“香料院士”的科研密码》。

要成功合成这两种香料必须突破低温反应、中间体聚合等多个关键技术，而当时中国的合成香料技术还比较落后。孙宝国的研究相当于从零开始。

孙宝国告诉记者："我一开始也不知道怎么做，两眼一抹黑。我只能没白没黑地在实验室做实验。下班时间到了，学校化工楼要关门，但实验还没做完，我就不能停，如果停了，这个实验就废了，我只得坚持做完。当实验做完以后，化工楼早就关门了，我只能从厕所窗户里爬出来。窗台原来布满灰尘，爬来爬去，最后都被我爬得发亮了。"

"030"中间体合成要在零下20度反应，如何达到那么低的温度成为当时的第一难题。因为，我们国家那时还没有小的制冷机。实验条件的简陋并没有阻碍孙宝国做实验的热情。转眼暑去寒来，一天，纷飞的大雪让他忽然灵机一动：用冰盐就能达到零下20多度，工作温度可以达到零下10度。于是，孙宝国开始每天想办法冻冰，结果实验室阳台上摆的全是孙宝国用新买的盆盛上水冻的冰。他用最土的办法解决了当时科研中最艰难的问题。

香料的研制是一个极其复杂的过程。孙宝国在实验中用到的多是含硫有机物，臭味儿特别大。孙宝国做实验第一就要忍受这个味儿，再臭他也要在实验室里做。天长日久，孙宝国走到哪里身上都会带着一股臭味儿，同事们习以为常了，管那叫"孙宝国味儿"。有一次，正是因为这股"孙宝国味儿"，他竟然被乘客从公交车上轰了下来。

孙宝国年复一年、日复一日地忍受着恶臭的危害，苦苦寻找着"030"化学合成的关键所在。

1989年5月，离研究生毕业还有两个月。突然有一天，孙宝国走在同事中间，同事们纷纷问："唉，谁吃火腿肠了？谁吃火腿肠了？"他猛然意识到，自己身上的"孙宝国味儿"变了，变成火腿肠味了。实验成功了！

年轻的孙宝国一举攻克下代号"030"的香料合成技术，完成了国家"七五"攻关项目中的一项。一位中国研究生完成了复杂的香料研制，打破了国外大公司的垄断，让价比黄金的香料走入了寻常百姓家，整个香料界都为之震惊。

一定要把"719"做出来

攻克"030"合成技术的成功，并没有让孙宝国完全沉浸在成功的喜悦当中，在他的心里深埋着一个遗憾，因为他没有完成国家"七五"攻关项目中另外一个目标香料"719"的研制。

孙宝国回忆说："从合成原理上看，'030'再往下走两步就能够到'719'，但当时实验原料根本不够。仔细一想，国家给了我们这样重大的攻关任务，却有

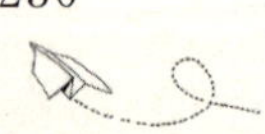

一个没有完成，真是有点丢人。”使命感容不得他停下脚步，孙宝国说，当时他只有一个念头，一定要想办法把“719”做出来。

在化学实验的过程中，看似简单的两步却要经过成千上万次的反复尝试，稍有差池就会前功尽弃。在一次实验中，孙宝国觉得没有问题了，便出去吃饭，结果控制器恰在此时失灵。电压不断加压不断升温，瓶子里 10 公斤的材料一下烧着了。等到孙宝国回来，整个实验室全是黑的。这次失误令孙宝国备受打击。

孙宝国意识到科学的道路布满荆棘，只有凭借顽强的意志才能战胜困难。于是在教学科研之余，他又为自己增加了一项任务：冬泳。孙宝国觉得做事情贵在坚持，如果能把冬泳坚持下来，就能把实验坚持到底。最后，他把冬泳坚持下来了，而且坚持了 3 年。

怀着不成功绝不罢休的信念，孙宝国像着了魔一样在实验室里安了家。从早到晚无论寒暑，在他的世界里只有攻关项目。1991 年，一封又一封加急电报被送到学校收发室，而电报的主人却一无所知。原来孙宝国一心扑在实验上，一个多月也没给家里写信、打电话，他父亲一个人在家既想孩子也由于天热，突发脑出血。当时的孙宝国已经不吃不喝地连续在实验室里工作了 10 个小时。手握同事送来的 6 封加急电报，他才感到天塌下来了。

等到孙宝国和母亲赶回老家，父亲已经处于昏迷状态，直到临终也未能再说一句话。对此孙宝国心里充满愧疚。他一时手足无措，不知该怎么办。但当想到母亲经常跟自己讲忠孝不能两全的话，他的心豁然开朗了，还得全力以赴去做实验。匆匆料理完父亲的后事，他立刻赶回学校，又一头扎进了实验室。孙宝国下定决心，一定要把实验做出国际水平，以告慰父亲的在天之灵。

研制“719”最大的难度是合成路线。为了寻找合适的原料，孙宝国可谓踏破铁鞋。其中有一种原料叫做二甲基二硫醚，当时只有辽阳橡胶化工厂生产。美国就是用这个原料合成的。于是，孙宝国跑到辽阳。原料找到了，但是经过实验发现这个路线不行，副反应很多。

“719”的研制出现了困难。孙宝国苦苦思索。一天，凭借全面的专业知识和触类旁通的能力，他突然找到了灵感。原来，孙宝国当时正在做一个咖啡香味香料的研究，它的化学结构跟“719”有很多相似之处，咖啡香味香料的成功给了他启示。孙宝国把咖啡香味香料的合成方法应用到“719”上去，路一下子走通了。

1994 年，价比黄金的香料“719”研制成功了，中国关键肉味香料终于摆脱了依赖进口的局面，15 家相关的肉味香料企业应运而生，建成了世界上最大的“030”和“719”生产装置，使我国成为世界上仅有的两个能够生产此类高档香料的国家之一和含硫香料生产大国。

做学问要把握学科的方向

孙宝国 1961 年出生于山东招远市雾云山下一个普通的农民家庭，他祖上 3 代都是制造龙口粉丝的好手，著名的双塔牌龙口粉丝就是他父亲创出来的。但他却对化工产生了浓厚的兴趣。

1980 年 9 月，当了 3 年多山村中学民办教师的孙宝国，考入了北京工商大学的前身北京轻工业学院，他的高考化学成绩达到了 98 分的高分，被精细化工专业录取。大二暑假期间，孙宝国和同学一起到天津的几个香料香精厂参观实习，他对香料香精第一次有了感性认识，觉得香料香精这个东西很神奇。怀着强烈的好奇心，孙宝国孜孜不倦地投入到学习和实验中。他迷上了这个创造神奇的事业。

提到孙宝国的硕士研究课题，有一个小插曲。据孙宝国的研究生导师梁梦兰回忆，那个课题当时是上海香料所承担的"七五"攻关项目的一部分，因实验气味大、化学反应步骤特别麻烦，他们不愿意做，就转给了北京轻工业学院。孙宝国和两位同学在导师们的带领下，不仅接下了这块难啃的"硬骨头"，而且啃出了好滋味。

值得一提的是，当时和孙宝国一起研究含硫化合物的另两位同学，后来都从事了其他工作，只有孙宝国沿着这条道路一直走了下来。说到这份坚持，梁梦兰认为这种执著与信仰的坚毅，也体现了孙宝国敏锐的洞察力："他所有的研究都是一脉相承的，从早期含硫香料的研究，到后来的肉味香精，再到脂肪调控氧化的研究，都是沿着一个方向不断地深入。"

"他头脑清醒，目标明确，能抵抗诱惑，安守寂寞，所以，他能取得今天的成就我一点儿也不奇怪。"梁梦兰这样评价孙宝国过人的洞察力和把握时代趋势的能力："他能把握学科发展的方向，比如他研究的肉味香精课题，肉味香精讲究的是'味料同源'，也就是说用真正的肉来制取肉味香精，这和当今世界追求自然健康食品的潮流是相符合的。他并非闭门造车，而是积极与世界保持联系。"

作为项目负责人，孙宝国先后主持国家重点科技攻关项目 7 项，国家自然科学基金项目 3 项，省部级重点科技攻关项目 6 项，申请发明专利 26 项，填补了 30 多项国内空白。1999 年和 2000 年连续两次获得国家科学技术进步奖二等奖，2005 年获得国家技术发明奖二等奖。

获得过众多荣誉同时又身为学校副校长的孙宝国，始终保持着谦虚质朴的

本色。对于培养人才他不遗余力,不仅亲自为本科生上课,还对所带的研究生关怀备至。北京工商大学2007级应用化学专业研究生张玉玉这样描述她眼中的孙老师:“在我们刚入学的时候,孙老师就和我们商量着为每个人制定了详细的学习计划,坚持定期与学生面谈。他对我们说,做学术一定不能弄虚作假,还经常给学生转发相关的新闻以示警戒。”

我国食品工业已经连续15年保持了超过20%的增长速度,2009年产值突破5万亿元,已成为我国第一大制造业。如果孙宝国愿意,他同样可以像那些得益于自己的研究发明的许多企业家一样,成为千万富翁、亿万富翁。

孙宝国还在继续他的香料研究。在食品行业,老一些的科学家几乎都退休了,年轻的在国内踏踏实实走下来而又出类拔萃的也就是以孙宝国为代表的几个人。孙宝国深深知道,科学的道路是艰辛的,选择了这条道路就意味着无私奉献和甘于清贫。他更看重一个人对国家、对民族工业的责任。

附录一 “211 工程”建设大事记

“211 工程”,即面向 21 世纪、重点建设 100 所左右的高等学校和一批重点学科的建设工程,是新中国成立以来由国家立项在高等教育领域进行的规模最大、层次最高的重点建设工程,是中国政府实施“科教兴国”战略的重大举措,是中华民族面对世纪之交的国内、国际形势而作出的发展高等教育的高瞻远瞩的重大决策。

1993 年 2 月 17 日～18 日,国家教育委员会副主任朱开轩主持召开“211 工程”领导小组会议,讨论该工程实施方案、项目指南、近期工作安排等问题。

1993 年 4 月 16 日,国家教育委员会主任朱开轩主持召开“211 工程”领导小组第二次会议,讨论《关于重点建设一批高等学校和重点学科点的若干意见》稿,要求尽快完成这一文件的制订并早日下达。会议决定:从年内开始进行重点建设的高校和学科的预备立项工作。

1993 年 6 月 19 日,国务院副总理李岚清听取国家教育委员会副主任张孝文关于实施“211 工程”有关情况汇报,并就“211 工程”“希望工程”和加强德育教育等问题作了指示。同日下午,张孝文召集铁道部等 12 个中央部(委)主管部门座谈会,传达李岚清副总理的重要指示,并对加强“211 工程”部门预审工作进行了研究。

1995 年 11 月,经国务院批准,原国家计委、原国家教委和财政部联合下发了《“211 工程”总体建设规划》,“211 工程”正式启动。

1998 年 6 月 8 日,“211 工程”建设工作座谈会在北京大学召开。教育部部长陈至立、国家发展计划委员会副主任郝建秀出席座谈会并讲话,教育部副部长韦钰作主题报告。“211 工程”已基本完成“九五”期间各项任务的立项审核工作,进入全面建设实施阶段并初见成效。

2001 年 7 月 18 日,国家“211 工程”建设两大公共服务体系,“中国教育和科研计算机网(CERNET)地区主干网和重点学科信息服务体系”建设项目和国内最大的高校图书馆联盟——中国高等教育文献保障系统(CALIS)分别通过国家验收,我国高等教育信息基础设施建设取得重大突破。

2002 年 9 月,经国务院批准,原国家计委、教育部和财政部联合下发了《关于“十五”期间加强“211 工程”项目建设的若干意见》。

2003 年 8 月 1 日,财政部、国家发展改革委、教育部印发《“211 工程”专项

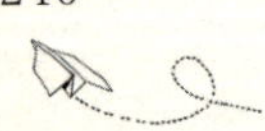

资金管理办法》。

“九五”期间，“211 工程”在 99 所高校中实施建设，主要安排了 602 个重点学科和两个全国高等教育公共服务体系建设项目。

“十五”期间，“211 工程”在 107 所大学中实施建设，主要安排了 821 个重点学科和 3 个全国高等教育公共服务体系建设项目。

2008 年 1 月 16 日，国务院总理温家宝主持召开国务院常务会议，听取高等教育“211 工程”建设工作汇报。会议指出，面向 21 世纪、重点建设 100 所左右高等学校和一批重点学科的“211 工程”实施以来，经过十多年的努力，“211 工程”学校人才培养质量不断提高，学科建设取得明显成效，创新能力得到提升，一些学科接近国际先进水平，产生了一大批有影响的成果，我国高等教育整体实力显著增强。会议同意进行“211 工程”三期建设，要求认真总结经验，明确目标，统筹兼顾，加快高水平大学和重点学科建设，带动我国高等教育整体发展。

“211 工程”三期建设从 2007 年至 2011 年实施。

2011 年 12 月 30 日，十一届全国人大常委会第二十四次会议召开联组会议，就国务院关于实施《国家中长期教育改革和发展规划纲要(2010—2020 年)》工作情况的报告开展专题询问。教育部部长袁贵仁在回答委员询问时表示，当前，“211 工程”和“985 工程”的规模已经稳定，不再新设这两个工程的学校。

“211 工程”学校名单（112 所）

北京大学	中国人民大学	清华大学	北京交通大学
北京工业大学	北京航空航天大学	北京理工大学	北京科技大学
北京化工大学	北京邮电大学	中国农业大学	北京林业大学
北京中医药大学	北京师范大学	北京外国语大学	中国传媒大学
中央财经大学	对外经济贸易大学	北京体育大学	中央音乐学院
中央民族大学	中国政法大学	华北电力大学	南开大学
天津大学	天津医科大学	河北工业大学	太原理工大学
内蒙古大学	辽宁大学	大连理工大学	东北大学
大连海事大学	吉林大学	延边大学	东北师范大学
哈尔滨工业大学	哈尔滨工程大学	东北农业大学	东北林业大学
复旦大学	同济大学	上海交通大学	华东理工大学
东华大学	华东师范大学	上海外国语大学	上海财经大学
上海大学	第二军医大学	南京大学	苏州大学
东南大学	南京航空航天大学	南京理工大学	中国矿业大学

续表

河海大学	江南大学	南京农业大学	中国药科大学
南京师范大学	浙江大学	安徽大学	中国科学技术大学
合肥工业大学	厦门大学	福州大学	南昌大学
山东大学	中国海洋大学	中国石油大学	郑州大学
武汉大学	华中科技大学	中国地质大学	武汉理工大学
华中农业大学	华中师范大学	中南财经政法大学	湖南大学
中南大学	湖南师范大学	国防科学技术大学	中山大学
暨南大学	华南理工大学	华南师范大学	广西大学
海南大学	四川大学	西南交通大学	电子科技大学
四川农业大学	西南财经大学	重庆大学	西南大学
贵州大学	云南大学	西藏大学	西北大学
西安交通大学	西北工业大学	西安电子科技大学	长安大学
西北农林科技大学	陕西师范大学	第四军医大学	兰州大学
青海大学	宁夏大学	新疆大学	石河子大学

（资料来源：教育部网站。）

附录二 “985工程”建设大事记

实施“985工程”，是党中央国务院在世纪之交作出的重大决策。1998年5月4日，江泽民同志在庆祝北京大学建校100周年大会上代表党和政府向全社会宣告：“为了实现现代化，我国要有若干所具有世界先进水平的一流大学。”

1999年1月13日，国务院批转了教育部制定的《面向21世纪教育振兴行动计划》，重点支持北京大学、清华大学等部分高校创建世界一流大学和高水平大学，“985工程”开始实施。

2004年6月8日，教育部、财政部联合召开“985工程”二期建设工作会议。

2004年6月2日，教育部、财政部印发《关于继续实施“985工程”建设项目的意见》。

2004年9月27日，财政部、教育部印发《“985工程”专项资金管理办法》。

2004年，根据国务院批转教育部《2003—2007年教育振兴行动计划》，教育部、财政部印发《教育部、财政部关于继续实施“985工程”建设项目的意见》，启动了“985工程”二期建设，列入“985工程”建设的学校共39所。

2010年，根据中共中央国务院印发《国家中长期教育改革和发展规划纲要(2010—2020年)》，教育部、财政部印发《教育部、财政部关于加快推进世界一流大学和高水平大学建设的意见》，新一轮“985工程”建设开始实施。

2011年12月30日，十一届全国人大常委会第二十四次会议召开联组会议，就国务院关于实施《国家中长期教育改革和发展规划纲要(2010—2020年)》工作情况的报告开展专题询问。教育部部长袁贵仁在回答委员询问时表示，当前，“211工程”和“985工程”的规模已经稳定，不再新设这两个工程的学校。

2012年11月23日，教育部、北京市人民政府签署《关于继续重点共建北京大学、中国人民大学、清华大学、北京师范大学、中国农业大学的协议》，新一轮“985工程”高校重点共建全部完成。

“985工程”学校名单(39所)

北京大学	中国人民大学	清华大学
北京航空航天大学	北京理工大学	中国农业大学
北京师范大学	中央民族大学	南开大学
天津大学	大连理工大学	东北大学

续表

吉林大学	哈尔滨工业大学	复旦大学
同济大学	上海交通大学	华东师范大学
南京大学	东南大学	浙江大学
中国科学技术大学	厦门大学	山东大学
中国海洋大学	武汉大学	华中科技大学
湖南大学	中南大学	国防科学技术大学
中山大学	华南理工大学	四川大学
电子科技大学	重庆大学	西安交通大学
西北工业大学	西北农林科技大学	兰州大学

（资料来源：教育部网站。）

附录三　“双一流”建设高校名单

2015年10月24日，国务院印发《统筹推进世界一流大学和一流学科建设总体方案》，要求按照“四个全面”战略布局和党中央、国务院决策部署，坚持以中国特色、世界一流为核心，以立德树人为根本，以支撑创新驱动发展战略、服务经济社会发展为导向，坚持“以一流为目标、以学科为基础、以绩效为杠杆、以改革为动力”的基本原则，加快建成一批世界一流大学和一流学科。

2017年1月24日，教育部、财政部、国家发展改革委印发《统筹推进世界一流大学和一流学科建设实施办法（暂行）》。该办法提出，到2020年，若干所大学和一批学科进入世界一流行列，若干学科进入世界一流学科前列；到2030年，更多的大学和学科进入世界一流行列，若干所大学进入世界一流大学前列，一批学科进入世界一流学科前列，高等教育整体实力显著提升；到本世纪中叶，一流大学和一流学科的数量和实力进入世界前列，基本建成高等教育强国。该办法规定，每五年一个建设周期，2016年开始新一轮建设。建设高校实行总量控制、开放竞争、动态调整。

2017年9月21日，教育部公布“双一流”建设高校名单。

一、一流大学建设高校42所（按学校代码排序）

1. A类36所

北京大学	中国人民大学	清华大学	北京航空航天大学
北京理工大学	中国农业大学	北京师范大学	中央民族大学
南开大学	天津大学	大连理工大学	吉林大学
哈尔滨工业大学	复旦大学	同济大学	上海交通大学
华东师范大学	南京大学	东南大学	浙江大学
中国科学技术大学	厦门大学	山东大学	中国海洋大学
武汉大学	华中科技大学	中南大学	中山大学
华南理工大学	四川大学	重庆大学	电子科技大学
西安交通大学	西北工业大学	兰州大学	国防科技大学

2. B类6所

东北大学	郑州大学	湖南大学
云南大学	西北农林科技大学	新疆大学

二、一流学科建设高校95所(按学校代码排序)

北京交通大学	北京工业大学	北京科技大学	北京化工大学
北京邮电大学	北京林业大学	北京协和医学院	北京中医药大学
首都师范大学	北京外国语大学	中国传媒大学	中央财经大学
对外经济贸易大学	外交学院	中国人民公安大学	北京体育大学
中央音乐学院	中国音乐学院	中央美术学院	中央戏剧学院
中国政法大学	天津工业大学	天津医科大学	天津中医药大学
华北电力大学	河北工业大学	太原理工大学	内蒙古大学
辽宁大学	大连海事大学	延边大学	东北师范大学
哈尔滨工程大学	东北农业大学	东北林业大学	华东理工大学
东华大学	上海海洋大学	上海中医药大学	上海外国语大学
上海财经大学	上海体育学院	上海音乐学院	上海大学
苏州大学	南京航空航天大学	南京理工大学	中国矿业大学
南京邮电大学	河海大学	江南大学	南京林业大学
南京信息工程大学	南京农业大学	南京中医药大学	中国药科大学
南京师范大学	中国美术学院	安徽大学	合肥工业大学
福州大学	南昌大学	河南大学	中国地质大学
武汉理工大学	华中农业大学	华中师范大学	中南财经政法大学
湖南师范大学	暨南大学	广州中医药大学	华南师范大学
海南大学	广西大学	西南交通大学	西南石油大学
成都理工大学	四川农业大学	成都中医药大学	西南大学
西南财经大学	贵州大学	西藏大学	西北大学
西安电子科技大学	长安大学	陕西师范大学	青海大学
宁夏大学	石河子大学	中国石油大学	宁波大学
中国科学院大学	第二军医大学	第四军医大学	

后　记

能够在中国教育报刊社工作，能够在十余年里一直关注中国一流大学的改革发展，于我来说，真是一种幸运。

30 岁之前，我的身份曾是农家子弟、中学教师、国企主管；之后，“本报记者”就成了我的符号。我也珍视这四个字对于一个人的特殊含义。

检索这些年所写的关于一流大学建设的文章，我发现自己不自量力地做了两个判断：一是精英教育对于我们是个崭新的命题；二是我们的教育理论没有跟上教育实践的步伐。在《中国精英教育的困境》和《中国一流大学建设的“关键时刻”》里，我表达了这样的观点，很多人对此并不以为然。

基于上述两个判断，我认为目前中国高等教育的发展，不完全是从精英型向大众化转型；对于许多中国名校来说，恰恰是一个相反的转变。也就是说，我们这些高校是在补精英教育的课。

这也是我把这些文字结集出版的原因之一。尽管有些文章写于十多年前，但中国高校发展状况不一，地方经济社会发展迥异，至今读起来仍有现实意义，读者从中也可以了解这些年中国大学发展的大致脉络。

感谢有关高校给我提供了深入了解的机会。特别是大学宣传部的同仁，从联系采访到提供资料，都给予了大量的关照。我所写的文字，都力求真实反映高校改革发展实际，由于能力所限，有的可能并没有达到预期的效果，个别的可能还引起过媒体的误读，但我的采访写作态度都是认真的，负责任的。

感谢报社给了我充分的信任。作为一家部委所属媒体，《中国教育报》让我体会到了采访写作的自由和快乐，十分难得。这些文字中，有些是我和报社同事、通讯员、实习生的共同成果，有些是领导布置的选题，在此一并表示谢意。

感谢中国高等教育学会原会长瞿振元先生百忙当中为本书作序。瞿会长一直对本人负责的《中国教育报·高教周刊》关爱有加，我也想借此书向他汇报我这些年的所思所想。感谢张孟绘制的北京师范大学辅仁校区后花园的封面图片，我在那里度过了两年的美好时光。也感谢中国科学技术大学出版社的领导和编辑在本书编辑过程中的负责和辛劳。

最后我想特别感谢我的妻子和女儿。当记者是我儿时的梦想。没有妻子的支持，作为一个理科生的我，很难有实现梦想的可能；没有女儿的期待，我也不会写下这么多的文字。

做记者以来，我对自己所写的每一个字都心怀敬畏。希望读者您没有失望。

储召生
2017 年 9 月